SOBRAS DE MUJER

ROSEANN LAKE

Roseann Lake
Sobras de mujer

La Pereza Ediciones

Sobras de mujer
Título original de la obra:
Leftover in China
© *Roseann Lake*

© *Traducción a cargo de Greity González y Yosvani Oliva*

© De esta edición 2022, La Pereza Ediciones, USA
www.lapereza.net

Todos los derechos reservados.
Se prohíbe la reproducción parcial o total por cualquier modo, sea mecánico, fotocopiado o electrónico, sin la respectiva autorización de la editorial.

ISBN: 978-1-6237520-2-6

Diseño de los forros de la colección:
Estudio Sagahón / Leonel Sagahón
www.sagahon.com
Portada y Maquetación Julián Herrera

ÍNDICE

Prefacio	11
CHEQUEOS DE ULTRASONIDOS E IMBALANCES	17
TORTUGAS DORADAS	34
PUERTAS Y VENTANAS	48
BIRRETES Y MATRIMONIO	64
POLLOS Y PATOS	84
UNA VOCACIÓN SUPERIOR	117
AMOR CON CARACTERÍSTICAS CHINAS	131
AUTOS, CASAS, EFECTIVO	152
OCCIDENTE SE ENCUENTRA CON ORIENTE	166
TECHOS DE BAMBÚ	176
EL CAMINO A SEGUIR	202
DE NUEVOS COMIENZOS A FINALES FELICES	225
Agradecimientos	228
Bibliography	230

PREFACIO

Justo después del Año Nuevo chino, regresé a la oficina de la estación de televisión de Pekín, donde había estado trabajando y descubrí que todas mis jóvenes colegas, casi siempre alegres, mostraban, ciertamente, un humor distinto. Incluso Shan Shan, la hiperactiva productora, había bajado varios voltios y se mostraba inusualmente callada para ser un lunes por la mañana. "¿Pasaron todas unas buenas vacaciones?", pregunté. Como respuesta obtuve algunos síes poco entusiastas, sonrisas forzadas y una bolsa de bolas de sésamo a medio comer que había estado circulando por la sala de redacción. Desconcertada, fui a ver a una de las supervisoras del canal, una mujer unos diez años mayor que la mayoría de las mujeres del personal. "Están tristes porque no se van a casar", me dijo, en un tono como si esta respuesta me fuera evidente. Luego volvió a su computadora, dejándome pensando si la versión china del señor Darcy se presentaba en la ciudad, o si el Partido Comunista acababa de otorgar millones de lunas de miel a las Maldivas.

Luego, almorzando con Shan Shan, me enteré que el Año Nuevo chino es famoso por ser la temporada en que se rellenan los famosos sobres rojos, se cuecen al vapor los dumplings y se comprometen las solteras. La migración masiva de más de 300 millones de personas que viajan a casa para festejar y encender fuegos artificiales con sus familias, se proclama como la gran apoteosis del calendario lunar chino y la fiesta anual más larga a la que tienen derecho la mayoría de los trabajadores del país. Sin embargo, cuando el clan se une para comer, beber, jugar y divertirse, las noticias de compromisos suelen ocupar un lugar preponderante. Reunidos alrededor de mesas adornadas con cabezas de pescado, los solteros mayores de veinticinco años son, a menudo, asaltados con ofertas de citas a ciegas, bien intencionadas pero desacertadas en muchos casos. Sobre todo, las mujeres son objeto de esta ofensiva matrimonial, ya que se considera imperativo casarse a cierta edad y así evitar el riesgo de convertirse en "sheng nü" o, traducido literalmente, "sobras de mujer".[1]

Además de encontrar objetable que mis colegas, todavía jóvenes y presumiblemente fértiles (la mayor había cumplido días antes solo veintisiete años), fueran tratadas como bolsas de sobras para perros y trituradores de basura, me esforcé por entender cómo es que esto podía suceder en la China moderna, la economía más grande del mundo, que no por casualidad alberga a 650 millones de mujeres (la mayor población femenina del mundo). En un país donde hasta hace relativamente poco las mujeres tenían escasas libertades personales, sociales, económicas, e incluso la libertad de ser plenamente

---

[1] Acorde al FMI, la economía de China es la segunda más larga del mundo por el nominal GDP y la más larga economía mundial por paridad de poder de compra.

bípedas (ver: pies de loto o vendajes de pie), mis compañeras representaban una excepción asombrosa. Eran una flota de jóvenes educadas e independientes haciendo lo que sus madres y abuelas jamás hubieran soñado. En mi opinión, eran la cereza del pastel de la nación, un brillante testimonio de las inmensas oportunidades educativas y profesionales que las mujeres chinas habían acumulado durante los últimos treinta y tantos años, aunque sus clasificaciones personales indicaran claramente lo contrario.

Mientras trabajaba en el estudio, descubrí que pasaba la mayor parte de mis horas rodeada de un equipo dinámico de escritoras, editoras, directoras, y productoras como Shan Shan. Lógicamente, entre vuelos retrasados a Mongolia Interior, trenes nocturnos a Shanghái y delirantes horas extras en nuestra oficina de Pekín, hicimos buenas migas. De a poco me fui enterando de sus conversaciones más personales (las jugosas) sobre sus historias familiares, sus aspiraciones y, cada vez más, sobre sus vidas amorosas. Cuanto más aprendía sobre las peculiaridades de sus citas y las complejidades de sus noviazgos, más confundida estaba, y sorprendida por lo que aparentaba ser una evidente inconsistencia.

En ese momento, 2010, los informes en los medios occidentales sobre las mujeres chinas pecaban de optimistas. Según artículos en Forbes, Newsweek y Time, las mujeres chinas estaban en la cima de sus respectivos campos. Las chinas representaban el porcentaje más alto de mujeres multimillonarias por su propio esfuerzo en todo el mundo y, con el 63 % de los participantes del GMAT en China siendo mujeres, obtenían maestrías en administración de empresas con una ferocidad que hacía sonrojar a los chicos. Según los informes de la Oficina Nacional de Estadísticas, el 71 % de las mujeres chinas entre las edades de dieciocho y sesenta y cuatro años estaban empleadas y representaban el 44 % de la fuerza laboral del país. La primera mujer estaba a punto de ser enviada al espacio.

Por lo que pude ver, todo esto era cierto. Profesionalmente, estas mujeres traspasaban con tanta tenacidad los límites de lo posible por alcanzar su pedazo de cielo que, en lo que a mí respecta, todas eran astronautas. Sin embargo, personalmente, y en particular cuando se trataba de asuntos del corazón, parecían atrapadas por un libro de reglas de otra galaxia, de un reino distante y anacrónico sacado literalmente de una novela de Jane Austen. Para mi sorpresa, el matrimonio se hizo rápidamente un tema recurrente en nuestras conversaciones. Hablaban de ello como quien habla de una uña encarnada: con urgencia, un elemento persistente de dolor y pleno conocimiento de que, si no se aborda en un futuro inmediato, las cosas solo empeorarán.

Sintiendo que algo no encajaba, comencé a investigar más allá de mis compañeras de redacción. Luego de tres años y varios cientos de entrevistas después, mi curiosidad me ha ayudado a comprender la historia del ascenso y desarrollo de China desde una perspectiva radicalmente nueva. La historia comienza con una nación comunista empobrecida, donde el matrimonio era universal, obligatorio y el único medio de subsistencia de la mujer. Avanzamos, entonces, más de treinta años después, a una superpotencia económica urbanizada y globalizada, donde el matrimonio se está volviendo más discrecional, algo a lo que se comprometen un número cada vez mayor de mujeres educadas, solo después de un desarrollo más pleno en lo personal y en sus carreras. Consideremos, también, las réplicas de una nación recuperándose de la complicada política de hijo único, que la ha sobrecargado con un desequilibrio de género abrumador, y las piezas en este salvaje cambio tectónico de alcance social, económico y demográfico comienzan a caer en su lugar.

En el centro mismo de este cambio yace la idea de que, a pesar de los rutilantes superlativos de China, hay aspectos de su cultura que permanecen arraigados en la tradición, y el más significativo e inexorable es la presión social de casarse. Esta es una presión que existe en mayor o menor grado en muchas culturas y religiones, pero que es particularmente fuerte en China, donde en el matrimonio aún se conserva con una fuerza social equivalente a una aplanadora. Esta fuerza hace que casar a un hijo sea la misión de casi todos los padres con hijos menores de treinta años. A partir de los treinta, la misión se convierte en una cruzada.

En la mayoría de los casos, los padres tienen buenas intenciones. De veras creen que lo mejor para sus hijos es asegurarse de que estos se acurruquen obedientemente en el matrimonio tan pronto como sea posible; pero existe una notable desconexión cultural entre los progenitores, la pobreza, la revolución, y su progenie, teniendo en cuenta que esta última creció entre el auge económico y el nacimiento del individuo en una sociedad ferozmente colectivista. Esta desconexión cultural es la esencia de la infinita y compleja textura de valores, obligaciones, tradiciones y tensiones enfrentadas que definen a la China moderna, donde, como perenne sonajero, los cambios en las políticas y patrones matrimoniales han anunciado los cambios más significativos en el clima sociopolítico chino. Ha sido así por los últimos cinco mil años: un tiempo en el que, es fundamental señalarlo, el matrimonio ha sido la piedra angular y el pináculo de la vida de una mujer.

En un lapso de poco más de treinta años, todo eso ha cambiado. El matrimonio se ha vuelto menos imperativo, especialmente para las mujeres, en gran parte por las oportunidades educativas y profesionales sin precedentes que acompañaron a las reformas comenzadas en 1979. Algunos detalles de esta evolución seguramente resultarán familiares al mundo occidental, donde alguna vez se pensó que las mujeres eran para ser vistas (en la cocina) y no escuchadas (en el lugar de trabajo), aunque en China se destacan algunos factores que hacen de esta una situación especialmente alarmante. De una importancia mayor son los más de 30 millones de abortos e infanticidios femeninos que ocurrieron durante los años pico de la política del hijo único y que ha dado como resultado un excedente de hombres rurales, pobres, sin educación, condenados a quedarse sin novia porque simplemente no hay suficientes mujeres en China para todos ellos. Del otro lado de este potencial desastre demográfico, están las hijas únicas urbanas: mujeres cuyos padres eligieron permitir que vinieran al mundo en un momento en el que todos los demás querían un hijo. Estas son mujeres que, por falta de cromosomas XY en la familia, recibieron oportunidades y recursos sin precedentes y que previamente podían haber estado reservados para la descendencia masculina. Vinieron al mundo en un momento en que China estaba expandiendo agresivamente su número de instituciones de educación superior y, entonces, fueron empujadas a estudiar, triunfar y honrar a sus familias como si fueran hijos varones. Sin embargo, contrariamente a lo que Mao y sus discípulos de hoy en día podrían hacernos creer, las mujeres no han podido integrarse sin problemas y trabajar junto a los hombres como iguales. Estas "sobras de mujer" son el eje fundamental para el ascenso y el desarrollo del país; los cimientos de una población que está ingresando a la fuerza laboral de cuello blanco en cantidades que rivalizan y superan a las de los hombres. Ejemplarizan un cambio cultural tan grande que define no solo a la China contemporánea, sino también al mayor movimiento demográfico de nuestra era.

Para que la magnitud de esta transformación se entienda a cabalidad, debe ser observada en el más amplio contexto. La mitad del mundo, incluido los Estados Unidos, ya ha superado la etapa más difícil. Las mujeres estadounidenses lideran la obtención de títulos universitarios en los Estados Unidos desde 1981. Sin embargo, no fue sino hasta 2014 que las mujeres profesionales con educación universitaria tuvieron las mismas probabilidades de casarse y tener hijos que sus contrapartes con menor educación. Anteriormente, ser educado y ambicioso significaba a menudo renunciar a un compañero de vida en favor de una carrera, pero las líneas se están desdibujando, los plazos están cambiando y están surgiendo nuevas prioridades. Estamos frente a una globalización de clases, no de culturas. Una mujer profesional de Pekín o Shanghái tiene hoy más en común con una mujer profesional de Nueva York o Los Ángeles que con una obrera china de una ciudad a solo una hora de viaje en tren. Algo inaudito hace apenas una generación.

Aunque todavía está en debate si esto es motivo para celebrar la globalización o para lamentar la homogeneización, queda claro que cuando se eliminan idiosincrasias como la demografía, la economía y el bagaje sociopolítico, lo que permanece es un país donde las mujeres están comenzando a enfrentar los mismos desafíos que las mujeres estadounidenses han estado enfrentando durante décadas. ¿Por qué no estamos juntando fuerzas? ¿Cuánto más se podría aprender y lograr si estos problemas se consideraran a escala internacional?

Mundialmente, un número cada vez mayor de mujeres defienden su derecho a determinar su propio futuro. Bien que eso signifique poder decidir dónde o qué estudiar, con quién, cuándo casarse, tener o no tener niños, o cómo definir mejor y lograr el elusivo ideal de "tenerlo todo", la población de mujeres que toma mayores riesgos para planear vidas más plenas se está expandiendo. Igual debe expandirse la conversación.

CAPÍTULO 1

CHEQUEOS DE ULTRASONIDOS E IMBALANCES

养女儿不如养条狗囧
Es más ganancia criar gansas que hijas.

—PROVERBIO CHINO

Hijas Únicas

En la mañana de su decimoséptimo cumpleaños, Christy Yang despertó, se dio una ducha y se sentó a desayunar. En la mesa de la cocina le esperaba un tazón de sus fideos favoritos que su madre había preparado. También recuerda haber visto dos ingredientes no solicitados nadando en el caldo rojo picante que solía deleitar: una salchicha y un par de huevos duros. Dos bocados después, notó algo: estos ingredientes representaban el deseo de su madre de que obtuviera una puntuación perfecta en el examen para ingresar a la universidad, y que tomaría más tarde esa mañana.

Como hija única nacida durante el inicio mismo de la política de hijo único en China, sus padres pusieron todas sus esperanzas y recursos en asegurarle un futuro brillante. "No puedo imaginar cómo hubieran sido las cosas si tuviera un hermano", dice. "La tradición parece dictar que le hubiera tocado la mayoría del cuidado y la atención familiar, aunque no puedo imaginarme a mis padres actuando de esa manera".

Pero insiste en dejar muy claro que, a su entender, a pesar de todos los horrores provocados —millones de abortos e infanticidios en familias decididas a tener un hijo varón—, la política de hijo único tuvo también un resultado inesperado: obligó a los padres a valorar a sus hijas.

Christy, al igual que la política de hijo único, tiene ya más de treinta años y, aunque con el tiempo se hayan relajado sus estipulaciones, esencialmente estas han resultado en tres generaciones de hijas únicas.[2] A menudo se pasa por alto el finísimo resquicio de esperanza en una nube por lo demás muy espantosa: las hijas "sobrevivientes" (no abortadas), especialmente las nacidas en zonas urbanas como Christy, fueron tenazmente impulsadas por sus padres a triunfar. Casi todas recibieron más recursos, oportunidades y libertades que cualquier generación de mujeres anteriores, y los resultados están comenzando a manifestarse de maneras insospechadas.

Christy nunca alcanzó una puntuación perfecta en el examen de ingreso a la universidad (algo prácticamente imposible), pero sí obtuvo una puntuación lo suficientemente alta como para asistir a una de las mejores universidades en la megalópolis sureña de Chongqing. De allí se graduó con una licenciatura en economía y una maestría en inglés. Luego de adquirir experiencia trabajando en equipos de marketing y comunicaciones, ahora dirige su propia empresa de relaciones públicas y presta servicios a una serie de hoteles, restaurantes, bares y lujosos clubes privados en la zona de Pekín. Disfruta manejar su propio horario, tener autonomía sobre los proyectos que emprende y su naturaleza afable la hace perfecta para este trabajo.

---

[2] Siguiendo un referendo sobre la política del hijo único en 2013, las parejas casadas solo podían tener un segundo hijo si uno de los padres era hijo único. A ciertos grupos minoritarios étnicos cuyo primer hijo fue una niña o un niño discapacitado, les fue permitido tener un segundo hijo. Desde el 1 de enero de 2016, a todas las parejas in China les es ahora permitido tener dos hijos, incluso más, previa solicitud.

Con frecuencia, Christy comparte con sus padres el estilo de vida que su éxito le proporciona. Aunque de su trabajo entiendan muy poco, están orgullosos de ella. Pueden presumir de vacaciones a Europa, nuevos electrodomésticos y una extensa renovación del hogar, todo financiado con la ayuda de su única hija, quien les ha brindado lujos que de otro modo nunca habrían conocido. Si de hijas se trata, coinciden en que con la suya no tendrían reproche alguno si simplemente se casara y quedara embarazada, idealmente, antes de su próximo ciclo menstrual. En caso de que eso sea pedir demasiado, le dijeron en 2012 que un mínimo de nueve meses antes del final del calendario lunar también sería aceptable. ¡Nada como un nieto nacido en el año del dragón!

"No quiero estresarte, pero simplemente no puedo relajarme hasta que estés casada", le dijo recientemente su madre. "Ya tienes treinta y cuatro años. ¿Cómo puedes estar segura de que todavía estás ovulando?"

Aunque Christy preferiría que su mamá encontrara un pasatiempo, o al menos una bola de cristal perpetuamente configurada en darle confianza, tolera los insultos velados, la manía y los arrebatos ocasionales porque está demasiado familiarizada con el panorama general. Esté de acuerdo o no, Christy sabe que, según los estándares del matrimonio chino, ella es un dinosaurio. Si no encuentra a un hombre pronto, como sus padres, abuelos, tías, tíos, amigos, vecinos, colegas, su jefe y un taxista de Pekín particularmente locuaz se apresuran a recordarle, se cuajará, se enmohecerá y será "indigna de la casa de cualquier hombre".

Desde una perspectiva puramente numérica, debería ser pan comido para Christy encontrar un hombre con quien casarse. Para 2020, la Academia China de Ciencias Sociales estima que habrá 30 millones más de hombres en edad legal para contraer matrimonio (veintidós años en China desde 1980) que de mujeres. Si bien esto puede parecer una generosidad celestial de posibles parejas, la realidad es que geográfica, educativa, social y económicamente, la mayoría de este excedente de hombres vive en un universo diferente al de mujeres como Christy.

Hijos únicos

En un tranquilo rincón de Xiaoshan, una pequeña ciudad en la provincia de Zhejiang, hay un pueblo que parece estar formado solo de iglesias. Agrupadas, con cruces que se elevan desde sus techos, unos más altos que otros, parecen una adición sorprendente a un paisaje local decididamente agnóstico. Hasta que, después de una inspección más detenida, se hace evidente que los edificios en cuestión no son iglesias sino casas residenciales de tres pisos. Sus altísimas protuberancias en forma de T no son cruces sino gigantescos pararrayos.

Los registros anuales de precipitación de Hangzhou, ciudad capital de la provincia de Zheijiang, muestran que esta zona recibe una buena cantidad de lluvia, relámpagos y truenos, pero apenas justifican varillas tan grandes. ¿De qué se trata?

Como en muchas áreas de China, Hangzhou sufre un grave desequilibrio de género. Recientemente, en 2010, la proporción de sexos al nacer (SRB) era de 113 hombres por cada 100 mujeres. Comparativamente, la proporción natural de género al nacer ronda los 105 niños por cada 100 niñas. Sin embargo, cuando se combinó la política de hijo único con la disponibilidad generalizada de tecnología de ultrasonido a fines de la década de 1980, una profundamente arraigada preferencia cultural por los hombres condujo a un aumento en el aborto de fetos femeninos. Como resultado, China tiene ahora la proporción de sexos más desequilibrada del mundo.

Aunque el aborto selectivo en base a género no es exclusivo de China, de los 163 millones de mujeres que se estima que abortaron en Asia entre 1985 y 2005, aproximadamente 32 millones eran chinas. Como si "perder" una población femenina equivalente a la población de Polonia no bastara, la escasez de mujeres resultante no se distribuye uniformemente en todo el país. En *Unnatural Selection: Choosing Boys over Girls, and the Consequences of a World Full of Men*, Mara Hvistendahl informa que hay lugares en China como Yichun, en la provincia de Jiangxi, donde la proporción es de 137 hombres por cada 100 mujeres menores de 4 años. Ese desequilibrio se eleva a 153 hombres por cada 100 mujeres del mismo grupo de edad en Guanxi; en Tianmen, Hubei, se eleva a un peligroso 176 a 100, o el equivalente matemático de que 1 de cada 3 hombres que no podrán encontrar novia. Lo que se vuelve evidente al conectar estos puntos demográficos es que, con pocas excepciones, la gran mayoría de los hombres excedentes nacieron en las áreas más rurales y empobrecidas del país. Como hijos únicos, se les exigió quedarse y atender las granjas de su familia, mientras que cualquier mujer nacida en sus mismas aldeas era libre de migrar en busca de trabajos de baja categoría y, a menudo, maridos que les proporcionaran una vida mejor. Ahora, solteros en una tierra donde las mujeres de su edad ya escasean, se enfrentan a una feroz competencia para atraer a una esposa y se les conoce como guang gun, o "ramas desnudas". En chino, el término se usa comúnmente para referirse a un hombre cuyas circunstancias lo obligan a estar soltero (o que simplemente elige permanecer soltero), insinuando a la vez la gran probabilidad de que nunca producirá "vástagos".

Las "ramas desnudas" enfrentan grandes dificultades en China, donde estar casado es ir por buen camino; es el sello distintivo de un miembro funcional de la sociedad y el garante oficial de la adultez. No producir un heredero es una de las violaciones más atroces de xiao, o piedad filial, un concepto que los chinos continúan abordando con severa reverencia. Para empeorar, todavía prevalece la visión confuciana del varón como principal proveedor, lo cual exige no solo que los hombres superen en ingresos a sus cónyuges, sino también que sean dueños de un hogar en el que recibir a una futura esposa. El sistema de registro de hogares, conocido como hukou, es ferozmente jerárquico y no facilita las cosas. Bajo este sistema, los residentes nacidos en zonas rurales tienen hukou rural y los residentes nacidos en zonas urbanas tienen hukou urbano, los cuales se emiten de por vida. Como resultado, los ciudadanos rurales varones, además de ser pobres, están ligados para siempre a su estatus rural, lo que los coloca en el punto más bajo de la cadena matrimonial china.

Nada de esto era un problema en los días en que las unidades de trabajo chinas, conocidas como danwei, automáticamente proporcionaban vivienda a sus empleados masculinos, pero luego de la privatización del mercado inmobiliario en 1998, los precios de las propiedades se dispararon, forjando un formidable abismo entre los ricos y los pobres del país.

Es aquí donde entran los pararrayos.

Zhou promedio

A menudo, los padres de estos hombres rurales excedentes invierten todos los ahorros de su vida en propiedades, con la idea de que un título de propiedad mejorará las perspectivas de matrimonio de sus hijos. Esto es tan cierto que en un estudio reciente, Shang-Jin Wei, profesor de finanzas y economía en la Universidad de Columbia; Xiaobo Zhang, profesor de economía en la Universidad de Pekín e investigador sénior en el Instituto Internacional de Investigación sobre Políticas Alimentarias en Washington, DC; y Yu Liu de la Universidad de Tsinghua, descubrieron que en China la intensidad de la competencia en el mercado del matrimonio influye de una manera considerable en el valor y el tamaño de la vivienda.

Específicamente, estiman que del 30 al 48 por ciento de la apreciación de bienes raíces en treinta y cinco importantes ciudades del país entre 1998 y 2005 (o el equivalente a 8 mil millones de dólares), está directamente relacionada con el desequilibrio de la proporción de sexos y la necesidad de un hombre de adquirir riqueza (propiedad) para atraer a una esposa.

Wei, Zhang y Liu llegaron a este porcentaje después de examinar diferentes regiones con una variación significativa en el desequilibrio de género en el segmento en edad de contraer matrimonio y descubrir que, tanto en las áreas rurales como en las urbanas, hay una asociación positiva entre la proporción local de sexos, y la proporción entre el valor de la vivienda y los ingresos del hogar. En otras palabras, cuanto más sesgada sea la proporción media de sexos, más cara será la vivienda media.

Como control, los investigadores observaron los precios de alquiler y descubrieron que no se revalorizaban al mismo ritmo que los precios de la vivienda, añadiendo credibilidad a la idea de que los precios elevados de la vivienda son menos indicativos de una demanda de espacio habitable que de la necesidad de poseer un título de propiedad. También descubrieron que el aumento del valor de la vivienda es el resultado de dos factores principales: las personas que pagan un precio más alto por metro cuadrado por sus viviendas y la tendencia a comprar viviendas más grandes.

¿Cuánto más grandes?

Zhang, por cortesía de quien conocí el "pueblo de iglesias" en Xiaoshan, también me mostró el concepto de las casas con un "tercer piso fantasma". Este tipo de construcción se refiere a una casa de dos pisos con un tercer piso sin amueblado ni acabado, expresamente edificado para que la casa parezca más grandiosa desde el exterior. La tendencia ha despegado en los vecindarios donde la competencia por una esposa es particularmente feroz y, en algunas áreas, se ha generalizado hasta el punto de que los casamenteros no programan una cita con la familia de un hombre, a menos que su casa tenga el piso fantasma requerido.

Para obtener una ventaja adicional en el mercado matrimonial, los padres especialmente interesados en ver a sus hijos casados agregan altura a sus moradas con tercer piso fantasma decorando sus techos con pararrayos. Zhang explica que esto se ha convertido en una especie de competencia, en la que los propietarios se esfuerzan ostentosamente por superar a sus vecinos aumentando el tamaño a proporciones delirantes. Si bien tener la casa más alta de la ciudad puede generar una atención no deseada para un soltero solitario que intenta mejorar sus probabilidades en el mercado matrimonial, es fundamental comprender el por qué su familia debe hacer todo lo posible para que se case: de otra manera, las probabilidades estarían completamente en su contra.

Más niños que niñas han nacido cada año en China desde antes de que los demógrafos comenzaran a darse cuenta. Antes de las máquinas de ultrasonido, la política de hijo único y los consiguientes abortos femeninos que causaron el desequilibrio de género, los infanticidios femeninos ya ocurrían en todo el país. Incluso, en los casos en que las niñas no fueron asesinadas al nacer, la fuerte preferencia cultural de China por los niños dio a los bebés varones una tasa de supervivencia algo más alta. En tiempos de adversidad, por ejemplo, era común dar a los hijos varones una mayor proporción de recursos (en otras palabras, comida) para asegurar su supervivencia, lo que resultaba en una tasa de mortalidad más elevada en las hembras jóvenes. Un estudio demográfico citado en Half the Sky, por Nicholas Kristof y Sheryl WuDunn, encontró que treinta y nueve mil niñas mueren anualmente en China porque los padres no les brindan la misma atención médica que a sus hijos varones, y esto solo en su primer año de vida.

Menciono esto no por ser sombría, sino para lograr una compresión más amplia del significado de esta acumulación de población masculina excedente. Es decir, cuando vemos que una provincia tiene 120 varones por cada 100 mujeres nacidas en un determinado año, no significa simplemente que, veinticinco o treinta años después, cuando esos hombres y mujeres busquen casarse, 1 de cada 5 de esos hombres quedará sin esposa. En números reales, significa que además de esos 20 varones de cada 100 a partir de ese año de nacimiento, más todos los demás varones nacidos antes que ellos que no han encontrado esposa, estarán todos en busca de una.

"Es como ir al cine", dice Christophe Guilmoto, demógrafo del Centro de Población y Desarrollo de París, quien compara cada asiento en el cine con una mujer disponible para el matrimonio. "Como hombre que busca esposa, vas a la función de la tarde, pero está agotada," explica. "Lo intentas de nuevo más tarde esa noche, haciendo cola con dos horas de anticipación esta vez, pero todavía no hay boletos porque un nuevo grupo de espectadores ha llegado antes que tú y ya entraron". Dado que solo hay un teatro en la ciudad que proyecta esta película, ¿qué debe hacer un hombre? O sigue tratando de participar en proyecciones futuras, y por lo tanto continúa aumentando la demanda de una esposa, o se salta las películas por completo (sigue siendo soltero) o va a ver otra película.

En el caso de los hombres chinos rurales con recursos limitados, esa otra película podría ser Bride-Buying, protagonizada por Vietnam, Camboya, Laos, Corea del Norte y algunos otros países vecinos del sudeste asiático. Está bien documentado que el desequilibrio de género de China y la contracción matrimonial resultante se han manifestado en un aumento de los casos de tráfico de novias y otras prácticas desagradables, pero quizá lo más alarmante es que hay pocas señales de que el equilibrio se restablecerá a corto plazo. Solo entre 2001 y 2010, un promedio de 1,3 millones de niños más que niñas nacieron cada año, lo que indica que los abortos selectivos por sexo todavía ocurren y continúan alterando las leyes de la naturaleza. En otras palabras, lo que estamos viendo hoy es solo el comienzo de un apretón matrimonial que los solteros rurales chinos enfrentarán por generaciones.

Oasis Urbano

A medida que el campo chino veía un auge en bebés varones que lo llevaría a su desequilibrio de género y escasez de matrimonios actual, una historia muy diferente se desarrollaba en las ciudades. Aunque los registros de nacimiento de Pekín y Shanghái muestran un desequilibrio de género lo suficientemente fuerte como para demostrar que se realizaron abortos selectivos por sexo, representan una fracción de lo sucedido en áreas rurales. Además de haber una proporción de género más equilibrada, la vida en la ciudad, independientemente del género, también era muy diferente para un hijo único. Fueron criados como "pequeños emperadores". Regados con toda la atención y los recursos que dos padres y cuatro abuelos, repentinamente viviendo en una economía mucho más abierta, podían ofrecer, cosecharon lo mejor de todo. Y como si la fortuna o la falta de cromosomas XY en competencia lo quisieran, las hijas únicas también.

Nacida en un área urbana, Christy ya tiene uno de los hukou más deseables y no necesita casarse con uno mejor. Educada y con buen empleo, también tiene suficiente capital para comprar su propia casa, además de heredar algún día el apartamento en Pekín que hoy ocupan sus padres. En cuanto a condiciones de vida, está años luz por delante de las ramas desnudas y, sin embargo, su lucha por encontrar un compañero de matrimonio es igual de ardua, aunque por razones radicalmente distintas.

"No pensamos en ello, simplemente aceptamos al niño que nos dieron", explica la madre de Christy. "Mi suegra no estaba muy interesada al principio, pero yo estaba feliz de tenerla y mi esposo me apoyó". Christy puede escuchar nuestra conversación desde donde está y la veo asentir. Más tarde me dice que hace tiempo que sintió la preferencia de su abuela paterna por un nieto. "Nos ha hecho sentir muy orgullosos", continúa su mamá. "Pero ella trabaja tan duro, siempre la hemos alentado a hacerlo, es muy peligroso para una mujer en China no tener su propio sustento, pero ahora debe hacer espacio en su vida para un hombre".

Como muchas mujeres en su grupo de edad, Christy se encuentra entre las primeras generaciones nacidas bajo la política de hijo único que han alcanzado la edad en la que, de acuerdo con las prescripciones sociales, deberían ser esposas y madres, y después de la cual se las conoce como sheng nü, o "mujeres sobrantes". El prefijo "sheng" es el mismo que en sheng cai, que significa "comida sobrante", una asociación difícilmente apetecible. En áreas más rurales, este término puede aplicarse a partir de los veinticinco años, mientras que, en las ciudades más grandes, comienza más cerca de los treinta, generalmente considerada la última parada antes de la soltería. En círculos extremadamente progresistas, la línea de vida puede llegar a los treinta años, pero más allá de eso, se reconoce comúnmente que una mujer ha limitado su fuente de citas a divorciados sexagenarios gordos, con halitosis severa y padres de al menos un adolescente irascible.

El demógrafo de Brookings Institution, Wang Feng, estima que hay 7 millones de mujeres que nunca se han casado entre las edades de veinticinco y treinta y cuatro años en la China urbana. Se concentran en las principales ciudades, con Pekín, Shenzhen y Shanghái a la cabeza, y como la mayoría de las cosas en China, son un fenómeno de los últimos treinta años. Wang señala que, en 1982, menos del 5 por ciento de las mujeres urbanas de veintitantos años no estaban casadas. Ese porcentaje se duplicó en 1995, se triplicó en 2008 y avanza a todo vapor hacia el 30 por ciento. Para un país donde hace poco más de treinta años el matrimonio era obligatorio y universal, es un cambio de rumbo considerable.

"Las mujeres en China todavía se ven principalmente como seres biológicos", dice Wang, quien, como demógrafo y sociólogo, ha estudiado el matrimonio en China durante más de veinte años. Agrega que, dado que los veintisiete o veintiocho años todavía se consideran el ideal para tener hijos en China, los treinta se han convertido en el umbral después del cual una mujer se convierte en "sobras," basándose en la lógica de que ya está fuera de su zona óptima para la reproducción. "Es una caracterización muy peligrosa", dice, "porque excluye innecesariamente a las mujeres mayores de 30 años del matrimonio. A esa edad, su ventana de fertilidad sigue siendo bastante amplia."

Pero en lo que respecta al público chino en general, treinta es el número mágico. "Los hombres de 30 todavía florecen," reza un delicioso refrán chino, que refleja la noción comúnmente aceptada de que un hombre que entra en su tercera década todavía está en su mejor momento. La segunda parte del refrán es algo menos poética. Compara a las mujeres de más de treinta años con la pulpa de tofu: las partes insolubles de la soja que se adhieren a la prensa o a la estopilla, después de que el resto de la leche haya pasado cooperativamente, y se haya coagulado en un bloque grande y liso.

Aunque las "sobras" en China son vistas con una diversa mezcla de desdén, asombro y simpatía, en general se acepta que son productos de su época. Son un testimonio viviente del aumento de las oportunidades educativas y profesionales brindadas a las mujeres chinas en las últimas tres décadas, lo que ha hecho que el matrimonio sea menos una necesidad inmediata o una prioridad para ellas. Aunque no todas estas mujeres son hijas únicas, la mayoría se caracterizan por ser mujeres bien educadas y orientadas a su carrera, cuyas experiencias de vida y relativa independencia financiera las han hecho más perspicaces en lo que buscan de una pareja. Al negarse a casarse porque han llegado a cierta edad, o porque todos a su alrededor les dicen que deben hacerlo, su actitud hacia el matrimonio a menudo se considera irreverente, aunque resulta que no son del todo sin precedentes.

Carretes renegados

A principios del siglo XIX, en un pequeño reducto del delta del río Canton, vivía un grupo de mujeres renegadas. Maestras en ser novias fugitivas antes del amanecer, usando zapatillas de deporte, se sabía que escapaban de casa la mañana de su matrimonio, o salían disparadas de sus sillas de manos nupciales y se escondían de sus novios en tumbas vacías hasta que todos dejaban de buscarlas. De las que aceptaron los votos matrimoniales, muchas tomaron fuertes precauciones para evitar uno de sus efectos secundarios: el embarazo. En la noche de sus nupcias, se sabía que estas damas renegadas permanecían despiertas y vigilantes, protegiéndose de su prometido con todos los muebles que podían reunir. Usando una técnica llamada "envoltura corporal", algunas momificaban sus genitales usando una enorme ropa interior equipada con varias capas de tela. Cosidas en la prenda como albóndigas humanas, permanecían cosidas por dentro hasta tres días consecutivos, tomando pastillas para suprimir las llamadas de la naturaleza.

Si bien los métodos de estas mujeres renegadas variaban, su misión era la misma: mantener a raya el matrimonio y la maternidad. Esto, en la China de la década de 1890, era sumamente descarado. Como se analiza en el fascinante libro *Hijas del Cantón Delta*, de Janice E. Stockard, una mujer soltera durante estos tiempos, además de ser una anomalía social, era una fuente de gran angustia. Se creía que su espíritu causaba malas cosechas, infertilidad y muchas otras desgracias. Se decía que la hierba no crecería en el sitio donde había muerto una mujer soltera, por lo que las doncellas moribundas eran llevadas a morir a áreas desiertas donde los daños incurridos por su falta de cónyuge podían minimizarse. Luego, por supuesto, estaba el predicamento del alma de una mujer soltera, que, sola e inquieta, podía volver para atormentar a los vivos y a los casados.

En el centro de la valentía de estas mujeres solteras estaba también el hecho que todas eran enrolladoras. Enrolladoras de seda. Durante los años pico de su resistencia al matrimonio (entre 1890 y 1930), el área del delta del río Cantón, donde vivían, fue responsable de una novena parte de la producción mundial de seda. Stockard revela que para 1930, la región contaba con más de 300 hilanderías. Allí se producían anualmente cerca de 4.000 toneladas de seda, creando una oportunidad económica sin precedentes para las mujeres jóvenes. Las enrolladoras eran contratadas para realizar la desafiante tarea de sacar los hilos de seda de sus capullos y recibían una paga generosa por su trabajo especializado, que requería de una vista excelente, destreza extrema, todo ello fundamental para el proceso de fabricación de la seda. Ganaban hasta un dólar por día, o casi el doble del salario de los hombres que trabajaban el campo.

Como resultado del arduo trabajo y las altas ventas de seda, las mujeres se urdieron un capullo de independencia financiera. Y cuando sus familias decidieron que era hora de que se casaran, pocas lo hicieron sin pelear. La que no huyó del matrimonio compró su salida, escribe Stockard. Contrataban lo que se conocía cortésmente como "matrimonios de compensación", un matrimonio en el que una enrolladora pagaba aproximadamente $300 a la familia de su prometido, alrededor de un año de salario. Esta tarifa era para que la familia del novio comprara a una muijai, o pequeña doncella; esencialmente una esposa subcontratada. La muijai daría a luz, cuidaría de los suegros, gestionaría los deseos del hombre de la familia, y haría todas las otras cosas de esposa que las enrolladoras renegadas preferían no hacer ellas mismas. A pesar de no estar presentes, este intercambio permitía a las enrolladoras obtener el estado civil oficial, con la ventaja de un lugar de entierro digno, dentro de la parcela de la familia del hombre, donde podrían descansar sus almas en el más allá.

Las enrolladoras más emprendedoras se ahorraban los honorarios de compensación casándose con hombres muertos. Conocidos como "matrimonios espirituales", estos eran arreglos entre una mujer y la familia de un soltero fallecido prematuramente que temía estar solo en el más allá. Estuvieron de moda en el sureste de China en la primeras décadas de 1900, y los hombres muertos eran una mercancía sorprendentemente deseada. Una de las fuentes de Stockard relataba que "¡no era fácil encontrar un hombre soltero muerto para casarse! Cuando la familia de un difunto hijo decidía arreglar su matrimonio, la noticia se difundía rápidamente". Según los relatos de Stockard, al enterarse de que uno estaba disponible para el matrimonio, era común que las mujeres lucharan ferozmente entre ellas mismas para casarse con él.

Aunque esta singular oportunidad económica para las mujeres chinas terminó cuando la Gran Depresión tocó fondo en el 32, provocando una fuerte caída en la demanda de seda, las damas renegadas del delta del río Cantón en resistencia al matrimonio parecían estar en algo.

Al igual que las enrolladoras de seda que la precedieron, la independencia financiera de Christy le permite mantener a raya el matrimonio y, si optase por ello, omitirlo por completo. Aunque afortunada de no tener que huir, sobornar a sus suegros o casarse con un muerto, hay departamentos en que podría decirse que sus hermanas enrolladoras de antaño estaban mejor. Por ejemplo, a pesar de ser presionadas para casarse, las mujeres del delta del río Cantón eran elogiadas por su fortaleza económica. Los padres compensados o que contraían un matrimonio fantasma estaban orgullosos de tener una hija enrolladora de seda que continuaba trabajando, ya que significaba un gran aporte económico a la familia. En *Daughters of the Canton Delta*, Stockard sugiere que en una China por lo demás muy patriarcal, "este era el único lugar donde el nacimiento de una niña era ocasión de alegría".

Asimismo, las solteronas del siglo XIX de Nueva Inglaterra fueron descritas como "criaturas altamente morales y totalmente femeninas". Era comúnmente reconocido que su soltería era "el resultado de elecciones intrincadas", e incluso fueron elogiadas por "tener el coraje de permanecer soltera porque el hombre adecuado nunca vino." Las solteronas eran, de hecho, un fenómeno social. "¿Por qué la vida de soltero se está haciendo más generalizada?" rezaba el titular de un artículo de marzo de 1868 en *The Nation*. El artículo hace referencia a Frances B. Cogan, quien en su libro All-American Girl: The Ideal of Real Womanhood in Mid- Nineteenth Century America, describe cómo el aumento de la soltería va de la mano con el "proceso de la civilización." Escribe: "Los hombres y las mujeres pueden encontrar con menos facilidad alguien a quien estén dispuestos a tomar como compañero de por vida; sus requisitos son más exigentes; sus estándares de excelencia más alto; son menos capaces de encontrar una persona que pueda satisfacer sus propios ideales y menos capaces de satisfacer el ideal de los demás".

Si bien es justo decir que en sus cinco mil años de historia de dinastía-tachonada, papel-brújula y pólvora-inventora, China ha sido una gran facilitadora del "proceso de civilización", también ha sido negligente en el aspecto particular de la civilización al que Cogan se refiere. ¿Cómo se podría explicar de otro modo que las chinas solteras, devanadoras de seda del delta del río Cantón de la década de 1890, fueran célebres por su trabajo y fortaleza financiera, mientras que las mujeres profesionales de hoy en día como Christy, sin importar lo impresionantes que sean sus logros educativos y profesionales, sigan siendo antagonizadas y devaluadas si no se han casado a cierta edad?

Antes de comenzar a responder a los diversos componentes de esta pregunta bastante cargada, es esencial tener en cuenta que las sobras son una desviación dramática de lo que hasta hace treinta años era la norma abrumadora en China: las mujeres casadas. Como esposas y madres, las mujeres chinas estaban destinadas a ser el componente básico de las familias, que, a su vez, eran los pilares de la nación. Según una joyita de sabiduría posterior a la dinastía Qing que continúa impulsando la gestión del Partido Comunista: El hogar es un modelo en miniatura del estado. Un hogar armonioso es la base de una nación armoniosa, y para ello, las mujeres son claves. Un hogar compuesto por una mujer soltera, y especialmente una mujer autosuficiente, es diferente, desestabilizador y, según algunos, peligroso.

Idealmente, como se expresa en el adagio frecuentemente citado, "el lugar del hombre está afuera; el lugar de una mujer está en el interior". Una mujer china criará niños felices y saludables mientras atiende la casa para que su esposo no tenga restricciones al trabajar, socializar, y centrarse en asuntos externos más importantes que fortalecen la Nación. Aunque esta definición se ha modernizado con el tiempo, la propensión de una mujer por el reino interior tradicional la hizo una esposa preciada, y sigue siendo a menudo el criterio por el cual muchos hombre chinos refinan su búsqueda de pareja.

"Hace dos años, organicé una fiesta de fin de año en un club de lujo: la réplica de un château francés", explica Christy. "Invité a este hombre con quien me había estado viendo, y vino". Cuenta cómo bailaba, bebía y parecía muy alegre, pero misteriosamente dejó de llamarla después del evento. Cuando finalmente pudo preguntarle el por qué, le explicó que cuando la vio con un vestido de seda rojo cereza, rodeada de tanta gente y revoloteando con tanta fuerza para asegurarse de que todo estaba funcionando sin problemas, él sintió que era "bu anchuan" o "insegura".

"Esa fiesta fue un hito importante en mi carrera", dice Christy, plenamente consciente de que, desde una perspectiva personal, fue menos exitosa. "Por supuesto, podría haber habido otras cosas, pero fue probablemente mal juicio dejar que me viera en ese tipo de ambiente tan temprano en la relación. Él no es una excepción, muchos hombres chinos reaccionarían de esta manera". Cita fácilmente otro ejemplo: un candidato a doctorado. Su madre estaba especialmente ansiosa de que ella lo conociera, porque había estudiado en los Estados Unidos y probablemente aceptara mejor las tendencias "modernas" de Christy. Recién divorciado y con un hijo de un año, le dijo a Christy en la primera cita que su relación con su esposa anterior (también china) no funcionó porque ella (también candidata a doctorado) estaba descuidando sus deberes en el hogar.

Christy sabe que su profesión y el hecho de que ella es en gran medida un ciudadano del wai (exterior) en lugar del culturalmente preescrito nei (interior), puede trabajar en su contra en el mundo de las citas. Ella tiene esto en cuenta, pero no está dispuesta a sofocar su carrera solo para mejorar sus posibilidades de matrimonio. Idealmente, a ella le gustaría encontrar una pareja que apoye sus actividades profesionales, o al menos no se vea disuadido por ellos. Matemáticamente, esto debería ser posible, ya que más del 60 por ciento de las mujeres urbanas chinas trabajan. Las demandas de la economía de China hacen que vivir en el interior no sea una opción para muchas esposas que contribuyen a la economía y la estabilidad de sus familias y que, en muchos casos, incluso superan a sus maridos. Fiel a la dicotomía culturalmente dictada "exterior/interior", es probable que además del tiempo que dedican al trabajo, las esposas chinas también deban asumir la peor parte de las tareas domésticas; sin embargo, parece que desde un punto de vista profesional pueden tener algunas ventajas sobre sus compañeros solteros.

"Mujeres astronautas: las mujeres solteras no necesitan postularse", publicó un titular en el periódico estatal chino, *Global Times,* durante el período previo a la tan comentada decisión de quién sería la primera mujer astronauta de China. El artículo procedió a explicar cómo, según algunos expertos aeroespaciales, "las mujeres solteras serán consideradas no aptas para el trabajo", especificando además que las mujeres astronautas deberían ser "psicológica y físicamente tan fuertes como sus contrapartes masculinas".

En lo que muchos medios de comunicación extranjeros se dieron gusto informando, el artículo también menciona que, según Pang Zhihao, de la Academia China de Tecnología Espacial con sede en Pekín, los astronautas no pueden tener mal olor en la boca, cicatrices o enfermedades en los pies. "Un mal olor en la boca puede molestar a otros astronautas (quienes, siendo hombres, presumiblemente, ¿no tienen olor?), y las cicatrices pueden sangrar en el espacio", dijo a Xinhua, agencia nacional de noticias de China.

El artículo continúa: "Las aspirantes a astronautas deben también estar casadas y con hijos", ya que el vuelo espacial podría tener un impacto en su fertilidad. "No hay evidencia que muestre que la vida espacial impacta fisiológicamente a las mujeres, pero después de todo, esta es la primera vez que China envía una mujer al espacio. "Debemos hacerlo con más cuidado", dijo Xu Xianrong, profesor del Hospital General de la Fuerza Aérea del Ejército Popular de Liberación, en la Radio Nacional china.

Cabe reconocer que nueve años después de enviar su primer hombre al espacio (2003), China envió allí a una mujer. Si bien esto generalmente es un buen augurio, implicar que una mujer soltera no es apta para viajes espaciales porque ella es "psicológica y físicamente inferior" a sus contrapartes casadas es también un gran salto hacia atrás para la mujer china.

"La capacidad de una mujer para manejar a su familia es un reflejo de cómo puede administrar a sus empleados", confiesa la amiga de Christy, Xu Li, quien es gerente del departamento de expansión global en una importante empresa de telecomunicaciones. Ella quiere divorciarse, pero teme que ponga en peligro su trabajo. "Superviso a 140 personas y soy el sostén de mi familia, así que no puedo correr ese tipo de riesgo". En cambio, Xu vive a trescientas millas de su esposo, quien no trabaja a tiempo completo, pero cuida a su hija en otra ciudad. Sola en Pekín, Xu compró un apartamento y se buscó un amante para hacerle compañía. Su jefe no sabe del amante, pero está menos preocupada de que lo descubra de alguna manera. "Desde un punto de vista profesional, estoy mejor como adúltera que como divorciada", dice.

Al menos por ahora, ser soltera en su campo es una ventaja para Christy, porque mantiene sus tardes abiertas para todos los eventos a los que debe asistir, para seguir haciendo crecer su red. "El matrimonio es algo a lo que definitivamente aspiro", dice. "Soy proactiva para encontrar un compañero, pero no al punto de que se interponga a otras ambiciones."

Si tan solo su familia estuviera de acuerdo.

Mientras se prepara para un *brunch* con champán un domingo en la mañana con amigos, el abuelo de Christy regresa del Parque Templo del Cielo de Pekín. Semana tras semana, se congrega con flotas de otros septuagenarios, todos en busca de cónyuges para sus nietos. Se reúnen en una gran plaza tachonada de árboles y bordeada con tomos fotocopiados con colecciones de currículos matrimoniales que incluyen el nombre, edad, altura, ocupación, salario, signo zodiacal, y a veces incluso el tipo de sangre de solteros que se acercan a sus fechas de caducidad. Otros anuncios son más personalizados, compuestos por sus autores ancianos en tinta y pincel tambaleantes, sobre una pieza de cartón. El que el abuelo de Christy ha hecho para ella es de este tipo, y la describe como "de piel clara, de buen temperamento, y juvenil."

"Echa un vistazo a estos", dice, mostrándole a Christy una pequeña pila de currículos que ha traído a casa con él. Ella lo complace con dulzura, pero en privado reconoce que le horroriza que la vendan en el parque.

"A tu edad, no puedes permitirte el lujo de ser quisquillosa", le recuerda con severidad. Preparándose para otro aluvión, Christy toma los papeles de su abuelo, y luego, justo por debajo de su oído, dice con una sonrisa juguetona, "me pregunto si me encontraré con alguno".

CAPÍTULO 2

TORTUGAS DORADAS

结婚就是给自由穿了一件大衣活动不便但很温暖
El matrimonio es, a tu libertad, como ponerse un abrigo de invierno.
Es difícil moverse, pero es cálido.

—PROVERBIO CHINO

Zhang Mei es de un pequeño pueblo a las afueras de Harbin, la ciudad capital de la gélida provincia de Heilongjiang, ubicada en el noreste de China, a menos de dos horas de la frontera con Siberia. Es famoso por un festival de hielo anual que atrae a millones de turistas, así como un legendario parque de tigres siberianos, donde los visitantes pueden optar por convertirse en espectadores en vivo del famoso espectáculo de alimentación de esta especie. Seleccionando un sabroso menú que incluye patos, pollos, cabras y vacas, los visitantes pueden comprar una golosina para los siempre hambrientos felinos, y luego observar cómo es completa y rapazmente devorado.

Aunque orgullosa de sus orígenes glaciales y repleta de trucos innovadores para combatir las temperaturas bajo cero, Zhang Mei se fue de Harbin a la edad de veintitrés años después de completar su maestría en Historia. Era hora de poner en práctica todo lo que había estudiado y ver qué tipo de ofertas de trabajo podría conseguir en la gran ciudad. Lograr que sus padres aceptaran su mudanza a Pekín no fue fácil tarea. A su edad, pensaban que se acercaba un buen momento para que regresara a su pequeña ciudad natal, aceptara un trabajo estable preaprobado en el banco donde su padre llevaba trabajando más de tres décadas, y empezara a pensar en asentarse. Después de todo, su hermana mayor, Chen (a los padres de Zhang Mei se les permitió tener un segundo hijo porque el primero fue una hija) se había casado a los veintiún años. Chen no había ido a la universidad porque estaba mucho más interesada en tener su propio puesto de ropa, un sueño que desde entonces había hecho realidad, con relativo éxito. Zhang Mei luchó por verse a sí misma haciendo lo mismo. Negoció con sus padres por tres años de "libertad" en la capital, justo el tiempo suficiente para adquirir una sólida experiencia profesional, y luego prometió estar de vuelta en Harbin mucho antes del crepúsculo de sus veinte.

Es importante tener en cuenta que, en los últimos veinte años, China ha visto a 300 millones de personas migrar de las zonas rurales a áreas urbanas en busca de una mejor educación, trabajo y estilo de vida. Además de ser el motivo del prodigioso auge económico de China, esta actividad representa lo que Jamil Anderlini, del *Financial Times*, ha mencionado como la mayor migración anual de mamíferos en la Tierra. Con los murciélagos, 90 millones, siguiéndolos en un distante segundo.

De los migrantes de China, las mujeres han representado la mayoría, porque los hombres rurales son más propensos a quedarse atrás y heredar la finca de la familia o el negocio. Vale la pena subrayar esto porque las sobras a menudo se agrupan en la categoría de "mujeres urbanas bien educadas, con ambición y carreras prometedoras", pero esa es solo una faceta de una historia mucho más grande que aún se está desarrollando en las alas. Más que una etiqueta, ser una sobra de mujer es vivir por fuera de las normas convencionales: es una forma de pensar que existe independientemente de títulos, salarios, nacionalidades e incluso de la división rural/urbana.

Señorita Libertad

Conocí a Zhang Mei poco después de mudarme a Pekín porque ella fue mi profesora de chino. Ella tenía veinticinco años en ese momento. Al llegar a la escuela de idiomas para mi primera clase, la directora me dijo que me darían una pequeña lección tres profesores distintos y que podía elegir el que más me gustara. Después de que terminaron las lecciones de muestra, Zhang Mei emergió como la clara favorita. Yo hablaba cero chino y ella casi nada de inglés. Así que no pudimos comunicarnos mucho, pero recuerdo estar encantada por su naturaleza expresiva y los grandes pompones peludos en sus tacones de gatito.

Una tarde antes de clase, otra estudiante extranjera irrumpió en el vestíbulo, con los ojos hinchados como un pez globo. Acababa de separarse de su novio de varios años, y había ido llorando todo el camino al centro de estudios. Mientras buscaba a tientas algunas palabras de consuelo, Zhang Mei se acercó, sonrió, le dio una palmada juguetona en el hombro y dijo: "Mei shi". Yo había escuchado esta expresión antes y sabía que era como el equivalente chino de "Hakuna Matata". Es lo mismo que me había dicho Zhang Mei después de un accidente de motoneta que me dejó con una horrible herida en la parte delantera de mi pierna izquierda, y mortificada por la perspectiva de ir a un hospital chino local para recibir puntos de sutura. Aunque reuní el coraje para buscar atención médica antes de que las cosas se pusieran feas, la estudiante en el vestíbulo no parecía tan convencida. "Ni xian zai hui hen zi tú", Zhang Mei le dijo a la mujer todavía afligida: "Tendrás mucha más libertad ahora". En este punto, las pupilas de la estudiante parecían estar a punto de herniarse, y claramente no se sentía consolada por la perspectiva de convertirse en la Señora Libertad.

Cuando Zhang Mei y yo entramos en nuestra pequeña aula y cerramos la puerta tras nosotras, expresé mi simpatía por la estudiante en el vestíbulo, solo para recibir una palmada en el hombro. "Ai-yah", dijo ella (en este contexto: "No seas ridículo") antes de enseñarme la frase que más tarde se convertiría en mi norte para mapear las relaciones románticas en China: "El amor es para adolescentes, pero cuando se trata del matrimonio, uno debe ser práctico". Tan pronto resolvimos los problemas de la traducción y estaba segura de entender el significado previsto, me molesté. Las toallitas húmedas y las pantalonetas cargo son maravillosamente prácticas, pero ¿en qué planeta debería esto servir de base para el matrimonio?

Le pedí que elaborara su idea, más que nada para ver si había algún matiz que podría haber pasado por alto. Para mi sorpresa, ella defendió su declaración con la tenacidad de los tigres de su ciudad natal. "Hay un momento para el romance y un momento para ser responsable", dijo. Y casi por definición, insistió, esas líneas no podían cruzarse.

Ya con veintiséis años, los padres de Zhang Mei comenzaban a sentirse nerviosos por llevarla a casa y casarse. Según sus cálculos, después de tres años de vida en la capital, su hija se había quedado demasiado tiempo fuera de su mandato y necesitaba pensar en su futuro. La mayoría de sus compañeras de clase ya estaban casadas, y los vecinos empezaban a comentar. Lentamente, su madre comenzó a plantar el gusanillo del matrimonio en su oído. Cada vez que llamaba para hacer la ronda habitual de preguntas: "¿Qué cenaste? ¿Cómo está el tiempo en Pekín? ¿Has conseguido un aumento? ¿Estás comiendo menos chocolate?". Comenzó también a introducir pequeñas actualizaciones sobre todas las chicas comprometidas o embarazadas en la ciudad. "¿Cuándo vas a traer a alguien a casa con nosotros?" Entonces ella arrullaba su madre. "El trabajo está demasiado ocupado en estos días para esas cosas", era la respuesta en serie de Zhang Mei.

"Si las mujeres jóvenes no tuvieran que dejar sus lugares de origen en busca de una mejor educación y oportunidades laborales, no habría sobras de mujer en China", me explicó Zhang Mei con gran convicción y un dejo de angustia un día durante nuestra clase. "Esto solo nos pasa porque salimos de casa. En casa, todo es simple. Si no conoces a alguien por tu cuenta, tus padres, parientes, o conocidos te presentan algunas opciones, y tú simplemente terminas casándote con uno de ellos. Pero en una gran ciudad como Pekín, donde estás sola, las estrategias son completamente diferentes".

Ahora, con veintiocho años, Zhang Mei vive en una pequeña habitación individual estilo dormitorio, aproximadamente a una hora y media de viaje al oeste de su trabajo. Comparte un baño con otras ocho mujeres y está de guardia seis, a menudo siete, días a la semana como tutora privada de idiomas, según cuán caritativo se sienta su jefe. Mientras se deleita en la "libertad" que se ha comprado a sí misma al migrar a una ciudad más grande, se da cuenta de que, de cierta manera, también esto la ha convertido en una anomalía.

El mayor desafío de Zhang Mei es que, al regresar a casa a visitar a su familia, esta le recuerda que todas con las que ella fue a la escuela secundaria y que no cursaron estudios superiores, ya están casada y con un niño. "Veo a mis ex compañeras de clase, las chicas, y son como trompos. Se pasan sus vidas en perpetuo servicio a sus maridos, a sus suegras y a sus hijos. Yo no quiero esa vida".

Al escucharla hablar, recuerdo cuánto ha crecido China, hasta convertirse en la economía más grande del mundo. A pesar de todos sus defectos, es un país que ha tenido la visión de activamente incluir a las mujeres en sus objetivos de expansión económica. Las jóvenes "Chicas de las Fábricas" son el motivo por el cual el plan funcionó tan bien, ya que acudieron en masa a ensamblar las zapatillas Nike y los iPod que pusieron a China en el mapa mundial de la manufactura. Conocidas como "tortugas doradas", usaron sus ganancias para mantener a sus padres, para ayudar a pagar las bodas de sus hermanos o la educación de sus hermanas menores (en los casos de familias con más de un hijo), y degustar algo del salario disponible antes de regresar a casa y debidamente casarse. Hoy, mientras continúan siendo un poderoso motor económico, están dejando cada vez más las chimeneas por planes de estudio y emigrando a la universidad, una experiencia tras la cual se hace más difícil volver a encajar en una casilla tradicional.

Para complicar aún más las cosas, muchas de las jóvenes migrantes encuentran trabajos de cuello rosa en entornos con pocos hombres elegibles. "Los únicos hombres con los que realmente interactúo están casados", dice Zhang Mei, refiriéndose a la base de hombres profesionales de mediana edad, coreanos y japoneses que representan la mayoría de sus alumnos. Sus colegas son todas mujeres jóvenes, muchas de ellas en una situación similar a la suya. A menudo socializan los fines de semana, casi siempre para un "caldero chino" y una película, o un poco de karaoke. Comienzan la velada temprano, cenan alrededor de las cinco y media o seis de la tarde, y están en casa a las once a más tardar, para poder tomar las últimas rondas del transporte público de regreso a sus respectivos alojamientos.

Porque nada de esto es muy propicio para conocer solteros elegibles, una de las colegas de Zhang Mei decidió arriesgarse y probar con las citas en línea. Se tomó una selfie, con su flequillo cubriendo parcialmente sus ojos y los labios fruncidos en un puchero juguetón. Levantó dos dedos junto a su rostro en el clásico signo V de chica asiática, y subió la imagen con el siguiente texto: "Estoy en este sitio porque paso la mayor parte de mi día con hombres casados". Unos días más tarde, recibió un mensaje de vuelta de un joven caballero con cabello puntiagudo, y una cara de puchero igualmente juguetona. "Estoy en este sitio porque paso la mayor parte de mi día con mujeres casadas", escribió. Ella quedó intrigada. Comenzaron a chatear en línea y pronto descubrió que era fotógrafo, especializado en instantáneas infantiles. Sus días estaban llenos de bebés saltando y radiantes mamás. Esta revelación produjo un desmayo comunal entre las chicas de la oficina. La pareja tuvo algunas citas, pero nada se materializó. Pronto, cada uno volvió a los días llenos de miembros del sexo opuesto casados.

Zhang Mei también probó las citas en línea, pero fue mucho más reservada sobre los resultados. "Le envié mensajes a algunos hombres, pero nadie interesante respondió", dijo, y eso fue todo.

En el transcurso de mis lecciones con Zhang Mei, me di gusto con las sutilezas del idioma chino. Que al aguacate se le conozca como e li, o "pera de cocodrilo", es solo un ejemplo de lo mágico de la naturaleza visual del lenguaje. Pi ya es un ejemplo algo más cómico, que se traduce como "ojo del trasero", o como dicen los chinos "ano". Del mismo modo, expresiones como qi lü zhao ma también fueron la fuente de coloridas puertas que abrieron las conversaciones con los lugareños. Esta expresión en particular significa "montar el burro mientras se busca un caballo", y la encontré exponencialmente más entretenida al descubrir que se usa en referencia a ambos, trabajos y novios. Mou gu y mu gou son ejemplos de palabras que me ha costado usar correctamente. La primera significa "hongo" y la última "perro". Afortunadamente, el consumo de perro es ilegal en la mayor parte de China, a pesar de ser un manjar de invierno en regiones como Guangdong, y dado que solo un puñado de restaurantes de Pekín lo ofrecen, mi pedido de hongos casi siempre fue comprendido eventualmente.

Luego estaban esas tres pequeñas palabras: wo ai ni, imposibles de equivocar o confundir. Su equivalente en inglés, "I love you", es probablemente la tercera frase que los estudiantes chinos aprenden en la clase de inglés, después de "hello" y "nice to meet you". En China, la he visto escrita libremente en todo, desde cuadernos hasta sábanas, pegatinas de pared hasta golosinas del desayuno. Mi dentista una vez incluso me dio, después de una limpieza, un llavero promocional que decía "I love you". Fue emotivo, aunque hubiera preferido un cepillo de dientes.

Mientras que "I love you" parecía omnipresente en China, nunca habiendo yo estado al tanto de un mundo chino de apego romántico, había casi que asumido que wo ai ni se usaba con más seriedad, casi como su equivalente en inglés. "No", me explicó Zhang Mei. "Para nosotros, "I love you" es hermoso en su brevedad, universalidad y vaguedad en otro idioma, pero wo ai ni es todavía territorio bastante desconocido".

Curiosa por saber más, envié un correo electrónico a treinta de mis amigos chinos más cercanos. Alrededor de veinticinco de ellos me contestaron. Si bien soy plenamente consciente de que esto no es una muestra científica o representativa, los resultados me parecieron más esclarecedores de lo esperado. Para empezar, pocos de mis contactos nacidos en los años 70 o antes admitieron haber dicho "wo ai ni" alguna vez. Una me contó una historia sobre una tarde que pasó viendo una película con su esposo, con quien se casó a los treinta y ocho años. La película estaba basada en una historia escrita por John Keats, y estaba llena de efusivas expresiones de emoción. Terminada la película, su esposo dijo no creer que el hombre realmente amaba a la mujer, porque dijo muchas cosas, pero en realidad hizo muy poco para hacerla feliz. "El amor no es cuestión de palabras", escribió en respuesta a mi correo electrónico. "Si amas a alguien, cuidas de él/ella y haces todo lo posible para hacer de él/ella feliz". ¿Cómo podría yo discutir con eso?

Mis amigos nacidos en los años 80 pensaban de un modo algo distinto. Parecían torturarse acerca de cómo y cuándo decir esas tres palabritas, y la mayoría admitió haberlo hecho, ya sea con efectos desastrosos o cómicos. Zhang Mei me informó que ella amaba a su gato más de lo que jamás había amado a ningún hombre desde su enamoramiento de escuela secundaria. Una amiga suya casada desestimó las palabras "wo ai ni" diciendo que eran "la charla tonta que conduce al matrimonio, pero se detiene justo después la boda". De los que aún no habían dicho "wo ai ni", o no lo habían dicho en mucho tiempo, en especial muchas mujeres, expresaron querer sentir, algún día, el deseo de decirlo. Christy lo describió como "algo muy privado y difícil de decir", agregando con una serie de emoticonos y una variedad de emojis guiño que el tipo de "alma gemela" que buscaba (un novio cadáver) de todos modos no podría hablar.

Una noche, mientras tomaba unas copas, mi querido amigo Guang, un apuesto chino nacido en Australia con predilección por los blazers de terciopelo y la literatura clásica, lamentaba en un modo inusualmente laico: "El amor es como una hamburguesa doble con queso. Cuando lo tienes en tus manos, no hay nada mejor en el mundo, pero si lo tienes todos los días y durante demasiado tiempo, te destruirá". Siendo justos, cuando le hice esta pregunta a Guang, su corazón se estaba recuperando. "Las mujeres y las hamburguesas", dijo, mirando con nostalgia su copa de vino, "solo pueden conducir a la angustia y a la revascularización quirúrgica". Luego hizo una pausa para efecto dramático, sabiendo bien que yo estaba disfrutando del espectáculo.

Otros caballeros que respondieron a mi consulta fueron más reservados, y rápidamente recurrieron al taoísmo. Minimizaron el significado emocional de wo ai ni, insistiendo en que China sigue siendo un lugar donde los sentimientos se transmiten indirectamente, o más bien a través de acciones que de palabras. Esos deben ser los hombres que siempre sacan la basura, razoné, pero cuando recurrí a esta lógica con una amiga recién casada, me respondió rechistando.

En cuanto al conjunto de los 90, estos jóvenes demonios eran la generación más radical. Para ellos, wo ai ni no es ni positiva ni cargada negativamente, sino algo que simplemente aparece—en los mensajes de texto, en un rincón oscuro de la clase de ciencias, o cuando están todos juntos, aplastados en el metro de vuelta a casa.

A pesar de las relativamente pequeñas diferencias de edad, me sorprendió cómo cada generación parecía tener su propia relación con las palabras "wo ai ni". De hecho, el común denominador surgido en todos los grupos generacionales resultó ser los padres. De las dos docenas de amigos que contestaron, ninguno había escuchado a sus padres decirse "wo ai ni" o decirlo a sus hijos. Este descubrimiento me atrapó por sorpresa, y me pregunté si debería tomarlo como evidencia de la descripción utilitaria del matrimonio de Zhang Mei.

Por mucho que pareciera desinteresada en el romance, Zhang Mei, como casi todos los que he conocido en China, respondía con gran reverencia a un concepto bastante romántico conocido como yuan fen.[3] Definido de forma amplia, es la afinidad o la fuerza vinculante que une a dos personas en una relación, ya sea fraternal o romántica. En el día a día, el yuan fen se puede definir como una coincidencia. Por ejemplo, si tienes previsto reunirse con un amigo para cenar en la noche, pero te lo encuentras más temprano en el día en una cafetería, podrías decir que tu yuan fen es muy fuerte. Dos pasajeros que se sientan uno al lado del otro en un tren y terminan teniendo un intercambio significativo, también se dice que tienen yuan fen, porque se supone que la casualidad del encuentro y hacer buenas migas en ese preciso instante en el tiempo es algo especial, dadas las pocas probabilidades de que algo así ocurra en un universo tan grande. Siguiendo misma lógica, se dice que los amantes tienen yuan fen. Es el destino que los lleva a encontrarse, pero también puede ser la sensación de que han se conocen desde hace mucho tiempo (tal vez porque se hayan conocido en una vida anterior).

Para Zhang Mei, el yuan fen era algo a tomar en cuenta. "Kan kan yuan fen, ba" o "Veamos qué trae yuan fen", es algo que decía a menudo, frecuentemente refiriéndose a su búsqueda de marido. Pude sentir que realmente creía que yuan

---

[3] Para aquellos bien versados en conceptos filosóficos, yuan fen está algunas veces relacionadas al concepto de sincronicidad del psicólogo suizo Carl Jung.

fen "la respaldaba", o de que, de alguna manera, no la defraudaría y la proveería, aunque esta convicción parecía vacilar en torno a la festividad del Año Nuevo chino.

2 Para aquellos versados en conceptos filosóficos, el yuan fen es a veces comparado con el concepto de sincronicidad, del psicólogo suizo Carl Jung.

Hogar Dulce Hogar

"Mis padres han estado viviendo en la misma unidad de vivienda por más de treinta años", me explicó Zhang Mei un día, unas pocas semanas antes de las vacaciones. "Prácticamente ninguno de nuestros vecinos ha cambiado con el tiempo, todos son colegas de mi padre de su unidad de trabajo en el banco. Hace veinte años, todos nos mudamos a un nuevo edificio porque el antiguo fue destruido, pero ninguno de los habitantes cambió; me conocen de toda la vida".

Pensé que era lindo que ella hubiera crecido con lo que parecía ser una gran familia a su alrededor, pero rápidamente corrigió mi ingenuidad.

"Cuando voy a casa para pasar el Año Nuevo chino con mi familia", dice Zhang Mei, "tengo dos opciones. Puedo volar a Harbin, o tomar el tren. Me puedo permitir ir en avión y preferiría hacerlo, pero siempre tomo el tren, porque es la única forma de llegar a Harbin tarde en la noche. Esto complica más a mi hermana, porque significa que tiene que conducir en la oscuridad y por caminos helados para recogerme en la estación de tren, pero llegar tarde me da la gran comodidad de evitar a mis vecinos. Vivimos en el último edificio de apartamentos en una fila de seis. Para llegar a mi puerta, tengo que pasar a pie por las casas de otros cinco vecinos. Si lo hago durante el día, al menos una persona de cada edificio aparecerá y empezará a hacerme preguntas personales. Simplemente no puedo enfrentarme a eso, así que le digo a mi familia que tengo miedo de volar sola, y ellos aceptan que tome el tren en su lugar".

De hecho, como me confirmó Christy, para los jóvenes solteros, el año nuevo chino es el momento más estresante del año. "Algunas madres literalmente empiezan a silbar y echar humo", explica. "Le sigo el juego porque sé que significa mucho para mi madre, pero a veces no puedo evitar sentir que una generación de pollos ha dado a luz a una generación de patos", dice, refiriéndose a los episodios de presión masculina estacional inducida por las madres que ella y sus amigas solteras experimentan durante las vacaciones. "¡Nuestras madres quieren lo mejor para nosotras, pero lo que creen que es lo mejor es totalmente distinto de lo que queremos!"

Sin embargo, mientras que las chicas de Pekín como Christy tienen sus citas a ciegas a lo largo del transcurso de todo el año, un joven funcionario de gobierno por aquí, un bailarín de ballet masculino por allá, y algunos académicos entre ellos, el caso de Zhang Mei es diferente. Su madre la tiene cerca por sólo unos pocos días cada año, y espera sacar el mejor provecho de este tiempo. Como resultado, comienza a trazar su ofensiva matrimonial a principios del otoño.

"Mi madre se vuelve muy loca durante las vacaciones, pero honestamente, realmente no creo que esté tan estresada por mi falta de marido", explica Zhang Mei. "Es que los vecinos le ponen presión social, así que, por desesperación, ella tiene que pasarme esa presión".

"¿Cómo puedes estar tan segura?" le pregunto. La respuesta me desconcierta.

China tiene un sistema de calefacción curiosamente nacionalizado. En la mayoría de los hogares, la calefacción no está controlada por residentes individuales, sino por el gobierno. En Pekín, por ejemplo, la calefacción "pública" comienza a partir del 15 de noviembre y dura hasta marzo. Aunque hay algunos apartamentos con calefacción "privada", lo que significa que sus ocupantes pueden encender y apagar la calefacción cuando lo deseen, los residentes de los apartamentos con calefacción "pública" (la gran mayoría) tienen acceso al calor sólo durante el período de tiempo que corresponde a su ciudad. En Harbin, debido a que hace tanto frío, el calor público arranca antes, el 15 de octubre. Debido a que todo este calor es alimentado quemando carbón, también, el comienzo de cada estación fría viene a menudo acompañada de una gran contaminación ambiental.

"Mi madre no dijo nada sobre el matrimonio durante todo el mes de noviembre", explicó Zhang Mei. "La contaminación era tan espesa que no estaba saliendo a ver a sus amigos. Sin juntarse para mezclarse y entrometerse, en serio creo que se olvidó de mi situación. No necesito revisar el informe meteorológico de Harbin para saber que los niveles de ICA (índice de calidad del aire) se han normalizado. Puedo sentirlo en las puntas de mis oídos—están empezando a palpitar. Los cielos se han despejado, y ella pronto saldrá a socializar. Cuando se entere de los últimos compromisos y nacimientos, volverá al acecho".

Mientras caminábamos por la calle después de clases, suena el teléfono de Zhang Mei. Ella y su madre hablan todos los miércoles por la tarde, después de la última clase de Zhang Mei, por lo que la llamada era esperada, aunque su contenido se desvió sospechosamente de las bromas habituales. Yo podía escuchar la conversación, la que Zhang Mei amablemente me permitió reproducir aquí "por el bien de la humanidad femenina", como dijera.

Mamá de Zhang Mei (MZM): Lao, estás en camino a casa ahora?
Zhang Mei (ZM): Sí.
MZM: ¿Ya cenaste?
ZM: Solo compraré algunos fideos de camino a casa.
MZM: Ai-yah, ¿no es solitario comer sola?
ZM: Ma, está bien, es tarde de todos modos.
MZM: Pero si tuvieras novio, tendrías con quién cenar.
ZM: Mamá, ¿a qué quieres llegar?
MZM: A nada, simplemente me sentiría mejor si tuvieras a alguien quien te cuidara.
ZM: Silencio
MZM: ¿Qué harás este fin de semana?
ZM: Relajarme, hacer algunas compras, leer, ver algunas películas por internet.
MZM: Ai-yah, ¿por qué no sales a caminar? Mira, si tuvieras un novio, tendrías a alguien que te acompañe a caminar, ¡sería bueno para tu salud y no tendrías que gastar tu propio dinero!
ZM: Mamá, ¿qué estás tratando de decir?
MZM: ¿Pero si no estás trabajando de todos modos? Si no trabajas, ¿cómo vas a
ganar dinero?
ZM: Ma, ¿quieres que trabaje los siete días de la semana? Si hago eso, ¿cómo tendré tiempo para gastar el dinero que gano?
MZM: Pues si no tienes novio no tendrás nada interesante qué hacer durante tu tiempo libre, así que también podrías trabajar, ¡para ahorrar dinero!

Sintiendo un conflicto, Zhang Mei cambia de tema.

ZM: ¿Están mejorando las alergias de papá?

MZM: Están mejor, no hay necesidad de preocuparse por él. Estamos más preocupados por ti. Nos gustaría que trajeras un novio para el Año Nuevo.

ZM: Ma, el Año Nuevo es en dos meses. ¿Dónde se supone que encontraré a alguien tan rápido?

MZM: No nos importa dónde lo encuentres, ¡solo trae a alguien a casa!

ZM: Ma, ¿te das cuenta de que, si traigo a casa a una persona al azar y me caso, es poco probable que nuestra relación dure mucho?

MZM: No necesariamente.

ZM: Está bien, pero definitivamente hay una mayor posibilidad de divorcio si me caso con un extraño. ¿Prefieres aumentar mis posibilidades de conseguir un divorcio?

MZM: ¡Al menos te habrás casado!

Luego de esta lindura de conversación, le pregunté a Zhang Mei cuál era su estrategia para encontrar un compañero de vida en los próximos sesenta días. "Yo no tengo idea", me dijo. Ofrecí algunos de mis amigos varones extranjeros que podrían estar dispuestos a viajar a casa con ella, si eso la ayudaba a conseguir algunos días de descanso para explorar Harbin y su parque de tigres. "No", me dijo. "Conozco a una chica que hizo eso. Su padre enseguida se dio cuenta. Dijo que el chico era demasiado apuesto para sentirse atraído por su hija. ¿Qué tal si mi papá hace lo mismo?"

Aproveché la noche para darle vueltas a cualquier cosa que podría hacer para ayudar. Rechazó la mayoría de mis sugerencias, hasta que planteé la idea de alquilar un novio. Había oído de hombres que se alquilaban a mujeres solteras por una tasa diaria durante las vacaciones. Sonaba arriesgado y más complicado de lo que podría valer la pena, pero para mi sorpresa, Zhang Mei estaba dispuesta a darle una oportunidad.

En nuestra próxima clase, abrimos una sesión en Taobao.com. La joya de la corona del Alibaba de Jack Ma (la oferta pública inicial más grande de NYSE, hasta la fecha), Taobao es un mercado en línea que vende de todo, desde himen falsos y bañeras de porcelana con patas, hasta quinua orgánica importada. Tiene el tipo de tráfico y selección que hace que Amazon parezca un chiringuito, y como pronto descubro, no faltan jóvenes chinos dispuestos a alquilarse por un poco de dinero extra durante las fiestas más importantes de China.

Mientras escribía el carácter chino para "alquiler" en la barra de búsqueda, era mi lección, después de todo, y Zhang Mei no tenía intención de dejarme holgazanear, el texto sugerido continuó en ese orden exacto. Ninguna de las dos podíamos creerlo. Los mayores éxitos del sitio de alquiler eran: novias, novios, autos, amantes, servicios de novias (que una mayor investigación reveló ser mujeres con quien acurrucarse y ver películas de vez en cuando), y ropa de boda.

Prontamente nos dirigimos a la sección de novios de alquiler y nos encontramos con una disparatada lista de resultados. El primer espécimen era de Pekín. Su cabello estaba decolorado con un resplandeciente tono piña, y en la mayoría de sus fotos usaba variantes de una camiseta de talla grande, jeans caídos, zapatillas altas moradas y gruesas monturas negras que tampoco parecían tener lentes. Parecía amistoso, pero no mostraba las cualidades que Zhang Mei creía que impresionarían a sus padres, incluso si todo era para aparentar.

El segundo hombre en los resultados era de Guizhou. Estaba sin camisa, mostrando un torso bronceado y rasgado, y un par de jeans prelavados. En otra de sus fotos, se sentaba detrás de un escritorio de madera de gran tamaño con un traje hecho de tela gris iridiscente, agarrando celosamente lo que parecía ser un gran globo de mármol. Afirmaba tener una maestría y hablar cuatro idiomas.

El tercer hombre con el que nos encontramos tenía varias reseñas de mujeres a las que ya había acompañado a casa. Una se refería a él como "muy bonito y discreto". Otra dijo "digno de confianza" y una tercera "cara grande, pero por lo demás guapo".

Investigamos sus tarifas. Cobraba 700 RMB (100 dólares) por día durante las temporadas bajas y 1000 RMB (145 dólares) durante la temporada de Año Nuevo. Esas tarifas aumentaban a 1.000 RMB y 1.500 RMB ($220), respectivamente, si tuviera que viajar a provincias más remotas, como Tíbet, Xinjiang o Mongolia Interior. A diferencia de algunos de los hombres que anuncian sus servicios, su oferta era más cara, pero incluía todo. No solicitaba cargos adicionales por fumar cigarrillos (usualmente facturado a 10 RMB o $1.50 por cigarrillo), dar besos (5 RMB o 75 centavos por beso en la frente), tomar de la mano (20 RMB o US $ 3, tarifa plana) ni beber vino de arroz (10 RMB por trago).

"¿Qué opinas?" Le pregunté a Zhang Mei.

"No se pierde nada con llamar", dijo.

CAPÍTULO 3

PUERTAS Y VENTANAS

> Un hombre se ajusta mejor a cuatro mujeres,
> así como una tetera se ajusta mejor a cuatro tazas.
> —XINRAN, LAS BUENAS MUJERES DE CHINA

Aunque muchos padres chinos nombran a sus hijas por cosas que se encuentran en la naturaleza (como Montaña Fragrante y Loto Floreciente), Ivy (hiedra) obtuvo su nombre en inglés del primer hombre casado y adinerado con el que se acostó. "Estaba hipnotizado por la longitud de mis piernas", dijo, "y como creo que el nombre me queda bien, lo he conservado".

De hecho, las piernas de Ivy son verdaderos enrejados sobre los que cualquier planta sería desafiada a escalar, aunque es dudoso que le hayan traído rendimientos tan espectaculares de no ser por su mente magistral y su determinación de acabar su vida en un escalón mucho más estratosférico en la escala social que en el que comenzó.

"Los hombres chinos quieren una esposa que sea cuatro cosas", explicó con una bocanada autoritaria de un cigarrillo.

1. Hermosa
2. Consentidora y conyugal
3. Trabajadora
4. Dispuesta a hacer la vista gorda cuando es infiel.

"Básicamente, quieren un cuento de hadas", dijo. "No es de extrañar que busquen en otra parte para satisfacer todos sus deseos".

Una buena mirada a Ivy revela que es hermosa, aunque probablemente no sería considerada "conyugal" o "consentidora" según los estándares chinos. Fuma con un vigor que antes no había visto. Justo después de exhalar el humo, lo vuelve a inhalar con la fuerza que imagino un dragón podría tener en sus fosas nasales. Rara vez sonríe, aunque escucha atentamente y con una tranquila intensidad. Habla con franqueza y candor de su decisión de completar el cuento de hadas de otra persona a cambio de su propia versión de un final feliz.

Originaria de una familia de clase media en una ciudad de segunda, Chengdu, Ivy confiaba en su llamativa buena apariencia, determinación, y su talento para las artes, para ser admitida en una de las escuelas de teatro más legendarias de China, un semillero de actrices de un talento extremo, pero también devastadoramente atractivas, y de estrellas de cine emergentes. A pesar de ser talentosa, Ivy podía sentir que nunca eclipsaría a sus compañeras mejor conectadas política y socialmente, así que después de una evaluación cuidadosa de sus talentos más comercializables, estimó que sus piernas presentaban la mayor oportunidad de progreso. Poco después de darse cuenta de esto, conoció a un hombre en un evento de networking en una escuela de negocios al que una amiga la había invitado. Al verla llegar en un Aston Martin, usó sus mañas para atrapar su atención, y poco después, había encontrado su nueva vocación como amante.

Como trasfondo, vale la pena recordar que la actividad extramatrimonial fue una fuerza impulsora para las dinastías en la historia China. La líder más poderosa del país, Wu Zetian, fue concubina en la Ciudad Prohibida durante la dinastía Tang. Enfrentando despiadadamente el emperador reinante contra su hijo y acusando del asesinato de su hija de una semana a una consorte rival, eventualmente se convirtió en emperatriz y gobernante supremo de China. Hacia el año 700 EC, ella había amasado una gran fortuna y hasta el día de hoy todavía está considerada como la mujer más rica de todos los tiempos. En sus cinco mil años de historia, también es la única mujer que ha gobernado oficialmente a China como emperador.

Aunque los métodos actuales para buscar riqueza y poder por medio de amoríos y matrimonios son presumiblemente más moderados, la práctica sigue floreciendo en China, donde la transición a una economía de mercado ha presentado a cazadores de fortuna con un brillante nuevo mundo de posibilidades. Lo que hace a esta transición aún más fascinante es el hecho de que China pasó de ser un país esencialmente sin "dinero viejo" a tener su propia Edad de Oropel. Hace treinta años, salvo conexiones excepcionales en el gobierno, había muy pequeñas diferencias de clases. Todos los profesionales urbanos vivían en las mismas viviendas de bloques de cemento, proporcionados por su danwei (unidad de trabajo), comían en su mayor parte en comedores mayormente uniformes de las unidades de trabajo, y se casaban dentro de un nivel socioeconómico similar, a menudo según lo dispuesto por un superior del trabajo. La vida era rutinaria y fuertemente reglamentada; las parejas ni siquiera podían divorciarse sin la aprobación de su empleador, y las solicitudes para hacerlo eran raramente concedidas.

El matrimonio estaba tan profundamente arraigado e impuesto como un requisito para la adultez que incluso el proceso para dar regalos de boda fue estandarizado. En la década de 1980, era costumbre que la familia del novio regalara a su nueva nuera con "tres rondas y una honda": una bicicleta, un reloj y una máquina de coser, además de una radio o un despertador. En la década de 1990, estos tres objetos se actualizaron incluyendo un televisor, una nevera y una lavadora, pero desde el auge económico de China, el cielo se ha convertido en el límite.[4] Entre el 2000 y 2015, la clase media de China creció de 5 millones a 225 millones de hogares, y se espera que 50 millones más se unan para 2020. Paralelamente, tras el establecimiento en China del mercado inmobiliario privado en 1998 (antes de este momento, todas las propiedades pertenecían al gobierno) los precios de la vivienda se han disparado, produciendo repercusiones dignas de Freakonomics en el mercado de símbolos de estatus como apartamentos y coches.

Junto a esta lujuria por bienes materiales adquiridos por medio del matrimonio está el eterno adagio de que, antes de la Revolución Cultural, por siglos, había guiado el trabajo de los casamenteros: "los hombres dang hu dui", o "puertas que peguen y ventanas que peguen". Esencialmente, esta idea implica que los cónyuges deben ser de hogares y niveles socioeconómicos similares, idealmente con la familia del hombre un poco mejor, para justificar su posición como cabeza de familia y principal "proveedor". A pesar de que, generalmente, este

---

[4] Antes que las joyerías De Beers aparecieran en China en 1993, no existía una tradición que envolviera el intercambio de anillos de compromiso de diamantes; en su lugar era usado el oro y el jade. Desde entonces, China ha llegado a ser el segundo mercado de diamantes más grande del mundo después de Estadaos Unidos, lo cual sugiere que más que unas pocas mujeres chinas han requerido a sus prometidos que "le pongan un anillo".

modelo todavía se considera ideal, el surgimiento repentino de una clase muy rica, combinado con la continua existencia de una clase muy pobre y una creciente clase media, expuesta a un catálogo exponencialmente más grande de cosas que codiciar, ha provocado un cambio brusco en las reglas del juego. A diferencia de la India u otros estrictos sistemas de castas, en China una mujer de cualquier origen puede tomar la vía rápida a una vida mejor uniéndose a un hombre rico, y, para aquellas lo suficientemente emprendedoras como para buscar y encontrar al hombre con el juego de puertas y ventanas deseados, grandes beneficios le aguardan.

Nuevos Tiempos

"A medida que sube el agua, también lo hace el bote", dice el Dr. X. Originalmente había estado conectado con él como fuente para una historia que estaba escribiendo sobre el matrimonio en China porque, como ex funcionario del gobierno y vicepresidente ejecutivo de una ONG algo misteriosa que promovía el intercambio cultural entre China y el resto del mundo, había facilitado el trabajo de dos consejeros matrimoniales estadounidenses. En nuestro primer encuentro, me recibió en su oficina de Pekín con una muy buena taza de té. Después de algunas bromas y un poco de adivinación china, que según el Dr. X reveló que habíamos sido amigos cercanos en una vida anterior, nuestra conversación giró sorprendentemente hacia el tema de las amantes.

En retrospectiva, tiene mucho sentido. Para un hombre de la posición del Dr. X: acomodado, bien conectado, bien educado y entrado en lo cincuentas, una amante (o dos, o tres) es casi un requerimiento. Cuando lo conocí por primera vez, todavía verde en la comprensión de la dinámica de las relaciones extramatrimoniales en China, sus ideas y observaciones parecían extraordinarias, si es que no completamente descabelladas. "Si un hombre en China no tiene una amante, es porque su situación económica no se lo permite," anunció, tan casual y seguro como si estuviera dando las últimas cifras del PIB nacional. "Y si un hombre de éxito no tiene amante, su esposa se preguntará por qué no".

El Dr. X pronunció sus palabras con tal facilidad y convicción que en realidad fue muy fácil escucharlo, a pesar de mis objeciones morales a lo que estaba diciendo. Cuando le pregunté por qué pensaba que las amantes eran tan populares, especialmente entre los hombres de su estatura, me enseñó una nueva palabra: jingshen. Según él, esta palabra, que se traduce aproximadamente como "vitalidad", representa la mezcla de espíritu, energía y vigor que alimenta a los hombres en su búsqueda incesante de la compañía revitalizante de una mujer con, aproximadamente, la mitad de su edad.

Sería fácil demonizar al Dr. X. Después de todo, representa a la clase dominante de mujeriegos que saltan de un jugoso cargo gubernamental a otro. Según puedo inferir, su vida es una seguidilla de encuentros (profesionales y recreativos) en los vestíbulos de hoteles lujosos, desde el St. Regis, hasta el Ritz y el Kunlun. Sin embargo, en su defensa, interpreta el papel de Lotario con mucho más entusiasmo que sus contemporáneos. Tiene estilo, algo que parece escasear entre los altos funcionarios del Partido Comunista. Aunque hay pocas canas entre ellos (los hombres chinos no gastan millones en cremas y tónicos faciales como sus contrapartes japonesas y coreanas, pero ciertamente no escatiman en tintes para el cabello), los miembros del partido más elitistas parecen vestirse con un uniforme ridículo. Dr. X es diferente. Es prácticamente un dandy. En el más recio invierno, lo vi con un blazer a cuadros azul y blanco, alegremente acentuado con un pañuelo de bolsillo magenta y chartreuse de cachemir de seda. Usa colonia, tiene sentido del humor y se deleita viajando al extranjero. Tras un viaje a Barcelona, cuenta que se enamoró tanto del jamón ibérico que trajo una pata entera, así como el jamonero para cortarlo. Habló de esta carne curada con más ahínco que cualquier español que he conocido, incluidos mis parientes ibéricos que tratan el consumo de jamón como una experiencia religiosa.

"Puedo tener casi todo lo que quiera en este mundo", explica, justo después de decirme que llegarán dos jamones ibéricos más por correo. "Excepto una esposa". Dice estas palabras con un toque de arrepentimiento y más que una pizca de frustración. Sólo después de ahondar con más profundidad en nuestra conversación supe el por qué.

Se casó a los veinte años, pero solo lo estuvo por un año. Ahora, a los cincuenta, parece tener un fuerte deseo de volver a casarse, pero el único problema, según él, es que las mujeres con quienes le gustaría casarse no está interesadas en el matrimonio. "Tienen tantos pretendientes, que prefieren seguir siendo libres y beneficiarse de la atención y los activos de varios hombres a la vez. Pueden obtener mucho más de sus relaciones de esta manera."

Tuve la sensación de que no se refería a joyas, bolsos, autos, o cualquiera de los otros "regalos" comúnmente obsequiados a las amantes a cambio de su compañía. Estaba a punto de pedirle que elaborara cuando se adelantó a mi pregunta y abrió mis ojos a un nuevo nivel de amancebarse. "Ya tienen todos los accesorios que necesitan. También ya tienen sus propios autos y apartamentos", dijo. "No buscan posesiones materiales, sino capital y conexiones". En otras palabras, se convierten en amantes para relacionarse.

Dr. X saca su teléfono y hojea fotos de varias mujeres. Recita una lista de cosas que han adquirido de diferentes hombres. Una obtuvo poco menos de un millón de dólares en inversión para su propia línea de cosméticos. Otra obtuvo dos millones para abrir su propia agencia de publicidad. Otra más, ahora asentada en París, usó el dinero que había acumulado de sus amantes para poner en marcha su propia línea de moda. "Y cuando no necesitan capital, van tras conexiones", explicó. "Estimo que el 80 por ciento de las mujeres chinas con negocio propio son amantes de alguien".

Las revelaciones del Dr. X cambiaban mis ideas preconcebidas sobre la dinámica de género en China. En su versión, las mujeres (amantes, en este caso) salían ganando. Eran exquisitas especuladoras que usaban a los hombres para sacar ventaja. Aunque alucinante, no pude evitar preguntarme si este descubrimiento era sintomático de desigualdades de género aún mayores de lo que había considerado. Las mujeres que el Dr. X describía parecían ingeniosas, listas y extremadamente competentes. A juzgar por las fotos que me había mostrado, también eran mucho más hermosas que los hombres a los que se unieron. ¿Por qué lo hacían?

¿Qué tal si estas mujeres necesitan este tipo de "patrocinio" masculino porque las barajas de género están tan en su contra que es una de las únicas formas de salir adelante? Parece una teoría radical, pero no estaba dispuesta a descartarla desde el inicio. A pesar de todo el alboroto que se ha hecho sobre la frase "las mujeres tienen la mitad del cielo," proclamada por Mao, sospeché durante mucho tiempo que la mitad femenina de los cielos chinos era todavía, de alguna manera, la menos soleada de los dos. Sabía muy bien que, en China, los negocios suelen hacerse durante cenas, acompañadas con cantidades excesivas de baijiu (un famoso y fuerte vino de arroz) y extendidos en lugares de karaoke, donde las "azafatas" sirven también como prostitutas. Por estas razones, las mujeres generalmente no están involucradas, a menos que sean parte del entretenimiento.

Una empresaria y personalidad de los medios, que también es una de las voces feministas más fuertes del país, me contó por teléfono que con frecuencia debe pagar a algunos de sus empleados masculinos para que vayan a beber con sus posibles clientes después de cenar, porque sabe que las mejores oportunidades para preparar el terreno suceden en escenarios fuera de horario y en los que ella no puede participar. Este punto de vista coincide con el de la académica Gwendoline Debéthune, cuya investigación doctoral examina las provincias chinas donde las mujeres no pueden obtener un microcrédito para iniciar su propio negocio, a menos que un hombre (presumiblemente su esposo) lo firme. Juntando anécdotas, comencé a preguntarme si "lograrlo", en el mundo profesional, era algo especialmente desafiante para una mujer sin las conexiones masculinas necesarias para poner en marcha un negocio. ¿Tan necesarias como para justificar convertirse en amante?

Luego, el Dr. X me contó sobre un evento de emparejamiento en Shanghái en el que había participado recientemente. Yo tenía una vaga idea de cómo funcionan estos eventos. Hombres con dinero para quemar pagan miles de RMB para configurar citas con mujeres selectas, que se ajustan a una lista exigente de requisitos que estipulan ellos. Suelen incluir medidas corporales muy bien proporcionadas y una piel sumamente blanca. Luego de asistir con muchas esperanzas, explicó que la mujer que más le interesaba le dijo que estaba vinculada a otros cinco hombres. "No tengo intenciones de casarme con alguno de ellos en un futuro próximo", le dijo abiertamente, lo que seguro fue un golpe considerable para su jingshen.

Mientras me era difícil procesar esta información, para el Dr. X era era lo más natural del mundo. Según él, ser una amante era solo una progresión lógica en la vida personal y la trayectoria profesional de una mujer. De hecho, argumentó que las mujeres inteligentes, astutas y trabajadoras (en otras palabras, las que supuse que eran las menos propensas a convertirse en amantes) eran en realidad las mejores amantes, porque su educación y experiencia de vida las hacían más emprendedoras.

Pero no estaba dispuesta a creer en su palabra.

El cazador de amantes

Wei Wujun es la versión china de Sherlock Holmes, pero a cambio de gorra de cazador, pipa y lupa, es conocido por fumar alquitranados Zhongnanhais (cigarrillos chinos clásicos) y por su habilidad para colocar imperceptiblemente dispositivos de rastreo GPS en los bajos de los coches de maridos mujeriegos. Comúnmente conocido como el er nai sha shou o "cazador de amantes", el detective de sesenta años se ha hecho tan famoso cazando amantes que recientemente tuvo que anunciar su retiro en Shanghái TV, solo para que su teléfono dejara de sonar.

"La mayoría de los detectives privados en China están en el negocio de las amantes", me dice. "Este fue mi sustento durante veintiún años. Hice mucho dinero, terminé manejando mejores autos que algunos de mis clientes".

Wujun describe uno de sus casos más memorables: un hombre de negocios taiwanés que vivía en Guangdong y tenía ocho amantes. "Esto fue en 1995", explica. "Para los taiwaneses, tener una amante en el continente era algo común. El costo de vida en China era tan bajo, podías tener una amante por 3000 RMB (430 dólares estadounidenses) al mes".

Que un hombre que ya tiene esposa y dos hijas quiera agregar ocho mujeres más a su vida me resultaba desconcertante, pero según Wujun, esto no era algo fuera de lo común. De hecho, el caballero en cuestión (llamémoslo Wild Oats) tenía un arreglo con su esposa, quien no solo aprobaba sus actividades extramatrimoniales, sino que a menudo jugaba al mahjong, un juego de fichas chino que requiere un número par de jugadores, con las amantes de su esposo.

Las cosas tomaron un mal giro cuando Wild Oats decidió obtener para su hermano menor, quien también era socio en el negocio familiar, una amante propia. Aunque la esposa del hermano no se oponía a la infidelidad de su marido, no había podido dar a luz un hijo y temía que su esposo (a quien llamaremos Little Oats) intentara tener uno con su dama de compañía.

Y entonces llamó al detective Wujun.

"Retozar es costoso, pero procrear es exorbitante", dice Wujun, explicando que la esposa de Little Oats no temía tanto a otro hijo sino a un desangre de las finanzas familiares. Resulta que es un plan recurrente entre las amantes el tratar de tener un hijo para sus hombres (y posiblemente aborten si quedan embarazadas de una niña) porque el proporcionar un heredero varón significa que tendrán derecho al apoyo financiero por un período de tiempo más largo, incluso cuando ya estén demasiado mayores para vivir de su apariencia.

Existen importantes "cuotas de compensación social" por tener un niño fuera del matrimonio en China, donde los hijos de padres solteros son tan mal vistos que ni siquiera tienen derecho a un hukou, o permiso de residencia. Sin un hukou, un niño no puede asistir a la escuela, acceder a los servicios sociales básicos, o incluso solicitar una tarjeta de identidad. Estas limitaciones alimentan un mercado negro de hukou falsos, que es la manera en que los hijos de hombres con amantes se legitiman, a menos que Wujun pueda intervenir de antemano. Sobre el transcurso de su carrera, admite haber participado en al menos una persecución a alta velocidad a una sala de maternidad, en un intento de descubrir a un hombre y a su amante en camino a dar a luz.

Las amantes que no aseguran un vínculo financiero a través del parto a menudo abren negocios, explica Wujun. "Abren salones de belleza, boutiques de lujo, todo territorio con el que estén muy familiarizadas", dice. Sin embargo, si no han invertido bien o si no tienen buena cabeza para los negocios, mientras envejecen y pierden valor de mercado, muchas se jubilan con mucho menos de lo que están acostumbradas. "Terminan solas y viviendo el día a día", dice, justo antes de agregar: "Creo que las más felices son aquellas que eventualmente se casan."

Costoso Retozo

Si Ivy tenía el matrimonio entre sus planes, ciertamente no llevaba prisa en ello.

Aunque solo tiene veintisiete, da la impresión de haber vivido mucho más allá de sus años. La primera vez que la vi en persona, llevaba un reloj Cartier en su muñeca, un bolso Dior colgando de su antebrazo, aretes Chanel iluminando sus orejas, un abrigo Burberry de cachemira ceñido a la cintura y calzaba zapatos de charol LV de tacón con pequeños lazos dorados adornando sus pies. Era un verdadero desfile de marcas de lujo y, sin embargo, de alguna manera, sorprendentemente, lograba que todo funcionara.

"A los ojos de muchos hombres chinos, una chica hermosa solo puede ser hermosa mientras sea inútil y esté completamente perdida y destruida sin un hombre que la apoye ", dijo mientras nos sentábamos por dulces al estilo de Hong Kong en un pequeño café cerca de su apartamento. Estábamos rodeadas de muebles de terciopelo púrpura real, interminables espejos y candelabros tentaculares giratorios, un elemento decorativo que sentí que de alguna manera se ha convertido en el escudo de armas de los nuevos ricos de China. "Y una chica inteligente solo puede ser inteligente mientras que no sea demasiado hermosa para ser tomada en serio o para ser percibida como una amenaza demasiado grande", agregó.

¿En cuanto a una mujer inteligente y hermosa? "Eso, proclamó Ivy con orgullo, "es una amante".

Poco antes de conocer a Ivy, encontré un informe en los medios de comunicación chino sobre la aprehensión de un "círculo de amantes" dirigido por un estudiante de finanzas de Shanghái de apellido Ding. Supuestamente había reclutado mujeres de 14 de las mejores universidades del continente, incluyendo las universidades de Pekín, Tsinghua y Renmin Universidad, y cobraba una prima (entre 400.000 RMB y 600 000 RMB o US $ 60 000- $ 90 000 al año) por sus servicios. Como parte del trato, incluso prometía a posibles patrocinadores copias de los certificados de logros académicos y pruebas de dominio del inglés. Esta noticia me impactó con sorpresa, todo el tiempo había tenido la impresión de que los hombres chinos rehuían de las mujeres inteligentes. Resulta que lo hacían cuando se trataba de hallar una esposa. Pero en cuestión de amantes, como había insinuado el Dr. X, parece que el cerebro y la belleza son una combinación irresistible.

Hay una explicación histórica para esta preferencia. En China, en épocas tan reciente como principios de 1900, el burdel, casa de cortesanas, o lugar donde un hombre podía adquirir lo que en términos modernos se definiría como una "amante", era un lugar de extrema importancia social. Aquí, la masculinidad de un cliente era validada o denigrada por las mujeres que frecuentaba, ya que como cortesanas eran las árbitros de la sofisticación, la clase y el refinamiento. Incluso había manuales de instrucción para hombres sobre cómo comportarse en compañía de una cortesana. Si un hombre no se comportaba apropiadamente, se arriesgaba a la vergüenza, al ridículo, y corría peligro de ser percibido como un "pueblerino" por otros clientes.

Esto aplicaba también con las prostitutas, quienes, aunque inferiores en clase a las cortesanas, se encontraban entre las mujeres más elitistas en la sociedad y eran las iguales sociales de aristócratas, eruditos, funcionarios de gobierno, y similares. Más que el placer carnal, brindaban el placer de su compañía a través de la música, la poesía, el canto y el baile, como bien lo transmite el caracter chino para prostituta, que significa "artista femenina".

Durante la dinastía Tang (618-907) incluso se fundó una institución gubernamental especial llamada jiaofang, donde las prostitutas se formaban en música, danza, literatura, caligrafía, ajedrez, y obras literarias. Considerado un conservatorio o una especie de escuela de educación superior, existió en un momento en que las mujeres, al contrario, estaban completamente privadas de educación, lo que hizo de las cortesanas y prostitutas un bienvenido y estimulante escape de esposas inocentes y hogareñas. Su mundanalidad y prestigio las ponían al tanto de situaciones y conversaciones a las que las mujeres "virtuosas" nunca tendrían acceso, y sus talentos y encantos les merecieron los mimos de hombres y poetas respetados. Como bien señaló Ginger Huang en *The World of Chinese*, de los 49.000 poemas de poesía completa de los Tang, 4.000 están relacionadas con prostitutas y 136 están escritas por las mismas prostitutas.

Incluso en la China moderna, la política y la actividad extramatrimonial permanecen entrelazadas. Conocida como la "reina no oficial de las amantes chinas", Li Wei nació en una familia empobrecida en el Vietnam devastado por la guerra y desde entonces se ha convertido en multimillonaria gracias a sus ingeniosas y estratégicas conquistas. Al igual que Wendi Deng, la ex esposa de Rupert Murdoch, quien es considerada en gran medida como una heroína en su China natal, Wei utilizó a hombres poderosos como peldaños para alcanzar a otros hombres aún más poderosos. Sin embargo, mientras Deng es admirada por haber manipulado hábilmente para salir de la pobreza (y de China) al seducir a un hombre estadounidense casado, con quien ella estuvo de hecho brevemente casada antes de llegar a casarse con Murdoch, la historia de Wei tiene una pizca extra de drama. Además de acumular una envidiable fortuna a través de sus escapadas, Wei también puso a varios de sus amantes tras las rejas.

Según informó un artículo de portada de la revista *Caijing*, una de las publicaciones más respetadas de China, Wei comenzó poco a poco. A finales de los 80, como una modesta comerciante de tabaco deseosa de construir una red de conexiones comerciales, Wei primero se convirtió en la amante del hombre que la ayudaría a ella y a sus hermanas a obtener los documentos de residencia e identificaciones falsas que necesitaban para facilitar viajar por negocios entre Hong Kong y el continente. Luego, se superó casándose con un funcionario del gobierno local que trabaja en el buró de la industria tabacalera china, y a través de él conoció a su próxima víctima: Li Jiating, gobernador de Yunnan, provincia china que produce un prodigioso volumen de tabaco. Fue encarcelado en 2001 por recibir millones de dólares en sobornos, y aunque Li Wei también fue arrestada por explotar los contactos de su esposo para atraer sobornadores, finalmente fue liberada. Después de su divorcio, se convirtió en amante de quien fue la joya de la corona de su colección: Du Shicheng, entonces el secretario del Partido Comunista de Qingdao, una ciudad costera en el noreste que es algo así como el Atlantic City chino, sin los casinos.[5] A través de Shicheng, Wei obtuvo acceso a enormes terrenos a precio de ganga en Qingdao, que en ese momento se estaba preparando para albergar los eventos de deportes acuáticos en los Juegos Olímpicos de 2008. Wei obtuvo numerosos contratos para desarrollar excelentes ubicaciones frente al mar, que incluyeron una marina de lujo, un centro comercial de alta gama y una mansión opulenta, la última de las cuales usó para organizar fiestas legendarias dirigidas los miembros del partido. Según informó el *Daily Mail:* "Fluyeron los vinos finos. Obscenas sumas de dinero cambiaron manos. Se lograron acuerdos multimillonarios. Se iniciaron coqueteos y futuros amantes fueron seducidos. Y en cada encuentro, Li Wei triunfó".

Desafortunadamente para Shicheng, el hombre cometió el error de presentarle su amante a Chen Tonghai, entonces presidente de Sinopec, el Goliat chino del petróleo y el gas. Detectando la oportunidad de diversificar su cartera, Wei se

---

[5] Las apuestas son ilegales bajo la ley china, lo que explica por qué los casinos en todo el mundo, incluso en las zonas administrativas especiales de Hong Kong y Macao, a menudo están llenos de entusiastas jugadores chinos.

convirtió en su amante y le sacó derechos de gasolineras y acciones de Sinopec valoradas en millones de libras.

Quizás lo más intrigante en el interminable juego de Wei de "monopolio de hombres", es el hecho de que mientras casi todos sus peones cumplieron cárcel por cargos de corrupción, más allá de algunas palmaditas y breves períodos tras las rejas, ella permanece libre. Ha testificado en los tribunales contra muchos de sus antiguos amantes y, por ende, ha derribado una lista portentosa de hombres poderosos. Du, el secretario del partido de Qingdao, murió en la cárcel. Chen, expresidente de Sinopec, todavía está tras las rejas, al igual que otros hombres con los que Wei ha estado conectada, incluido el ex diputado de la corte suprema, el ex vicegobernador del Banco de Desarrollo de China y el ex vicealcalde de Beijing, hasta donde se sabe. Es imposible decirlo con seguridad, pero puede que Wei se haya salvado de la cárcel porque, como un pez gato, le chupó detalles (y dinero) a hombres codiciosos de alto nivel e hizo el trabajo de la policía anticorrupción infinitamente más fácil al guardar toda la información en un diario.

Un oficial de policía relacionado con uno de los casos de corrupción dijo al *Daily Mail:* "Mostró que detrás de cada mujer exitosa, hay muchos hombres malos".

Si bien es un ejemplo superlativo, Wei no es una excepción. Una encuesta de casos de corrupción en China llevados a cabo en los 2000 y denunciados en el libro de John Osburg, *Engendering Wealth: China's New Rich and the Rise of an Elite Masculinity* se encontró que 93 de cada 100 casos involucraba a amantes y, a menudo, los dedos manchados de estos condenados eran revelados por medio de testimonios de sus compañeras extramatrimoniales. "En este mundo, solo el beso de una mujer puede enviarte a tu perdición", señaló Li Zhen, exsecretario del partido y jefe de la oficina de impuestos de la provincia de Hebei. Mientras estaba escondido, su amante, de quien se refirió como un "pequeño cordero convertido en serpiente venenosa.", filtró su paradero a la policía, una revelación que condujo a su ejecución por corrupción en 2003.

Volviendo a la emperatriz Wu Zetian, las acciones de las amantes modernas no son muy distintas a las de sus hermanas de antaño, que usaban sus encantos femeninos y privilegiada proximidad a hombres de poder como medio de acceso a redes e información comercial confidenciales, a las que de lo contrario no habrían tenido acceso. Si bien esto no dice mucho en favor de la igualdad entre los sexos, subraya la curiosa persistencia de un sistema que ha estado en su lugar durante siglos. También destaca la importancia de sus protagonistas femeninas, quienes, conscientemente o no, pueden corregir las desigualdades de género predominantes en su sociedad mediante la obtención de sumas considerables de riqueza y poder, a la vez que refuerzan estas desigualdades a expensas de otras mujeres, a saber, las esposas.

Aun así, para bien o para mal, y hasta que un escándalo de corrupción los separe, la cultura de la amante está tan arraigada en China, que el 3 de marzo se conoce en algunos círculos como el "Día de la amante". La fecha se eligió tímidamente porque en chino, una de las dos formas más comunes de decir amante es xiao san o "pequeños tres". El 3 de marzo (3/3), por lo tanto, se consideró el día más oportuno para que un grupo de terceras ruedas llamado "Asociación para el Cuidado de Pequeños Tres" publicara una carta abierta en su ya desaparecida (presumiblemente censurada) página web *Xeixe.com*, estableciendo el 3 de marzo como un día de respeto y concientización por las terceras ruedas del mundo.[6]

---

6 4 Dato curioso de amantes: Hoy en día, las parejas celebran el Día de San Valentín en China con rosas, chocolates y cenas a la luz de las velas, como en Occidente, pero hasta la década de 1990, el Día de San Valentín,

Según *SuXiaoman.com*, otro sitio ahora desaparecido al que fui redirigida por *Xeixe.com*, hay una diferencia muy importante entre un xiao san y un er nai, el otro término común para referirse a una amante, que literalmente se traduce como "segundo seno". Es comúnmente aceptado que las er nai son el tipo de amante más egoísta. Se entiende que el objetivo primordial de sus relaciones es el dinero, mientras que para las xiao san, los sentimientos triunfan sobre las finanzas.

Como se explica en el sitio:

- Una xiao san trata el asunto como una verdadera relación emocional, mientras que una er nai solo busca ganar dinero.
- Una xiao san está con un hombre porque quiere, una er nai está con un hombre porque es su ocupación.
- Una xiao san necesita escuchar las palabras "wo ai ni" (te amo), mientras que una er nai necesita escuchar las palabras "wo yang ni" (voy a pagar por ti).

Concluye: En la sociedad moderna actual, las esposas son quienes administran el dinero, er nai son las que requieren dinero, y xiao san son los que solo quieren amor.

Consulté estas definiciones con Dr. X, quien, no me sorprende descubrir, es amigo de Wei, a quien cariñosa y alegremente se refiere como Wei Jie, o "hermana Jie". (Debe haberlo perdonado en su cadena de conquistas en favor de un pez más grande). Dr. X no discutió las definiciones y decidió basarse en ellas. "La cultura china dicta que para que una mujer se case, debe encontrar un hombre con una educación

---

traducido al chino como "Día de los Enamorados", en gran medida se entendía de otra manera. Dado que la palabra "amante" en ese momento todavía era asociada casi exclusivamente con relaciones extramatrimoniales, muchos chinos creían que San Valentín era en realidad una fiesta especial para celebrar a las amantes. El "Día de la Amante" (3 de marzo) no llegaría sino hasta dos décadas después.

superior, estatus social e ingresos. Hoy, dado todo lo que han logrado las mujeres chinas, el número de estos hombres en proporción a mujeres solteras simplemente no funciona, así que para conseguir lo que quieren, algunas mujeres tienen que convertirse en amantes."

Me costaba imaginar que Ivy se convirtiera en amante como resultado de un juego de números desfavorable, pero decidí preguntarle a ella de todos modos. "No fue una decisión difícil", dijo. "No soy el tipo de mujer con la que los hombres quieren casarse, pero resulta que soy exactamente el tipo con el que quieren tener una aventura. En lugar de cambiar mi naturaleza, elegí usarla a mi favor."

Mientras hablaba, no pude evitar pensar en lo mucho que tiene en común con Christy, Zhang Mei y otras de las llamadas sobras de mujer que había llegado a conocer. Era ingeniosa, ambiciosa y... aunque no parezca obvio, ferozmente independiente. "Estar con varios hombres me da la libertad y los recursos para evitar convertirme en propiedad de uno", admite, en un raro momento de emoción. Esta idea me recuerda una conversación anterior que tuve con Christy después de haber terminado una semana de trabajo particularmente agotadora. "No trabajo tan duro porque quiero", dijo. "Lo hago porque necesito saber que puedo mantenerme sola". En China, las niñas crecen escuchando la frase "Es mejor casarse bien que estudiar bien", me explicó una vez Zhang Mei durante una lección. "Pero eso es una cosa muy tonta de pensar y una muy peligrosa manera de vivir."

CAPÍTULO 4

BIRRETES Y MATRIMONIO

女子无才便是德
Las mujeres de alto intelecto mueren jóvenes.

—PROVERBIO CHINO

Cuando June Ma tiene una cita con un hombre chino, sube el factor virgen. En lugar de llevar un cárdigan abierto y un collar, guarda su escote y se recata en un modesto suéter y bufanda. A lo largo del transcurso de la cita, tiene cuidado de dejar que el hombre lleve la conversación, de mostrarse interesada en todo lo que dice, y de reaccionar con suficiente asombro como para asegurarse de que él está, en todo momento, marinándose muy cómodamente en su propio ego.

Esto es algo desafiante para una pekinesa de veintisiete años, que de ninguna manera es una angelita virginal. Se graduó como la mejor de su clase de secundaria y fue admitida en Yale, donde obtuvo su BA y comenzó su JD, luego trabajó brevemente en un bufete de abogados de Manhattan antes de regresar a Pekín para estar más cerca de sus padres. Animada, afable y muy aguda, también es infinitamente inquisitiva, un hábito que desarrolló en los Estados Unidos, que para una estudiante china tan privada de información, resultó ser un buffet de todo lo que puedas preguntar.

"¡Presta atención a tu risa!" advierte su madre mientras June se alista para una cita de noche en Pekín. Si bien no necesita cubrir sus dientes, su madre le recuerda constantemente que debe domar sus expresiones de diversión a una risita cuando está en compañía de un caballero chino. Su padre, un respetado erudito y tan interesado en su futuro marital como su madre, le sugiere algo más radical aún: que silencie su risa por completo, y en su lugar la anima a "sonreír como la Mona Lisa". La más mínima exuberancia podría convencer a un posible pretendiente de que es asertiva, mundana, carismática, en resumen, no apta para desposar.

June es un excelente ejemplo de los obstáculos que enfrentan las mujeres chinas con estudios avanzados a la hora de buscar un compañero de matrimonio, especialmente una vez que han estado expuestas a hombres extranjeros mientras vivían o estudiaban fuera del país. De vuelta en China, June se siente como si estuviera viviendo una doble vida. Encuentra que la mayoría de los hombres locales con quien la emparejan no están interesados en citas casuales; están buscando esposas: esposas ruborizadas, tiernas, que hacen bebés. June les sigue el juego por respeto a los familiares y amigos que la emparejaron, pero en su tiempo libre, sale con hombres occidentales y otras "tortugas retornadas" (hombres que estudiaron en el extranjero y han regresado a China), a quienes conoce cuando va de fiesta. Como a ellos, su educación, exposición a una cultura de citas extranjera y una mayor expectativa emocional la convierten en una anomalía en la China moderna, donde el cortejo tradicional de decoro y practicidad todavía domina. Aunque decidida a evitar encontrar un marido de la variedad de "batir y hornear", es decir, del tipo que, justo después de darle la mano, estás casada y horneando sus niños, como ha descubierto, sabe que este tipo de arreglos abundan en China.

"Nos gusta que nuestras esposas sean yogures", dijo el banquero de inversiones de treinta y cinco años sentado frente a mí. "Yogures blancos, para que podamos darles el sabor que queramos". A primera vista, este hombre, amigo de un amigo que se había brindado a ofrecer su perspectiva sobre las sobras de mujer, parecía combinar a la perfección con June. Como ella, era ambicioso, bien educado, trabajaba en un campo prestigioso, y hablaba un inglés excelente. Cuando me senté a hablar con él en su oficina del Distrito Central de Negocios de Beijing, pensé que incluso podría hacer de casamentera y ofrecer presentarle una de mis amigas exitosas. Sin embargo, resultó que estaba todo el tiempo rodeado de mujeres solteras de alto rendimiento en el trabajo. Aunque disfrutaba la compañía, no estaba interesado en casarse con una igual educativa o profesionalmente. Además, ya estaba comprometido.

"Mi prometida es un yogur blanco", me explicó, apenas dos días antes de su boda. "Es de bajo mantenimiento y realmente no tiene ideas propias. Me gusta porque es fácil de manejar". Y luego, dejándome con la duda de si estaba comprometido a un humano o a una vaca lechera, salió de la oficina para abordar el tren de alta velocidad que lo llevaría de regreso a su ciudad natal para su despedida de soltero.

Si bien no me cautivó su lógica, después de trabajar en periodismo televisivo en Beijing y habiendo formado un muy unido grupo de amigos durante cinco años, estaba familiarizada con su punto de vista. Domina de tal forma el desagrado por las esposas de la variedad con sabor en China como para justificar la idea de que cuanto más educada es una mujer, más difícil le será encontrar un compañero de vida. Este axioma es tan cierto que las doctoras chinas se conocen comúnmente como un "tercer sexo", porque muy pocos hombres están dispuestos a casarse con ellas, ni siquiera ser sus compañeros académicos. De acuerdo con mi ahora prometido informante, la educación y los salarios de las mujeres más educadas las ponen a la par con los hombres de élite, quienes tienen una tendencia, si no una obligación cultural, a rehuir en favor de esposas más maleables.

Esto no era un problema en los días en que los niños eran considerados merecedores de una educación superior y las niñas apenas estudiaban más allá de la adolescencia temprana, pero durante los últimos sesenta años, esa moneda ha sido lanzada.

En 1949, aproximadamente el 75 por ciento de las mujeres mayores de quince años eran analfabetas. Para 1980, ese porcentaje había disminuido al 10 por ciento, y en la actualidad, es uno de los más bajos del mundo. El impulso por la alfabetización comenzó durante la Revolución Cultural, porque Mao quería que tantas personas como fuera posible leyeran su Pequeño Libro Rojo. También ha ayudado que desde 1998, China haya triplicado la parte de su PIB dedicada a la educación. Más del 60 por ciento de los graduados de secundaria asisten ahora a la universidad, en comparación con 20 por ciento hace sólo treinta años. En la última década, el número de instituciones de educación superior en China se ha más que duplicado, y se ha sextuplicado el número de alumnos matriculados en carreras de títulos. A la cabeza han estado en gran parte mujeres como June, cuyas tasas de matriculación en educación superior exceden con creces las de los varones, y que, desde 2011, según estadísticas de Naciones Unidas, han llegado a representar la mayoría de los graduados de licenciatura en China. La desventaja de este rápido avance en la educación femenina es que, para las mujeres chinas bien educadas, surge una paradoja peligrosa.

"Hagas lo que hagas, ¡no tengas contacto físico!" grita la madre de June mientras su hija sale por la puerta para su cita.

Lejos de ser una Sra. Bennet histriónica y moderna, la mamá de June es más una entrenadora de citas de mente práctica. Consciente de que la educación de su hija la hace muy atractiva para posibles empleadores, pero muy intimidante para posibles compañeros, trata de ayudar haciéndola lucir más esposa a los ojos de pretendientes que podrían intimidarse por su confianza y sus logros. "Después de rechazar a un hombre físicamente, necesitas colmarlo de elogios", instruye a su hija.

June asiente a sabiendas. "La China moderna es como un episodio gigante de Sex and the City", dice. "Excepto que, en lugar de la picante Samantha, tenemos nuestras prácticas y tradicionales madres al estilo de Charlotte". Continúa explicando que los hombres tradicionales quieren casarse con vírgenes, y que la mayoría de las citas a ciegas matrimoniales a las que ella va están completamente desprovistas de romance. "Son como reuniones de negocios", dice. "No es raro hablar de matrimonio en la primera cita, aunque físicamente, es imperativo que las cosas se muevan mucho más lento. Hay muchos asentimientos, y definitivamente, no tocar."

Que su madre de repente sea tan proactiva con su vida amorosa ha sido una sorpresa para June, cuyos padres habían desaconsejado encarecidamente que socializara con el sexo opuesto hasta su último año de universidad (al igual que muchos padres chinos). Sé que esto suena tremendamente paradójico, especialmente porque la mayoría de los padres esperan que sus hijas se casen tan pronto como se gradúen de la universidad, pero, bienvenidos a la complicada adultez joven en la China moderna. Como hija única, June es todo lo que su familia tiene. Sus padres son conscientes de lo feroz que es el mercado laboral, y quieren darle todas las oportunidades para que tenga éxito y traiga honor a la familia. Al mismo tiempo, también saben que, si ella genera demasiado éxito o demasiado honor, corre riesgo de alejar a un padre potencial para un nieto futuro; de ahí la prisa por casarla.

A pesar de ser tratada como un edificio en fuego, rodeado de las llamas urgentes, las miradas que se desvanecen, la fertilidad menguante y la caída en picada de su valor en el mercado matrimonial, June no se arrepiente de la energía que ha puesto en su educación. Acaba de completar un MBA en Pekín y está considerando hacer un doctorado en los Estados Unidos. Su deseo de aprender es lo que la hace tan aguda, carismática e infinitamente ingeniosa. Mientras hablamos de sus diversos títulos, deja en claro que cuando era niña, no tenía conciencia de cómo su educación afectaría su futuro romántico. "En el balance final, todas necesitamos títulos avanzados para ser competitivas con los hombres en la fuerza laboral", dice ella. "Pero la nueva realidad es que esos mismos títulos avanzados pueden mordernos cuando llega el momento de casarse".

Para un país que todavía está en pleno proceso de desarrollo, las cifras de mujeres sobresalientes en China son encomiables, pero no del todo sorprendentes. Cabe señalar que entre 1975 y 2006, el porcentaje de mujeres estadounidenses con al menos una carrera universitaria de cuatro años casi se duplicó, del 18,6 por ciento al 34,2 por ciento, pero el porcentaje de hombres solo aumentó un punto, de 26.8 por ciento a 27,9 por ciento. Hoy, las mujeres estadounidenses son responsables de más del 60 por ciento de todos los títulos universitarios de cuatro años obtenidos, más del 60 por ciento de todos los títulos de maestría y más del 50 por ciento de todos los doctorados, y no son la excepción. En 67 de 120 naciones, incluidos lugares tan diversos como Irán, Venezuela, Filipinas, Kirguistán, Israel, Brasil, Bielorrusia, Armenia, Jamaica, Panamá, Cuba, Italia, Hungría, y Alemania, las mujeres han pasado por un proceso igualmente rápido de expansión en el frente educativo, y ahora obtienen más títulos de estudio universitario que los hombres.

Según los demógrafos Albert Esteve, Joan García-Román, e Iñaki Permanyer del Centre d'Estudis Demogràfics en Barcelona, un aumento de logros en la educación femenina influye directamente en los patrones de matrimonio alrededor del mundo. En el estudio, "The End of Hypergamy", los demógrafos plantean la hipótesis de que a medida que los países avanzan hacia distribuciones educativas más equilibradas por género, la prevalencia de la hipergamia tiende a disminuir. En otras palabras, la idea milenaria de que una mujer debe "casarse" con un hombre con un nivel educativo superior al suyo propio se erosiona en la medida que más y más mujeres alcanzan mayores niveles de educación.

Para probar su teoría, acumularon información sobre el matrimonio y la educación de cincuenta y seis países, abarcando un periodo desde 1968 a 2009. Basado en estos datos, pudieron mostrar un nivel decreciente constante de hipergamia educativa en todo el mundo. De 1970 a 1975, por ejemplo, era más común para las mujeres casarse "hacia arriba" (hipergamia femenina) que casarse "hacia abajo" (hipogamia femenina), pero para el año 2000, las tendencias habían cambiado drásticamente. En veintiséis de los cincuenta y un países para los que había datos, la mayoría de las mujeres estaban casadas con hombres de menor educación que ellas. Estos incluían países tan diversos como Estados Unidos, Francia, Jordania, Mongolia, Eslovenia y Sudáfrica.

Los demógrafos concluyeron que, aunque los niveles de educación de las mujeres ya han alcanzado y superado al de los hombres, las mujeres altamente educadas no se han quedado en la estacada en el mercado matrimonial. Por el contrario, su investigación muestra que a medida que aumentan los niveles educativos de las mujeres, hay una casi simultánea disminución en la tendencia de hombres que quieren casarse con yogures blancos.

Si bien estas conclusiones son un augurio favorable para las perspectivas matrimoniales de mujeres bien educadas en todo el mundo, los demógrafos son conscientes de que hay algunas excepciones flagrantes a sus resultados, incluso después de tener en cuenta diferentes cronogramas de desarrollo económico y educativo. Y de pura suerte (o por culpa de una sociedad fuertemente paternalista), China es uno de ellos.

En lo que puede parecer un proyecto de ingeniería social que salió mal, mientras las mujeres chinas amontonan birretes, sus perspectivas de matrimonio disminuyen. Eso difícilmente parece justo, pero más importante aún, ¿cómo y por qué sucede? ¿Tendrán hombres chinos una aversión natural a esposas bien educadas? ¿O el hecho de que las mujeres bien educadas en busca de matrimonio sean generalmente mayores (porque dedicaron tiempo a sus estudios y carreras) trabaja en contra de ellas en el mercado de parejas?

Las respuestas a todas mis preguntas llegaron en forma de Yue Qian, ahora profesora asistente de sociología en la Universidad de British Columbia, quien en el momento en que la conocí, todavía era candidata a doctorado en la Universidad Estatal de Ohio. En uno de sus viajes a China, nos encontramos en un pequeño café escondido en el campus de la Universidad Renmin (literalmente "La Universidad del Pueblo"), uno de tres establecimientos, los otros son Tsinghua y la Universidad de Pekín, a los que asisten los mejores y más brillantes estudiantes de China. Qian tiene un rostro lozano, cabello largo y negro, y un flequillo que barre su frente en una media luna suave. Algo en su sonrisa y su ánimo me recuerda a Sailor Moon, aunque su voz y compostura le otorgan todos los atributos de una erudita en ciernes.

Mientras nos sentábamos, sacó su investigación doctoral y me invitó a una mezcla heterogénea de modelos logarítmicos lineales que utilizó para cuidadosamente determinar el mayor inhibidor de los prospectos matrimoniales de una mujer china.

"En términos generales, las mujeres chinas menores de veintinueve años se casan a tasas mucho más altas que los hombres del mismo grupo", explica. Este patrón es válido en todos los niveles educativos, a excepción de las mujeres con educación universitaria, que tienen más dificultades para encontrar maridos, ya que su educación se percibe como "vinculada a fuertes aspiraciones profesionales y parece chocar con el papel de buena esposa y madre". Y mientras que la desventaja de la mujer china con educación universitaria para encontrar pareja es alta cuando es menor de veintinueve años, una vez que llega a los treinta, dice Qian, se dispara.

Después de los treinta, sin embargo, no solo se vuelve más complicado que las mujeres con educación universitaria encuentren pareja, sino que también lo es para todas las mujeres, independientemente de su nivel de educación. En otras palabras, es como si una mujer china fuera expulsada de la vitrina en su trigésimo cumpleaños; pierde instantáneamente su valor de venta. Agrega algunos títulos de posgrado, y está esencialmente en remate.

No sucede así con los hombres, quienes, cuando se acercan a los treinta años, entran en pastos mucho más verdes. Los hombres entre treinta y cuarenta y nueve con un título profesional o superior comienzan a ver un aumento en su probabilidad de matrimonio, algo que es especialmente cierto para los hombres con educación universitaria, quienes, a medida que envejecen, parecen transformarse en George Clooney y son cuatro veces más propensos a casarse que sus contrapartes femeninas. Esto no se cumple con los hombres menores de treinta años, menos educados, que son una vez y media veces menos probables de casarse que sus contrapartes femeninas. Básicamente, los hallazgos de Qian sugieren que los hombres altamente educados tienen muchas mejores perspectivas de matrimonio si retrasan sus casamientos hasta los treinta. Para las mujeres con un alto nivel educativo, exactamente lo contrario es cierto: empatarse a tiempo ahorra cientos de problemas.

Aunque el matrimonio es uno de los principales intereses académicos de Qian, para consternación de su madre, no es algo con lo que planee familiarizarse personalmente por el momento. La madre de Qian vive en Wuhan, una ciudad china con una población de aproximadamente 4 millones.

Describe a su madre como "muy sociable", e incluso admite que tiene una buena reputación como casamentera. De hecho, la madre de Qian una vez emparejó a la hija de un amigo de la familia con un hombre que encarnaba los elementos más buscados en un candidato al matrimonio: alto, guapo, bien educado y de una prominente familia local. Pero antes de conocer a este soltero estrella, parece que la joven se mostró escéptica sobre el arreglo y le preguntó a la madre de Qian:

"Si es tan maravilloso, ¿por qué no se lo presentas a tu hija?" Escuchar esto molestó mucho a la madre de Qian. Fue un recordatorio de lo impotente que se siente frente al arreglo matrimonial de la hija.

"Ella ha aprendido a reconocer que soy diferente", explica Qian. Por "diferente", la joven académica se refiere al hecho de que vive al otro lado del mundo, y por lo tanto no es muy compatible geográficamente con alguien de su ciudad natal, pero también que sus parámetros para un compañero de vida, cuando comience a considerar seriamente ese aspecto de su vida, también serán "diferentes."

Cuando termine su doctorado, Qian habrá pasado ocho años viviendo y estudiando en los Estados Unidos. También tendrá treinta y un años, que, según la investigación de su propia tesis de maestría, indica que estará en la zona roja cuando se trata de encontrar pareja. Encontrar un compañero en su ciudad natal de Wuhan (sus padres esperan pasar sus años dorados cerca de su única hija) será aún más desafiante. Aunque es una ciudad grande, es mucho más tradicional que lugares como Pekín y Shanghái. Sus habitantes tienden a casarse temprano, dejando a Qian pocas opciones deseables.

Cuando le pregunto a Qian sobre la posibilidad de casarse con un estadounidense, responde con sentimientos encontrados. "No estoy lo suficientemente familiarizada con los matices de la cultura estadounidense", dice. "Creo que puede habría demasiadas diferencias inherentes para que eso funcione".

Pero a medida que evoluciona nuestra conversación, emerge un último aspecto en el que Qian es decididamente "diferente" de la mayoría de sus compatriotas. Cita investigaciones de economías en desarrollo que muestran cómo en lugares como China e India, es mucho más probables que las mujeres se conviertan en ingenieras o estudien tecnología.

No se trata de que disfruten de las matemáticas o la informática más que las mujeres en otras partes del mundo, sino que saben que estos campos son más lucrativos y brindan oportunidades laborales más seguras.

"Su motivación para estudiar es externa", dice Qian, explicando que los factores externos (probable presión de los padres) guían su elección de profesión. Esto contrasta con mujeres como Qian, cuyos motivos educativos son internos (decididos individualmente), y en muchos casos, directamente opuestos a los deseos de sus padres.

En la superficie, todo esto puede parecer paradójico. ¿Cómo pueden los padres, por un lado, empujar a sus hijas a que les vaya bien en la escuela y conducirlas a campos donde hay mejores posibilidades de encontrar trabajo y ganar un buen salario, mientras que por otro lado las desalientan a que les vaya demasiado bien en la escuela o demasiado bien en el trabajo, a riesgo de alejar a futuros pretendientes?

Zhiwei Xu, del Instituto de Tecnología Informática de la Academia China de Ciencias (a menudo descrita como la versión china del MIT), está bien familiarizado con esta paradoja. Como profesor titular y asesor de tesis doctoral, es el responsable de nutrir las mentes de los mejores informáticos de China, un deber que también incluye la gestión de sus perspectivas de matrimonio. "Después que un estudiante ha sido aceptado en nuestro programa de doctorado, hago el esfuerzo por conocer a sus padres", dijo. En más de una ocasión, los padres con una hija en el programa han expresado su preocupación de que no pueda encontrar pareja. "Les preocupa que cuando completen su posdoctorado sean demasiado mayores para el matrimonio, o simplemente demasiado educadas o intimidantes para ser deseables como esposas", agregó. Xu, cuya su propia hija, Xiaomeng, una es profesora asistente en la Universidad de Idaho felizmente casada, tranquiliza a los padres nerviosos con gran aplomo.

"Es algo alcahuete", dice Xiao Li Juan, una de sus estudiantes de posdoctorado felizmente casada que, a los treinta y cuatro años, recientemente ha tenido un bebé, pero que ya ha vuelto a trabajar en Intel. Aunque el profesor Xu no fue responsable de ayudar a iniciar su romance con su excompañero de clase convertido en esposo, admite que él siempre ha estado muy atento a la vida amorosa de sus alumnos.

Xiao Li Juan recuerda cómo el profesor siempre intentaba organizar almuerzos o cenas en grupo, para que alumnos de distintos años pudieran mezclarse unos con otros. Una vez que conocía mejor a sus alumnos, les preguntaba sobre su vida personal, a menudo pedía a otros estudiantes que presentara a sus amigos o a que pensaran en posibles candidatos con los que podrían llevarse bien. "Es una parte importante de sus vidas", explicó ante un prodigioso despliegue de dim sum.

A medida que supe más acerca de cómo Xiao Li Juan conoció a su esposo, me di cuenta de que, a diferencia de Christy, June o Zhang Mei, ella no estaba familiarizada en lo absoluto con lo que es ser un sheng nü, porque conoció a su esposo en la escuela y se casaron justo después de graduarse. "Las probabilidades estaban relativamente apiladas a mi favor: en mi programa de posgrado había alrededor de seis hombres por cada mujer, por lo que en realidad eran los hombres quienes estaban más nerviosos por encontrar pareja", dijo. Admite sentirse afortunada de haber conocido a su esposo cuando aún estaba en la escuela, porque puede sentir que el mundo profesional es un juego completamente distinto. Aunque sus compañeros siguen siendo mayormente hombres, la mayoría ya están casados, y el estrés de la rutina diaria parece poco propicio para las oportunidades de cortejo.

Esta conversación me lleva de vuelta a mi intercambio con Qian, la brillante joven académica cuya disciplina (sociología) suele estar llena de mujeres. Pienso que es un campo al que fue en contra de los deseos de sus padres, mientras que Xiao Li Juan eligió estudiar ciencias de la computación porque en el momento de entrar a la universidad, resultó ser uno de los campos más populares. Las cosas le salieron bien: parece disfrutar de su trabajo y, sin duda, es muy buena en él. Como sugiere la investigación de Qian, el posdoctorado de Xiao Li Juan tampoco supuso un problema a la hora de casarse, algo que hizo antes de los treinta años. Pero aún no pude evitar preguntarme: ¿qué les sucede a las mujeres chinas que no tienen las mismas opciones de citas en el campus?

Rabieta

En lugar de preocuparse por una limitada oferta de hombres, June prefiere ser proactiva. De hecho, su habilidad para cambiar entre "niña china" y "chica china de regreso del extranjero con un título de la Ivy League" es notable y, ella insiste, absolutamente necesaria si quiere noviar en China, donde además de restarle importancia a su educación, le haría bien mejorar sus habilidades en el antiguo arte de sajiao, o la rabieta estratégicamente ejecutada.

Según la edición de marzo de 2012 de la revista *Psychologies* (edición china), sajiao es un arma indispensable en el arsenal de cada mujer china. "Una mujer que sabe cómo es el sajiao sabe cómo hacer feliz a un hombre", se lee en el artículo. Aunque esto pueda parecer poco probable, dado que sajiao es esencialmente una serie de pucheros, maullidos y patadas, aparentemente es la forma tradicional de permitir que un hombre se sienta amado, necesitado, caballeroso y, simplemente, varonil en todos los aspectos.

Un artículo sobre sajiao en la revista inglesa con sede en Beijing *The World of Chinese* ofrece más información: "Para la mujer de carrera en particular, sajiao es una herramienta indispensable para no parecerle demasiado independiente ni demasiado autosuficiente a su novio. Sajiao le permite a una mujer parecer suave y femenina en lugar de dura y fuerte; rasgos que desafían las nociones tradicionales de feminidad. Al jugar con el ego masculino, logra algo casi imposible: hacer que su hombre se sienta como un hombre".

Aunque la idea de sajiao puede sonar desmesurada para la mayoría de las mujeres estadounidenses, un vistazo a las revistas femeninas publicada en los Estados Unidos durante las décadas de 1950 y 1960 resulta esclarecedor. "¡Advertencia! ... Ten cuidado de no parecer más inteligente que tu hombre", instruye un libro de consejos de la década de 1940. "Es una cosa ser casi tan inteligente, pero ser o parecer más inteligente, eso es tabú." Según Beth Bailey, autora de *From Front Porch to Back Seat: Courtship in Twentieth-Century America*, mientras que la mayoría de los libros de consejos de la época aconsejaban en contra de deliberadamente "hacerse la tonta", dejaban muy claro que cualquier indicio de superioridad intelectual podría "dañar el ego masculino". Para crear un equilibrio feliz, los expertos en relaciones alentaban a las mujeres intelectuales que buscaran hombres muy inteligentes, pero que luego restaran importancia a su propia inteligencia. "Él sabrá que solamente estás actuando. Pero pronto te convertirás en la mujercita a desdeñar, condescender y casar", aseguraba un artículo.

Según lo recogió Bailey en la década de 1920, las mujeres estadounidenses hicieron tal arte del noviazgo que era sabido que los grupos de chicas universitarias clasificaban a los posibles pretendientes en categorías entre las que estaban: "A", para un "carácter afable"; "B", para un "caballero OK"; "C", para "pasa desapercibido"; "D", para un gorila y "E", para "tan feo que asusta". También hay innumerables relatos de mujeres de la época que rechazaban una cita con un hombre que no podía permitirse el lujo de llevarlas a la tienda de refrescos correcta. (El Ford Modelo T todavía era bastante nuevo en aquel tiempo, y el viaje de ida y vuelta a la tienda de refrescos era una parte importante de la cita.) ¿Cómo entonces, sólo veinte años después, las mujeres terminaron con la peor parte en la relación, arrullando y diluyendo su inteligencia en un intento por retener a un hombre?

A partir de la década de 1930, como resultado de la Segunda Guerra Mundial, los Estados Unidos (y Europa, para el caso) vio una caída significativa en la disponibilidad de hombres casaderos. Para 1943, 16.354.000 hombres, o casi todos los varones físicamente aptos entre las edades de dieciocho y veintiséis años, habían sido enviados a la guerra. Por primera vez en la historia, explica Bailey, Estados Unidos tenía más mujeres que hombres. En 1945, un artículo del *New York Times* explicaba que, como resultado de las pérdidas por la guerra, 750.000 mujeres estadounidenses no podrían casarse (y los psicólogos argumentaban que esto las transformarían en neuróticas, frustradas y trastornadas mentales). *Good Housekeeping* hizo lo mismo con una foto de una novia y un novio en los escalones de una iglesia, y una leyenda increíble: "Ella consiguió un hombre, pero de 6 a 8 millones de mujeres no lo harán. ¡Nos falta 1 millón de solteros!" A las lectoras se les recordaba que una niña de cada siete tendría que vivir sola, y se les advertía: "A menos que cuides tus pasos, esta podrías ser tú".

Los libros de la variedad *Conquista a tu hombre y retenlo* abarrotaron los estantes, y un artículo de *Good Housekeeping* de 1943 incluso ofreció una nueva tipología. Bailey también describe cómo en un artículo apropiadamente titulado "Somebody's After Your Man", las cazadoras despiadadas y secuestradoras que podían robar a un hombre en cualquier momento estaban agrupadas en cuatro categorías: La Vampiresa, La Pana, Grandes Ojos Tristes, y la notoria Botonera, que se abre paso al corazón de un hombre tirando tímidamente de los botones de su camisa.

Como los hombres encabezaban la lista de escaseces de guerra, Bailey escribe que un corresponsal fresco de *Esquire* incluso sugirió legalizar la poligamia, para resolver el problema que puede ser llamado "sobras de mujer estadounidenses". Pero en lugar de estar fumados con visiones de fiestas poliamorosas, los soldados que regresaban de la guerra a un gran excedente de mujeres se asustaban. Estando fuera habían visto imágenes de "Rosie la Remachadora" y de otras mujeres llenando competentemente los trabajos "masculinos" que una vez habían tenido. Todavía sacudidos por la Gran Depresión, regresaban a casa más inseguros que nunca de su capacidad para cumplir el papel de proveedor masculino.

Aquí es donde las mujeres entraron en acción con un trago cargado de "galantología" para hacer que los hombres se sintieran mejor con las cosas. "¿Qué tan femenina eres para los hombres?", decía una encuesta de 1946 en el *Women's Home Companion*, que intentó sofocar cualquier impulso oculto que las mujeres tuvieran de dejar que sus uñas se quedaran sin pintar o de discutir negocios y asuntos mundiales con caballeros. En general, las mujeres le siguieron la corriente, porque la alternativa (estar sin un hombre) era mucho menos deseable. Esto dio a los hombres la ventaja en el cortejo, lo que les permitía virtualmente ordenar la sumisión de las mujeres al rechazar a las que no fueran femeninas.

Pero retrocedamos por un momento. China no ha estado recientemente en guerra. Como se mostró anteriormente, en realidad hay 30 millones hombres más, que mujeres en edad de casarse, como resultado de las políticas de hijo único y los consiguientes abortos e infanticidios femeninos. ¿Por qué, entonces, las mujeres continúan "siguiéndoles la corriente"?

Ñoñerías

El profesor Hu Deng enseña psicología emocional en la Universidad Renmin. Las calificaciones muestran que es uno de los profesores más populares en el campus, en gran parte porque sus clases ofrecen sabiduría en el tema que más interesa a la mayoría de los veinteañeros: Relaciones románticas. En su salón de conferencias rebosante de estudiantes que no pueden entrar oficialmente en su lista, se le conoce por animar con diapositivas con la Teoría Triangular del Amor de Robert Sternberg, que sostiene que el amor se compone de tres cualidades: pasión, intimidad y compromiso. Ninguna relación ha tenido las tres cualidades en niveles iguales, argumenta Sternberg, punto que el profesor Hu hace llegar explicando a sus alumnos que, tradicionalmente, la mayoría de las relaciones en China se recargan sobre la "c" (compromiso), pero carecen de "a+b" (pasión e intimidad). Menciona cómo durante la Revolución Cultural, los miembros del Ejército Popular de Liberación eran emparejados políticamente, un arreglo que los hizo muy comprometidos entre sí por un sentido del deber, pero no necesariamente por deseo o emoción. Luego cita la exitosa superproducción *The Hangover* como ejemplo de relaciones que están cargadas en pasión, pero escasas en intimidad y compromiso. Que uno pueda fugarse a Las Vegas y divorciarse a la mañana siguiente es algo que algunos de sus estudiantes están fascinados de descubrir.

En comparación con la mayoría de los profesores de la Universidad Renmin, el profesor Hu es bastante progresista. Habla sin inhibiciones sobre los matrimonios mercenarios de la China revolucionaria, y advierte a sus alumnos que los cónyuges que sus padres y abuelos eligen para ellos rara vez los harán felices. Le presenta modelos de matrimonio alternativos a sus estudiantes, hablándoles de una pareja china que tuvo dos hijos fuera del matrimonio, y después de once años, finalmente se casaron. Algo tiene el matrimonio que arruinó su relación, y fue solo después del divorcio que pudieron volver a vivir felizmente en pareja, explica el profesor. Que él ofrezca este ejemplo en un país donde tener un hijo fuera del matrimonio es ilegal en casi todas las provincias, y donde las madres solteras deben pagar "cuotas de compensación social" que a veces son de seis a ocho veces su salario anual, parece muy "open-minded". Pero cuando se trata de sajiao, el profesor opina distinto.

Nos reunimos en su oficina, una habitación sobria en el lado norte de las instalaciones. Su estudiante ayudante me ofrece un vaso de agua hirviendo del silbante dispensador de agua caliente de tamaño industrial en el pasillo, un elemento básico en todas las universidades chinas. "Si una mujer china hoy no sabe cómo funciona el sajiao, es muy poco probable que encuentre un novio", me dice el profesor. Lo miro fijamente a los ojos, medio esperando descubrir su farol, pero pronto me doy cuenta de que habla en serio.

Explica que debido a que China es altamente poblada y competitiva, cada vez es más difícil para los hombres mejorar su suerte en la vida. Era más fácil lidiar con esto antes de 1949, cuando la posición de un hombre al nacer determinaba en gran medida el resto de su vida, pero dado que el comunismo ha comenzado a reproducirse con elementos del capitalismo, ha habido una mayor presión sobre los hombres para que sobresalgan. El problema es que las nuevas oportunidades no han sido tantas como las nuevas presiones, que dejan a muchos hombres tambaleándose y sintiéndose inadecuados. Si una mujer puede intervenir e ingeniosamente hacer que un hombre se sienta estimado, necesitado y admirado, satisface los sentimientos de logro que no puede obtener de su trabajo o de la sociedad. Según el Dr. Hu, sajiao, entonces, se convierte en una "solución" para los defectos, injusticias y desigualdades en el sistema social chino, y posiblemente incluso un medio para garantizar la estabilidad social.

Le explico el razonamiento de Hu a June, quien, aunque ansiosa por contribuir a la estabilidad de su nación, sigue siendo incapaz de dominar el arte de la rabieta estratégicamente ejecutada. "Pasé tiempo durante el fin de semana con algunos de mis viejos amigos de la secundaria, y todos me dijeron que no tengo novio porque no sé sajiao", me dice.

Aunque había visto muchas actuaciones impresionantes de sajiao en las calles de Beijing: una mujer china lloriqueándole a su novio es tan común como un semáforo, nunca me había dado cuenta de que todo era hecho a propósito, y más importante, me costaba imaginar a June involucrada en la misma teatralidad. Después de ver un tutorial en línea sobre cómo hacer sajiao para cenar en tu restaurante favorito (sí, este tipo de tutoriales existen), June probó su mejor actuación conmigo, y me sentí obligada a ser honesta con ella, parecía un oso de circo que sufría de enfermedades digestivas. Después de algunos tropiezos más, quedó claro que ella no fue puesta en esta tierra para fingir sumisión. Sajiao no iba a llevarla a ningún lugar, pero, ¿una clase magistral de seducción con una de las sirenas más seductoras de Pekín? Eso sonaba mucho más prometedor.

Introducción a la Seducción

Decidí presentar a June e Ivy durante una cena en un exclusivo restaurante de Sichuan, cerca del apartamento de Ivy. (Siempre es más fácil reunirse cerca de la casa de Ivy, ya que ella tiene cuidado de dónde es vista.) Cuando llegamos June y yo, vi a Ivy en una mesa de esquina con una columna de humo sobre su cabeza. Poco después de que nos sentáramos, un mesero se acercó y muy cortés, casi obsequiosamente, le pidió a Ivy que apagara su cigarrillo. Ella lo despidió con frialdad diciendo que era tarde, que conocía al dueño. No había nadie más en el restaurante, y no estábamos molestando a nadie. Lo rechazó con un gesto y luego, segundos después, lo convocó para que le trajera un cenicero. (Previamente había estado apagando sus cigarrillos en un tazón de arroz fragante.) Parecía aterrorizado, tan sobresaltado en la obediencia, que incluso las puntas de su corbata de moño parecían pararse en atención.

Luego se volvió dulcemente hacia June y yo, y comenzamos nuestra conversación. Nos enteramos de que Ivy es hija de un funcionario chino y una bailarina de Mongolia Interior, lo que explica su belleza poco tradicional. Sus ojos son más grandes que los de la mayoría de las mujeres chinas, y su rostro más almendrado. Su cabello está recogido en zarcillos sueltos debajo de las orejas, un poco como los de Marilyn Monroe, solo que es tan negro que es prácticamente violeta.

Me doy cuenta de que hay un aire de glamour en ella, pero también de misterio. Parece tener la capacidad de desencadenar la inocencia a la orden, transformándose sin problemas de exigente patrona a conservadora encantadora. Si fuera un gato, sin duda sería siamés.

También nos enteramos de que le encanta el juego. Solo este año, ha perdido más de 50,000 dólares jugando al póquer, pero eso no la ha alejado de las mesas. Sospecho que algunos de los juegos de azar podrían estar relacionados con su trabajo diario, ya que el aumento de medidas enérgicas del gobierno contra los sobornos y la corrupción ha impulsado a varias empresas a trasladar sus mecanismos de aceitado de ruedas al extranjero, a Las Vegas, en particular. Ella ha estado allí al menos dos veces en los últimos diez meses. "Pero lo que más me gusta hacer es jugar al mahjong", dice (imaginé a las abuelitas envueltas en una jovial batalla de fichas e ingenios) en un cambio radical a la inocencia.

Fue fascinante ver a Ivy y June interactuar. Aunque la reunión se había fijado principalmente para que June se beneficiara de la destreza de Ivy con los hombres, la velada dio un giro sorprendente. Mientras June escuchaba (simultáneamente cautivada y enamorada por la atrayente presencia de Ivy y toda la libertad y el poder seductor que parecía dominar) sentí que Ivy estaba siendo generosa con su conocimiento porque June también parecía encantarle genuinamente.

Hasta que conoció a Ivy, June había estado batallando en el departamento de los hombres. Había accedido a tener algunas citas por la insistencia de su madre, pero estaba teniendo problemas para encontrar una forma educada de ir disminuyendo el contacto con un hombre en particular que había conocido en persona después de que su madre conversara con él en un sitio de citas, haciéndose pasar por ella. Era teniente en el ejército, de treinta y tantos años, bien colocado en su carrera, pero un poco cuadrado y propenso a agudos cambios en su estado de ánimo. Lo conoció en algunas citas, cada vez con un poco menos de entusiasmo. "Sentí que tenía que seguir reuniéndome con él solo para encontrar una excusa para dejar de verlo que mi madre aceptara", explicó June.

"No puedo decir que no sea atractivo, ella solo dirá que no importará en diez años", dijo June. "Tampoco puedo decir que no haya química o que no me atraaiga; ella solo dirá que estoy siendo superficial. A sus ojos, todos los problemas se desvanecen con el tiempo."

Tuvieron que pasar cuatro citas más para que June presentara una excusa más concreta que su madre en realidad pudiera aceptar: ¡el hombre con quien se estaba viendo era un sociópata pasivo-agresivo!

"¿Sabes cuando alguien se esfuerza mucho por ser amable, pero en el fondo, notas que está enojado?", dice. "Bueno, como realmente no me agradaba este tipo, comencé a llegar un poco tarde a nuestras citas. Trataba de no mostrar su molestia, pero le salía de maneras muy extrañas. Comenzaba a preguntarme sobre mi carrera, las demandas de mi trabajo, y si tenía algún plan para disminuirlo. Le dije que no. Después preguntó si podíamos enviarnos más mensajes de texto para establecer una relación más cercana. También le dije que sería difícil porque estaba muy ocupada. Entonces su ojo empezaba a temblar. Algo agresivamente, me reprendía por mis largas horas de trabajo, diciéndome que ello me haría menos tierna y femenina, pero luego muy cortésmente me invitaba a ver una película".

Después de explicarle esto a su madre, descubrió que todavía no se había zafado. "Está tratando de causar una buena impresión", dijo su madre. "¡Es normal que esté batallando por ocultar sus verdaderos sentimientos!"

El principal problema de June, según Ivy, es que no es un hua ping, o "florero", como a la mayoría de los hombres en China les gusta que sean sus mujeres. A pesar de ser muy hermosa, es vivaz y segura de sí misma de una manera que los hombres no siempre aprecian. Continuando con su exhaustivo análisis, Ivy infiere que, como estudiante excepcional desde una edad muy temprana, June probablemente se sienta más cómoda aprendiendo nuevas habilidades al estudiarlas o investigarlas, lo cual, cuando se trata especialmente de los hombres, no es la estrategia más ganadora. Como sucede con muchos hombres y mujeres en China, no ha crecido rodeada de ejemplos de cómo deberían ser las citas porque tantos años de intermediación de relaciones orquestadas por los padres, todavía se están estableciendo los modos y costumbres de las citas modernas.

Como señal de que la clase estaba terminando, Ivy compartió detalles picantes de su última cita con un magnate inmobiliario obscenamente rico. Hizo una pausa por unos momentos antes de explicar que, aunque ella ha sido generosamente compensada por sus servicios, su línea de trabajo también es muy agotadora. "Me jubilaré pronto", dijo, para nuestro asombro.

"Comenzaré a buscar marido en la primavera", agregó. Por "retirarse", en realidad quería decir que planeaba casarse.

Ivy luego explicó que ha hecho inversiones sabias para su futuro sabiendo que su valor de mercado como "la otra mujer" se desplomará a medida que envejezca. De hecho, ella nunca ha sido completamente dependiente en actividades de amante para su sustento, y a la vuelta cuando se convirtió en ello, ya trabajaba en cine y distribución de televisión en

China, trabajo que sigue desempeñando. Asistiendo regularmente a estrenos de películas repletas de estrellas y mediando tratos para los peces gordos de la industria, comenzó a moverse en un círculo social muy distinto de aquel en el que nació. Como sus comisiones comenzaron a rodar, complementadas por sus primeras escapadas con hombres adinerados y a menudo casados, ella era capaz de operar con mayor confianza. En una industria donde las apariencias lo son todo, de repente fue capaz de vestirse a su manera, usando accesorios de manera experta con bolsos de diseñador y, finalmente, con un brillante Porsche de carrera blanco. Ahora que ha logrado una vida significativamente mejor, para ella y para sus padres, con quienes ha sido muy generosa, es hora de pensar en el panorama general.

"¿Te preocupa la fidelidad con tu futuro esposo?", preguntó June, siempre la estudiante curiosa.

"Me engañará", dijo Ivy. "Los hombres de estatus siempre lo hacen. El truco es encontrar a alguien que sea lo suficientemente inteligente como para mantenerlo en secreto. En mi experiencia, un hombre malo te engaña una vez; un buen hombre te engaña para siempre".

Dado todo lo que había aprendido sobre los matrimonios chinos hasta ese momento, no podía decidir si la lógica de Ivy era extremadamente trágica o sabia. Para ella, la infidelidad era una parte tan importante del matrimonio que después años de ser una adúltera, estaba completamente preparada para volverse ciega a las ineludibles infidelidades de su futuro marido. ¿Tal vez esta era su penitencia autoimpuesta por años de transgresiones, o un intento de hacer las paces con el karma? De cualquier manera, June no quedó satisfecha.

"Simplemente no creo que pueda aceptar eso", dijo con firmeza

"Cuando se trata de matrimonio, todos tenemos condiciones, estándares, requisitos y responsabilidades", respondió Ivy, con su característica manera imperturbable. "Solo necesitas saber muy claramente cuáles valoras más y priorizar en consecuencia".

"Pero, ¿qué sucede si te interesas por una persona que no cumple con ninguna de esas condiciones o requisitos?" preguntó June.

"Bueno, entonces es amor", dijo Ivy, con un guiño cómplice en su ojo izquierdo.

Antes de que June pudiera hacer otra pregunta, Ivy recogió su bolso, abrió las puertas de su Porsche blanco y aceleró hacia la noche.

Mucho después de que desaparecieran las luces del coche de Ivy, June y yo nos quedamos charlando fuera del café. Pude ver que estaba furiosa, procesando toda la nueva información que había aprendido. Como ella no tenía auto propio, le ofrecí llevarla en mi scooter eléctrico naranja chillón, que es esencialmente la versión de un fabricante chino de un Vespa. Aunque hermoso a la vista, tiene tanta potencia como una cortadora de setos de rango medio cuando no está completamente cargada (como fue el caso esa noche), por lo que no tuvimos lo que se pueda llamar un comienzo rugiente. Cuando finalmente tomamos velocidad y nos preparamos contra el viento (era principios de marzo, y los vientos del norte de Siberia todavía soplaban con toda su fuerza) estallamos en una risa incontrolable. "La querida acelera a casa en un auto deportivo de lujo, y las dos mamarrachas con títulos de posgrado se tambalean a casa en una bicicleta eléctrica en medio de una tempestad", dijo June, todavía riéndose a decibelios que superaban con creces todo lo que su madre aprobaría. "¡Tanto por Yale!"

CAPÍTULO 5

POLLOS Y PATOS

Es una desgracia estar infelizmente casado, pero es casi
una vergüenza no estar casado en absoluto.

—LEON H. VINCENT, A SUCCESSFUL BACHELOR, 1898

El 21 de junio, a las 19:47, el usuario Snow Flower escribe: "Creo que eres la mitad perdida que he estado buscando todo este tiempo. Quiero aprender de ti e inspirarme en tu coraje; trabajar contigo, ayudarte y permitir que se derritan juntos nuestros corazones. Quiero ser tu mano izquierda y tu hombro derecho. Me has conmovido profundamente desde dentro. Mi sueño es tener una vida feliz y una familia contigo."

Ella continúa, después de esperar un poco, pero sin recibir respuesta:

"Aunque estamos muy lejos unos del otro, pongo mi fe en la sabiduría de nuestros mayores. He llegado a conocerte y hechizarme por ti a través de las descripciones de mis padres. Nuestro futuro juntos tira de sus corazones, y creo que deberíamos honrarlos estando juntos. Ambos somos de la misma región de China, por lo que nuestras personalidades y costumbres serán similares, permitiéndonos felizmente cumplir con nuestros deberes juntos. No sé cuál es tu sentir sobre todo esto, pero espero ansiosamente tu respuesta".

Tres horas, cinco minutos y veintisiete segundos después, el usuario PhoenixPhoenix responde:

"Creo que esto es llevar las cosas demasiado rápido, ya que ni nos hemos conocido en persona. Entiendo los sentimientos de tus padres y simpatizo con que el tiempo tiene un significado diferente para las mujeres, pero espero que puedas darte cuenta de que el amor que debe llevar al matrimonio es algo que debe desarrollarse naturalmente."

Snow Flower es la identificación de Christy en QQ, un servicio de mensajería instantánea que es algo así como el equivalente chino de AOL Messenger. PhoenixPhoenix es la identificación QQ de un hombre que vive en los EEUU y a quien ella nunca ha conocido, pero cuya información de contacto le proporcionó su madre. Christy comenzó a charlar con él a instancias de su madre, después de una serie muy elaborada de tardes en que las respectivas familias de cada solterón examinaron su compatibilidad: todo, desde sus niveles educativos hasta sus signos zodiacales y sus tipos de sangre, y determinaron que eran una unión celestial.

Al principio, sus chats rindieron poco, como era de esperar de dos extraños en lados opuestos del mundo que se vieron obligados a chatear en línea por sus familias. Detectando la poca química o compatibilidad entre los dos, Christy fue disminuyendo la conversación, hasta que su madre, en un astuto último intento por casar a su hija con este hombre acomodado y con una tarjeta verde, se coló en la cuenta QQ de Christy y envió los mensajes melosos reproducidos arriba.

Tres semanas después, Christy descubrió lo que pasó y enfureció. Inmediatamente envió un mensaje a PhoenixPhoenix para disculparse, pero al tratar de comunicarse con su madre para dejarle saber que conocía de sus travesuras en línea, descubrió que estaba visitando a los padres de Phoenix-Phoenix y entregando una caja de frutas confitadas en nombre de su hija.

"Es como si una generación de pollos hubiera dado a luz a una generación de patos", explica Christy. "Estamos en páginas completamente diferentes", dice. "Son el engranaje del sistema que simplemente no cederá."

Es fundamental comprender que, al igual que la madre de Christy, los padres con hijos que ahora están en edad de casarse eran adultos jóvenes durante la Revolución Cultural, una época en la que el romance fue vilipendiado como un sentimiento burgués y una razón egoísta, deshonrosa para casarse. Como se esperaba de ellos, invirtieron sus vidas en la revolución y fueron arrastrados por la propaganda y el amor proletario, sólo para volverse "irreflexivas e insensibles partes del cuerpo de la máquina de construcción de la nación". Reprimieron sus necesidades emocionales y espirituales por el progreso y la riqueza nacional; un proceso que distorsionó significativamente sus valores. Mayores ahora, están desencantados con las nociones idealistas de la sociedad y ya no creen en las consignas o en la política. En cambio, han puesto todas sus esperanzas en dinero, propiedades, estatus y otras fuentes percibidas como de estabilidad porque han experimentado la vida sin ninguna de estas cosas. Luchando por una vida materialmente cómoda, proyectan sus deseos en sus hijos, a menudo independientemente de las necesidades emocionales de estos.

Por ejemplo, Christy y su cohorte, a diferencia de sus madres, generalmente tienen la suficiente educación e independencia financiera para que el dinero, o la seguridad que este proporciona, ya no sea su principal motivación para el matrimonio. Más autosuficientes y asertivas de sus individualidades de lo que a sus madres nunca se les permitió ser, tienen un conjunto diferente de prioridades para buscar pareja, y están menos dispuestas a casarse por un sentido del deber social o por necesidades materiales. En lugar de un proveedor y compañero de casa con quien tener un hijo, quieren casarse con alguien a quien aman. Un concepto que, para una de las civilizaciones más antiguas del mundo, parece bastante nuevo.

El Amor Y El Matrimonio se conocen

Como señala Stephanie Coontz, una académica cuyo trabajo es sobre la historia del matrimonio, "Hasta finales del siglo XVIII, la mayoría de las sociedades en todo el mundo veían el matrimonio como un factor económico e institución política demasiado vital para dejar enteramente a la libre elección de los dos individuos involucrados, especialmente si iban a basar su decisión sobre algo tan irrazonable y transitorio como el amor". En otras palabras, el matrimonio romántico es un concepto relativamente nuevo, de los últimos tres siglos. De la Venecia renacentista al México colonial, el matrimonio era, ante todo, un contrato: un acuerdo tan romántico como el alquiler de un coche. Era un sistema de organización social comunalmente decidido en el que la riqueza, los recursos, el estatus, el rango y la clase podían reproducirse a través de generaciones.

Según Coontz, los dos cambios sociales sísmicos que instigaron la evolución de las normas matrimoniales fueron la difusión del trabajo asalariado, que hizo que los jóvenes fueran menos dependientes de sus padres, y las libertades de la economía de mercado, que dieron lugar a relaciones basadas en la razón y la justicia, en lugar de la fuerza. La combinación de estos dos factores permitió a la institución del matrimonio transitar de ser una unidad fundamental de trabajo, política y obligación social a un refugio del trabajo, la política, y la obligación social. Como resultado, el ideal de un matrimonio basado en el amor, amor inexplicable, no intencional, romántico, ganó una aceptación más amplia. Menos contractual, el matrimonio finalmente llegó ser visto en la mayoría de los países occidentales como un acuerdo privado entre dos individuos que desearon y eligieron por ellos mismo pasar sus vidas juntos.

Sin embargo, en China este no fue el caso, un país especialmente tardío en el frente del amor. El matrimonio concertado era legal y ampliamente practicado en China hasta 1950, y los ideales confucianos prohibían cualquier mariposeo estomacal y sonetos entre cónyuges haciendo hincapié en las relaciones entre los hombres. Según la filosofía confuciana, las dos relaciones familiares más fuertes eran entre padre e hijo y hermano mayor y hermano menor. Cualquier hombre que se desviara de la norma y se mostrara abiertamente afectuoso con su esposa, era visto como alguien de carácter débil.

Los ideales confucianos fueron tan efectivos reprimiendo los sentimientos entre un esposo y su esposa que, hasta la década de 1920, señala Coontz, ni siquiera había una palabra para describir el amor romántico entre los cónyuges. Viendo la necesidad de desarrollar una palabra para esta idea, un grupo de intelectuales acuñó el término en nai, o, traducido literalmente, "amor de gratitud", y se refiere a los afectos que un hombre exhibe hacia su esposa en gratitud por los sacrificios que ella hace por él. En ese momento, la palabra china para la noción romántica del amor, todavía se usaba solamente para describir una relación ilícita, socialmente desaprobada.

Más que romance, en nai se trataba de respeto entre los cónyuges y por los roles de género tradicionales que a cada uno se le encargaba atender. Se esperaba que una mujer tratara a su esposo con gran reverencia. Su esposo, a su vez, sería un proveedor confiable para ella y sus hijos. Cualquier "amor de gratitud" que creciera entre ellos era reconocido en la sociedad como un subproducto agradable de la unión, al igual que el suero es un subproducto agradable del queso. Endulzaba el convenio, pero ciertamente no era el punto. Además, la poligamia todavía era legal y se practicaba liberalmente, por lo que un hombre podía fácilmente mostrar "amor de gratitud" con más de una esposa.

Luego, en 1950 (justo cuando la madre de Christy nació), sucedió algo radical. El recién empoderado Partido Comunista aprobó una ley que abolía la práctica del matrimonio concertado. Especificaba que el matrimonio debía basarse en la "libertad de elección" entre un hombre y una mujer. La ley fue aclamada como un esfuerzo para proteger los intereses y derechos de las mujeres, y, sobre todo, limitar la intervención interesada de los padres.

Las mujeres, que antes habían sido los peones con los que las familias aseguraban su propia ventaja socioeconómica y política por medio del compromiso estratégico, eran ahora legalmente libres de elegir su compañero de vida. Y si las cosas no funcionaban, podían solicitar el divorcio. En caso de viudez, quedaban libres de servidumbre a sus suegros y podían volver a casarse. Y fuera cual fuese el curso que tomara el matrimonio, las mujeres retenían los derechos de la propiedad poseída antes del matrimonio, más la mitad de lo adquirido en común.

Como describe *The Politics of Marriage in Contemporary China*, de Elisabeth Croll, se lanzó una campaña nacional para familiarizar a la gente con los detalles de la nueva ley y se convirtió en el "modelo de matrimonio" ideal que todos los ciudadanos fueron alentados a seguir. Para 1953, había una campaña de guerrilla familia por familia, calle por calle, destinada a educar a la gente sobre la "libre elección" matrimonial, alabando a los jóvenes ciudadanos con el "punto de vista correcto en la elección de compañeros de vida."

Este "punto de vista correcto", tal como lo define el gobierno, fue delineado de la siguiente manera:

> La relación entre marido y mujer es ante todo el compañerismo y los sentimientos entre ellos son revolucionarios. Por revolucionario se entiende que políticamente debería tomarla como nueva compañera de armas… debe tomarla como una hermana de clase y deben trabajar juntas.

A menos que la palabra "trabajo" sea un eufemismo de algo sexy, es seguro asumir que el "punto de vista correcto" para una relación entre un hombre y su esposa era más ideológico que físico o emocional. El gobierno descartó el amor romántico como un "sentimiento burgués". Como lo advierte un artículo de 1964 el *Diario del Pueblo*, los jóvenes que se convierten en marido y mujer "por el impulso del momento y sobre la base de la buena apariencia y el amor a primera vista, sin tener en cuenta la compatibilidad basada en ideas políticas idénticas y comprensión mutua", estaban condenados a "pelearse y sufrir mucho." Por el contrario, aquellos que no eran atractivos de apariencia pero que compartían "sentimientos revolucionarios" experimentarían un amor "siempre verde".

A las jóvenes parejas que persiguieron el amor revolucionario y se atrevieron a "luchar contra el viejo pensamiento" se les aseguró que, en caso de que encontraran resistencia de los padres, el gobierno los apoyaría, escribe Croll. Asociaciones políticas como el Comité Central del Movimiento para la Implementación Completa de la Ley de Matrimonio (ojalá estuviera inventando ese nombre) se establecieron para defender los matrimonios de "libre albedrío", e incluso para defenderlos frente a sus padres en casos de discordia. Se siguió publicando material didáctico, e instancias de parejas jóvenes que triunfaban en su búsqueda del matrimonio de libre elección fueron ampliamente publicitadas en un esfuerzo por animar a otros a hacer lo mismo.

En esencia, el matrimonio de libre elección representó una convulsión del orden confuciano, en el que los padres reinaban con supremacía. Bajo este nuevo sistema, los padres tuvieron que renunciar a su poder de estratégicamente escoger a mano a sus parientes políticos y controlar cómo sus familias serían representadas en las generaciones futuras. En cambio, se esperaba que los chicos cortejaran o salieran, un proceso que, como señala Croll, estaba destinado a desencadenar un escándalo, una vorágine de lenguas acusadoras, e invitaciones a la impropiedad. Naturalmente, en un intento de evitar tal caos y preservar las ganancias del matrimonio de un hijo, los padres reprendían a los que buscaban libertad y sobornaban a los funcionarios locales encargados de respaldar la nueva ley de matrimonio de libre elección.

Tampoco ayudó que los jóvenes chinos no tuvieran idea de cómo encontrar un cónyuge, porque no había señas sociales preestablecidas para una cita. Los mandatos del confucianismo estaban tan arraigados en la sociedad que la mayoría de los jóvenes temían al potencial chismorreo, la pérdida de la dignidad y la falta de respeto que traerían a sus familias. Los que contraían matrimonios de libre elección se desanimaban por la falta de simpatía o apoyo a su elección, argumenta Croll. ¿Y en cuanto a los funcionarios del gobierno encargados de defender los derechos al matrimonio libre? Sus ojos eran fácilmente desviados con un poco de dinero en efectivo de los mayores.

Aunque las costumbres están cambiando, los padres chinos de la misma generación que la madre de Christy todavía se sienten con derecho a tener una gran influencia en la vida personal de sus hijos porque son el sustento de sus mayores. La falta de una red de seguridad social también convierte a los hijos en el plan de retiro de sus padres; se espera que provean y cuiden de ellos en la vejez. Esto significa que asegurar que un hijo se case a cierta edad, y que se case bien, se ha convertido en la garantía de una jubilación cómoda. Si una pareja es o no es una buena pareja desde una perspectiva social, a menudo importa más que cuán compatibles son como compañeros de vida, siempre y cuando se casen en una ceremonia de gran fanfarria que otorgue rostro y tranquilidad a las respectivas familias de cada uno. Mantener las apariencias sigue siendo de suma importancia, y el sexo y la sexualidad rara vez se discuten.

Esqueletos en el Armario

Suki, además de ser una marca mediocre de lácteos japoneses vendidos ampliamente en China, también es el nombre de la depiladora genital más buscada de Pekín. Se ha convertido en un nombre tan familiar en la comunidad de mujeres extranjeras que a menudo surge en conversaciones en fiestas de cóctel. Cuando dos mujeres descubren que las mismas manos están atendiendo su topiario, algo mágico sucede, por lo que, como cera de azúcar al pubis, el vínculo es instantáneo. Parte de esto tiene que ver con la intimidad compartida de saber que la misma mujer les está depilando las partes íntimas, pero también, sospecho, debido a la intrigante historia de Suki.

Antes de convertirse en la niña prodigio de la depilación vaginal puerta a puerta, Suki trabajó en el spa de uno de los hoteles boutique más exclusivos de Pekín. (Beyoncé y Victoria Beckham se quedaron allí cuando estuvieron en la ciudad). Tenía una sólida clientela habitual, pero las condiciones de trabajo en el hotel, a pesar de su apariencia lujosa, eran deplorables. Después de que una de sus clientes le sugiriera que se fuera sola y ofreciera servicios de belleza en el hogar a una fracción del precio del spa, Suki entregó su renuncia y valientemente lanzó su propia pequeña empresa de encerado.

Meticulosa en su trabajo, Suki quita la cera como si estuviera dirigiendo una orquesta. Con poco más que una bolsa imitación Longchamp de color champán de tamaño mediano que contiene todos sus suministros, viaja por las casas de sus clientes, dejando maravillosamente glabro todo lo que toca. La calidad y comodidad de sus servicios la han llevado a acumular una pequeña fortuna, mucho más dinero del que su esposo, un barbero, puede traer a casa. Según Suki, él apoya mucho su trabajo e incluso ayuda a empacar su bolsa de suministros en sus días libres. La única queja que tiene es la naturaleza transitoria de sus clientes, en su mayoría mujeres expatriadas que están en Pekín por un período de tiempo limitado. Aunque siempre está consiguiendo nuevos clientes a través de entusiastas referencias de boca en boca, con su hija acercándose a la escuela secundaria y el costo creciente de sus gastos de educación, Suki comenzó a pedir sugerencias sobre cómo construir una base de clientes más estable.

Se sorprendió al saber que muchas de sus clientas tenían el mismo consejo: ampliar los servicios de depilación incluyendo hombres.

A pesar de la naturaleza progresista de su profesión, Suki todavía se tambalea al borde del conservadurismo. Ella es de una pequeña aldea en la provincia de Shanxi, y la mayor parte de su vida en Pekín es completamente imponderable para su familia. "Les digo a mis padres que hago tratamientos faciales", dice, lo que también hace, aunque la mayor parte de su negocio proviene de la depilación brasileña. Sin profundizar en las rutinas depilatorias de las mujeres chinas, creo que es seguro decir que las depilaciones brasileñas están lejos de ser la norma. He estado en vestuarios de gimnasios donde las mujeres se apuntan secadores de pelo en sus regiones inferiores, y muchos hombres, lo he confirmado, hacen lo mismo. Pero los hombres homosexuales chinos, bueno, podrían ser una mina de oro para Suki, si estuviera lista para el desafío.

"¡Oh!", dice ella, perpleja, cuando le menciono esto. "¿Pero dónde encontrarlos? Nunca he conocido a uno".

Esto me sorprende, aunque no debería. El hotel donde estuvo Suki anteriormente empleado ocupa lo que muy bien puede ser uno de los 500 metros cuadrados más gay de Pekín. Su bar es el escenario de un happy hour gay semanal que es como *El mago de Oz* se encuentra con Madonna. En los meses más cálidos, cuando la terraza está abierta, los hombres impecablemente peinados que se reúnen allí emiten una mezcla tan fuerte de colonia en la acera circundante, que la he llegado a llamar la Zona Franca de Pekín.

"¿Tal vez mi esposo podría ayudarme con esto?" Suki pregunta con cautela, todavía insegura de la viabilidad de esta idea, aunque ciertamente interesada en la perspectiva monetaria de la misma.

Suki no es la única persona en China que no entiende la homosexualidad. Sin embargo, a pesar de los conceptos erróneos comunes que pueden provenir de un dudoso historial en materia de derechos humanos y libertades, China no es, al menos en la superficie, especialmente hostil a los homosexuales. Pekín, en particular (que, por supuesto, no es representativo de la gran China) alberga varios bares gay. Dependiendo del clima político de la época, un evento a gran escala (como el concurso Mr. Gay Pride en Shanghái) podría ser cerrado por el gobierno, pero en la escena diaria de los clubes, la comunidad gay parece enfrentar una vigilancia mínima de los poderes fácticos.

El frente interno, sin embargo, es una historia completamente distinta. Aunque la Organización Mundial de la Salud eliminó la homosexualidad de su índice de trastornos mentales en 1990, la misma estuvo oficialmente clasificada como una enfermedad en China hasta 2001. Representaciones de la homosexualidad en la televisión han sido prohibidas, pero a partir de julio de 2017, la Asociación de Servicios de Netcasting de China (CNSA) prohibió la representación de "estilos de vida sexuales anormales" en contenidos de video de Internet, una categoría que, a ojo de los censores, incluye la homosexualidad.[7] No hace falta decir que la homosexualidad todavía no es muy bien entendida, especialmente por los padres tan interesados en que sus hijos se casen, pero no al punto en que tolerarían que su hijo se casara con un miembro del mismo sexo, si eso fuera posible. Lo curioso de la oposición de los padres al matrimonio gay, sin embargo, es que es tanto moral o ético como que se trata de que se les caiga la cara

---

[7] En un ejemplo revelador de cuán rápido cambian las mareas de la censura, China, parecen haber mirado para otro lado cuando solo un año antes, Beijing Kunlun Tech Company, una compañía de juegos, compró una participación mayoritaria en Grindr, quizás la app de citas y redes sociales para hombres homosexuales más emblemática del mundo.

de vergüenza; se ve como algo que estropea la reputación de una familia y pone en peligro su capacidad de funcionar como parte del orden social.

Para acelerar el nuevo negocio de Suki, le presento a mi amigo Leo, un chino gay que lleva tres años con su pareja. "Mi madre sabe que soy gay", nos dice, "y como que lo acepta, aunque sigue acosándome para que me case con una mujer. Cuando le recuerdo que me gustan los hombres, me dice: "¡No me importa lo que te guste, solo dame un nieto!" Llegó a sugerirle a Leo que se casara y tuviera un bebé con la hermana mayor de su pareja (una sobra de mujer), como si eso llevara a la creación de una gran familia feliz.

El contenido de esta conversación está sacudiendo el mundo de Suki. "¿Hay hombres homosexuales casados con mujeres heterosexuales?" me pregunta más tarde, en privado. "Dieciséis millones de ellos", le digo. Me mira con los ojos muy abiertos, dándose cuenta de que su potencial de mercado es mucho mayor de lo que jamás había imaginado.

Zhang Beichuan es el sexólogo de la Universidad de Qingdao que calculó la estadística de los 16 millones basada en sus más de veinte años de investigación demográfica centrada en la comunidad gay de China. No es un activista gay ni él mismo es gay, pero explica que este campo de investigación le interesó porque había muy poca información disponible, y muy poca gente trabajando en él. Me cuenta que, en la década de 1990, aproximadamente el 40 por ciento de los hombres homosexuales que entrevistó informó haber tenido pensamientos suicidas. Con el tiempo, ese porcentaje se redujo al 20 por ciento, pero el trabajo de Beichuan ha mostrado un aumento constante en las tasas de depresión de otro grupo: las tong qi, o "esposas camaradas": mujeres heterosexuales casadas con hombres homosexuales.

A pesar del apodo algo amistoso, la mayoría de las mujeres tong qi no suelen vivir vidas felices como esposas. Muy pocas son conscientes de la sexualidad de su marido antes del matrimonio, algo que, cuando es eventualmente descubierto, reciben como un duro golpe. Según las estimaciones de Beichuan, el 90 por ciento de las tong qi están deprimidas, el 70 por ciento informa haber experimentado abuso emocional a largo plazo, el 40 por ciento experimentar pensamientos suicidas, y el 20 por ciento ha experimentado violencia física repetida de parte de sus maridos. Basa sus números en una muestra de 150 esposas tong qi que llevaban casadas un promedio de cuatro años, con una edad promedio de treinta y uno. También me dice que 80 de las mujeres en su estudio descubrieron que sus maridos eran homosexuales como resultado de la intervención de un detective privado. Aproximadamente tres mujeres sabían de la homosexualidad de su marido antes de su matrimonio, pero no vieron esto como un problema. "Yo pensé que podía 'cambiarlo'", dijo una de sus fuentes, quien, señala Beichuan, era una consumada graduada universitaria.

Porque el estigma que rodea a la homosexualidad en China es todavía tan fuerte (a excepción de la escena de los clubes nocturnos, como se mencionó anteriormente), que muchas esposas camaradas no saben qué hacer cuando descubren que están casadas con un hombre gay. Christy, por ejemplo, quedó en shock.

Conocí a Christy por más de dos años antes de que me hablara de su anterior matrimonio. Durante este período, nos volvimos buenas amigas, e incluso había sido la inspiración para Chaoji Shengnu, una divertida serie de dibujos que creé, casi como un precursor de este libro.[8] La mayoría de nuestras reuniones fueron de alto octanaje. A veces nos po-

---

8 La serie de caricaturas completas Chaoji Shengnu fue publicada en la revista The World of Chinese.

níamos al día rápidamente en eventos o lugares donde ella estaba a cargo de las relaciones públicas: desfiles de moda, fiestas de aniversario en clubes nocturnos e inauguraciones de boutiques y galerías. Con frecuencia, a estos eventos asistían hombres homosexuales: modelos, diseñadores, mecenas del arte y dueños de exagerados establecimientos de entretenimiento. Ella a veces bromeaba diciendo que conocía a más hombres homosexuales que heterosexuales, pero nunca había mencionado que alguna vez estuvo casada con uno.

Christy conoció a su exesposo a una edad muy temprana y, según ella, fue amor a primera vista. "Era tan dulce y guapo, me casé con él a los tres meses de conocerlo". Su relación había sido casta antes del matrimonio, pero después de algunas complicaciones con pequeños quistes en sus ovarios, el esposo de Christy decidió que la pareja debía dejar de tener intimidad hasta que ella se sintiera mejor. Su médico nunca le dijo que dejara de tener relaciones sexuales, pero como era muy joven y estaba un poco sorprendida por su condición, decidió pecar de precavida. Cuando su sabático sexual se acercó a los dos años, comenzó a sospechar. Cada vez que intentaba un avance con su esposo, era rechazada con la mención de los quistes en sus ovarios, que hacía tiempo que habían dejado de ser motivo de preocupación. "Empecé a pensar que había otra mujer", recuerda. "Así que comencé a revisar su teléfono".

Sin pistas.

"Siempre pensé en él como alguien muy simple", explica Christy, "feliz de pasar el rato con los chicos". No fue hasta que un día dejó abierto un programa de chat en su laptop que ella descubrió su afición por los adolescentes.

"Mi primera reacción fue de total incredulidad", dijo, "pero luego comencé a conectar todos los puntos de nuestros años juntos y las cosas comenzaron a tener sentido. No había absolutamente nadie a quien pudiera decirle. Mis padres estarían indignados, y él me rogaba que no lo delatara. Decidí tratarlo como una aventura, diciéndole que todavía podíamos guo rizi, o 'pasar nuestros días juntos'. Aceptó penitente, diciéndome que dejaría su 'hábito sucio'".

Christy quería creerle, pero no confiaba él, así que mantuvo un ojo en su computadora. No hubo actividad alguna durante dos meses, pero luego retomó sus charlas lascivas con jóvenes. Sintiéndose angustiada e impotente, se refugió en el anonimato de Internet, donde localizó una línea directa de apoyo para mujeres en su situación.

La voz reconfortante en la otra línea que ayudó a Christy a sobrellevar todo lo que experimentaba fue la de Xiao Xiong. Christy creía que había "convertido" a su marido en gay por no ser atractiva y no atender a sus necesidades. Los consejos de Xiao Xiong le permitieron entender que las mujeres no convierten a los hombres en homosexuales. Ella escuchó, aconsejó y gentilmente le dio a Christy el coraje para terminar pacíficamente un matrimonio que estaba agotando su sentido de autoestima, su confianza y su felicidad.

"Solo habían pasado unos minutos de conversación con Xiao Xiong cuando me di cuenta de que ella también estaba casada con un hombre gay". Las condiciones de su matrimonio, sin embargo, eran radicalmente diferentes a las de Christy. Xiao Xiong es lesbiana, y ella y su marido gay tenían lo que comúnmente se conoce en China como un xing hun o un "matrimonio cooperativo". Aunque Xiao Xiong se oponía con vehemencia a los matrimonios en los que los hombres homosexuales son deshonestos con su sexualidad y se casan con mujeres heterosexuales, resulta ser una de las mayores facilitadoras de la China de matrimonios entre hombres abiertamente homosexuales y mujeres lesbianas que buscan casarse con un miembro del opuesto sexo para mantener las apariencias. En 2007 creó el primer grupo QQ para hombres y mujeres gay en el mercado de un cónyuge falso. "Como cualquier matrimonio", explica, "ambas partes realmente deben llegar a conocerse el uno al otro y ser muy claros en cuanto a sus objetivos. Pero si son honestos y tienen metas y valores comunes, estos arreglos pueden terminar siendo una buena manera de mitigar las presiones de matrimonio a las que se enfrentan".

Hasta la fecha, más de trescientos "matrimonios cooperativos" han tenido lugar entre parejas que se conocieron en el grupo, y Xiao Xiong está tan familiarizada con el proceso de selección de cónyuge, que prácticamente lo tiene reducido a una fórmula. Las cinco preguntas más importantes que la pareja necesita discutir antes de decidirse a casarse son:

1 ¿Viviremos juntos? (dice que no muchas parejas lo hacen).
2 ¿Tendremos un hijo? (dice que la mayoría de los norteños no quieren tener hijos, pero es más probable que los sureños quieran uno).
3 ¿Uniremos nuestras finanzas? (generalmente las parejas que viven juntas pueden querer compartir las finanzas).
4 ¿Obtendremos un certificado de matrimonio real? (muchas parejas, especialmente aquellas que optan por no tener hijos, prefieren tener un certificado de matrimonio falso, por lo que no están legalmente vinculadas entre sí. Estos certificados falsos, a menudo preparados por agencias especiales, cuestan alrededor de 200 RMB (US $ 30) o veinticinco veces el precio de uno real).

5   ¿Nos divorciaremos? (algunas parejas se casan solo temporalmente para apaciguar a sus padres y se divorcian después de un año o dos; otras tienen una gran boda para que sus padres la disfruten, luego salen del armario unos años más tarde, una vez que sientan que han hecho lo suficiente por su familia y tienen derecho a hacer algo por ellos mismos).

Xiao Xiong informa que, abrumadoramente, las parejas deciden entrar en matrimonios cooperativos debido a la presión de sus familias. "Algunos padres incluso saben que sus hijos son homosexuales, pero aun así quieren que hagan la pantomima", explica.

En el caso de Xiao Xiong, sus padres no tienen idea de que ella es lesbiana. Casarse con un hombre gay era la forma menos conflictiva de abordar su obligación de casarse. Sus padres gastaron 200.000 RMB en la recepción, y aun no saben que la mujer que ayudó a Xiao Xiong con su vestido de novia era su pareja.

Mantiene una relación amistosa con su marido, pero no cercana. "Cada uno tiene nuestra propia vida", dice Xiao Xiong, que vive con su pareja. "Básicamente nos vemos para ir a comer con nuestras familias durante las vacaciones", dice. "De lo contrario no nos comunicamos mucho, pero mi marido es genial. Cuando mi mamá se enfermó el año pasado, vino conmigo a cuidarla por unos días. He hecho lo mismo por sus padres en el pasado".

Mientras escucho los términos y condiciones del matrimonio de Xiao Xiong, empiezo a darme cuenta de que comienza a sonar como la versión más destilada de lo que son muchos matrimonios chinos: unidades de organización social mediante las cuales se celebran las fiestas y se cuida de los padres ancianos. Nuestra conversación me recuerda a una que había tenido con una amiga de Christy, quien, debido a su trabajo, vive en una ciudad diferente a la de su esposo y tiene un amante a largo plazo con quien pasa la mayor parte de su tiempo libre. Ha pensado en divorciarse, pero no se molesta porque, como le contó a Christy, "entonces, ¿dónde pasaría las vacaciones?"

Aun así, no puedo evitar preguntarle a Xiao Xiong si es difícil seguir "montando un espectáculo" después de más de cinco años de matrimonio. Ella responde con total indiferencia: "Es como estar con un amigo. Si te sientes cómoda con la persona, no es difícil".

Xiao Xiong tiene suerte porque sus padres no son demasiado insistentes en que ella tenga un bebé. "Tengo una amiga cuya madre está en una misión para tener un nieto", dice. "Así que mi amiga hace el cuento de 'lo estamos intentando'. Incluso llora por eso delante de su madre, quejándose de que los tratamientos de fertilidad son invasivos y caros".

"Obviamente, esta excusa no funciona para todos", continuó Xiao Xiong. Algunas mujeres dicen que sus condiciones de trabajo no son favorables a tener un hijo en este momento, otras culpan a la polución en el aire por sus dificultades con la concepción. "Nos ayudamos mutuamente a pensar las ideas más creíbles."

A lo largo de nuestra conversación, Xiao Xiong tuvo el cuidado de reiterar que casarse con un hombre gay ciertamente no es lo ideal, pero si las dos partes pueden llegar a un acuerdo, probablemente sea la solución más conveniente a un "problema" que no parece que vaya a solucionarse pronto.

El Dr. He Xiaopei es amigo de Xiao Xiong, y también es el fundador de Pink Space, una organización que promueve los derechos sexuales, con sede en Beijing. Cuando nos vimos, acababa de terminar de editar un documental llamado *Our Marriages: When Lesbians Marry Gay Men*, que narra los matrimonios cooperativos de cuatro lesbianas. La película incluye imágenes de una boda cooperativa a la que asistieron seiscientos invitados. "Muchos de los amigos de la novia sabían de su sexualidad, pero sus padres y la mayoría de los miembros de su familia todavía están completamente a oscuras". explicó el Dr. Xiaopei.

Luego me cuenta sobre otra boda que aparece en la película, donde la madre del novio gay es consciente de la preferencia de su hijo por los hombres, pero la novia prefiere mantener en secreto su homosexualidad. Al conocer a su futura nuera, la madre del novio aparentemente trata de persuadir a la pareja "para que tengan una vida normal", pero siente que su súplica está cayendo en oídos sordos. Ella llora y llora, hasta que una mañana se le ocurre ir a un templo y tener la ba zi de su hijo y de su futura esposa lesbiana consultadas. Ba zi, u "ocho caracteres", son un sistema complejo de números y símbolos sobre los que los chinos basan una serie de decisiones, incluyendo la compatibilidad matrimonial entre potenciales cónyuges. Después de que la ba zi máster describe el partido como "óptimo" y a la esposa como "un gran hallazgo", todas las aprensiones de la madre del novio se van por la ventana. El día de la boda, según el Dr. Xiaopei, la madre fue uno de los invitados más alegres de la ceremonia.

Como parte de su trabajo con Pink Space, la Dra. Xiaopei también ha aconsejado a muchas "esposas camaradas" como Christy, y mientras nuestra conversación evoluciona, no puedo dejar de preguntarle: "¿Hay también maridos camaradas?"

"No tenemos los números, pero tengo la sensación de que los hombres enfrentan una mayor presión por producir un heredero, y pueden divorciarse con menos consecuencias", dice. "No muchas lesbianas quieren tener un niño, por lo que los hombres homosexuales deben encontrar mujeres heterosexuales. Ellos también solo piensan que es más fácil y consume menos tiempo mentir y mantener una vida secreta al margen."

"¿Cree que legalizar el matrimonio en China haría que la situación mejore?" El Dr. Xiaopei realmente no lo ve así. Como dijo una de las mujeres en su documental: "Incluso si el matrimonio gay fuera legal, todavía preferiría casarme con un hombre gay porque las culturas no cambian de la noche a la mañana, y la homosexualidad seguirá siendo tabú durante mucho tiempo".

La Dra. Xiaopei elabora: El mayor obstáculo para el matrimonio homosexual en China no es legal, es social. En el gran esquema de los tabúes, tener un hijo homosexual supera a tener un hijo soltero. Explica que "homosexual", o, que se traduce como "amor por el mismo sexo", todavía suena mal para la mayoría de los oídos chinos. Esto es tan cierto que la palabra ni siquiera puede aparecer en los medios oficiales, ya sea en periódicos o revistas, o programas de radio y televisión. "Incluso si se legalizara el matrimonio homosexual, la mayoría todavía pensarían que los homosexuales son 'enfermos'", agrega la doctora. Y, por supuesto, es muy cuidadosa en señalar que también está el aún mayor problema subyacente que afecta a todos en China, se sea gay o hetero: la obligatoriedad del matrimonio.

"Si los homosexuales pudieran casarse, los padres podrían simplemente decir: 'Bueno, entonces ¿por qué no te casas?' Y, por supuesto, también hay personas homosexuales por ahí que no necesariamente quieren casarse", dice ella.

"Las presiones maritales aquí son tan fuertes que incluso recibimos consultas de personas heterosexuales que buscan parejas de matrimonio falsas. La presión de casarse, tanto para los miembros homosexuales como heterosexuales de la sociedad, simplemente no permite que uno viva como una persona soltera y a la vez completa."

Le menciono a Christy mi conversación con la Dra. Xiaopei, y no está en absoluto sorprendida. "Muchos de mis amigos lo han mencionado como una solución a sus problemas matrimoniales", dice. "Siendo sincera, incluso me ha pasado por la cabeza volver a casarme con un hombre gay, tal vez un amigo, pero esta vez con el pleno conocimiento de que es gay, y un acuerdo de matrimonio bien discutido. Pero entonces pienso, ¿para qué? Yo también tengo derecho a una felicidad más completa."

CAPÍTULO 6

LIBERTAD Y SUMISIÓN

嫁出去的女儿 泼出去的水
Casar a una hija es como sacar agua de un cántaro.

—PROVERBIO CHINO

El Año Nuevo chino estaba a la vuelta de la esquina y Zhang Mei todavía estaba sin un acompañante. El novio de alquiler que estaba considerando terminó estando reservado para las vacaciones, algo que Zhang Mei tomó como una señal de los cielos de que debería simplemente enfrentarlo a solas. "Suan le" ("olvídalo"), dijo con decisión, mientras hacía arreglos para reservar boletos de tren que la llevaran a la helada ciudad de Harbin después del anochecer.

Cuando llegó a casa para las vacaciones, no podía haber imaginado lo que la esperaba. Una de las amigas de su madre, a quien me referiré simplemente como "la casamentera", había hecho arreglos para que Zhang Mei fuera a una cita a ciegas con un hombre de Hong Kong. La casamentera propuso que se reunieran la siguiente tarde en una casa de té local; una invitación que la madre de Zhang Mei aceptó alegremente en nombre de su hija.

Como es costumbre en las citas a ciegas en China, cinco personas, Zhang Mei, su madre, la casamentera, el joven caballero de Hong Kong y su madre, se reunieron alrededor de una mesa, y la incomodidad comenzó. La mayor parte de la conversación transcurrió entre las madres y la casamentera, mientras que Zhang Mei y su potencial pretendiente fueron dejados de lado en su propia cita. Permanecieron en silencio.

Zhang Mei podía sentir que su futura suegra tenía un exterior de acero y era muy protectora con su hijo. Había estado divorciada por veinte años, algo bastante poco común en su tiempo, y había pasado la mayor parte de su edad adulta dirigiendo el imperio de cosméticos que había fundado cuando joven. Arreglada como una estrella de la Ópera de Pekín, miraba a Zhang Mei con recelo mientras la casamentera resumía con mucha naturalidad los grandes méritos para casarse del joven tímido y al borde de un trauma: era dueño de un automóvil, una casa grande y poseía valiosas acciones en la compañía de su madre. Zhang Mei miraba en silencio al hombre mientras la recitación ocurría. Eventualmente intercambiaron algunas palabras corteses sobre sus respectivos gustos en películas, y para el final de la noche, cuando finalmente quedaron a solas, incluso llegó a gustarle un poco. "Es un muy buen oyente," contó. "Me di cuenta de que era sensible y prestaba atención a lo que estaba diciendo. No me entrecortaba, como otros hombres han hecho." Justo cuando comencé a tener esperanzas de que su primer encuentro podría conducir a un segundo, agregó: "Probablemente porque está completamente dominado por la tigresa de su madre. Ella es aterradora".

A la mañana siguiente, después de haber recibido noticias de la madre del caballero de Hong Kong de que a su hijo le había gustado conocer a Zhang Mei, la casamentera llamó a la madre de Zhang Mei para compartir la noticia e instruirla sobre los próximos pasos: Zhang Mei debía reportarse al mercado local de animales a las once de la mañana, donde la casamentera la estaría esperando.

Zhang Mei, a quien le encanta dormir, no podía entender por qué necesitaba cruzar la ciudad en el frío para encontrarse con una engreída vieja casamentera en un mercado de animales, pero su madre no le dio tiempo a disentir. Después de ser empujada por la puerta, Zhang Mei llegó al mercado para encontrar a la radiante casamentera sosteniendo en sus manos una pequeña criatura verde.

"Hay algo en tu energía que está bloqueando tus posibilidades de matrimonio", dijo, moviendo sus manos alrededor de la cabeza de Zhang Mei como si estuviera tocando las castañuelas. "Si liberamos esa energía permitiéndote liberar simbólicamente a este pequeño animal, tus posibilidades mejorarán", explicó, de nuevo con mucha más gesticulación de la necesaria para hacerse entender.

Antes de que Zhang Mei pudiera protestar, le había entregado una tortuga y estaba siendo conducida a un lago cercano. El lago estaba casi helado y no pudo evitar imaginar que la tortuga moriría de hipotermia, congelándola así en la soltería por toda la eternidad. Sin embargo, la casamentera fue tan persistente que Zhang Mei no tuvo más remedio que seguirle el juego. Cuando llegaron al borde del agua, comenzó a engatusar a la tortuga para que saliera de sus manos, pero no se movía. ¿Ya estaba muerta? Zhang Mei tocó su caparazón. Algo presa del pánico, la bajó a la orilla de la superficie del lago tan cautelosa y humanamente como pudo. Una vez allí, le dio un pequeño empujón en el trasero. Se movió unos centímetros, luego se detuvo cerca de una pequeña roca. Cuando Zhang Mei la dejó vagar libremente, una acción que le aseguraron con vehemencia que reciprocaría con energía positiva para la búsqueda de un esposo, vio un hombre en la distancia. Alejándose con la ahora muy satisfecha casamentera, no pudo evitar notar que a medida que se alejaban, el hombre se acercaba más a su amiga de cuatro patas. Abandonaron el camino del lago antes de que Zhang Mei pudiera ver lo que el hombre estaba tramando, pero se alejó con una fuerte sensación de que podría estar en el negocio de revender las tortugas compradas por mujeres solteras y casamenteras con buenas intenciones, pero completamente equivocadas.

Eso, o tenía antojo de sopa de tortuga.

Fe en Ocho Dígitos

En Beijing, a June sus vacaciones de Año Nuevo no le iban mucho mejor. "Hace días que no duermo y mis oídos no dejan de sonar", se lamentó su madre, luciendo demacrada y exasperada.

No fue hasta que habló con Wei Wei, su prima mayor, que June supo la razón detrás del repentino y misterioso ataque de tinnitus de su madre. En un intento por mitigar algunas de las presiones matrimoniales que sabía que June experimentaba en sus vacaciones matrimoniales, Wei Wei pensó que sería prudente que revisaran su ba zi. Como mencioné anteriormente, casi siempre se consulta a los ba zi para evaluar sociedades estratégicas y transacciones comerciales, aunque he oído que se utilizan para determinar todo, desde el día más providencial para celebrar una boda, hasta el día más auspicioso para desconectar a alguien del soporte vital. Un cruce entre la astrología, la adivinación, los huesos de oráculo, y un poco de magia pasada de moda, se toma muy en serio en algunos círculos, lo que permite a los llamados expertos de ba zi la oportunidad de cobrar sumas significativas por sus servicios. Convenientemente (o quizás peligrosamente), una persona no necesita estar presente en su propia lectura de ba zi, lo que significa que cualquier persona con el conocimiento exacto de la fecha y hora de nacimiento de un individuo puede encargar dicha evaluación.

Wei Wei razonó que si hacía examinar el ba zi de June y el experto fuera capaz de confirmar que el matrimonio estaba de hecho en su futuro cercano, la madre de June se relajaría y permitiría que June disfrutara de las vacaciones como se merecía. Sin embargo, Wei Wei no consideró qué podría pasar si el informe ba zi revelara lo contrario.

"Tu ba zi indica que te casarás a los treinta y cuatro años", explicó Wei Wei a June. "Pensé que era una muy buena noticia, pero tu madre no". Aparentemente, la madre de June quedó horrorizada de que tendría que esperar otros siete años antes de la boda de su hija. "¿Qué haré hasta entonces? No puedo quedarme así hasta que esté casada", le dijo a Wei Wei. La mamá de June luego se retiró a su habitación quejándose de tinnitus, insistiendo en que nada más que la noticia de un compromiso de su hija le devolvería la salud auditiva.

Como nota aparte, al contar estas historias de madres histriónicas, no quiero dar la impresión de que todas son locas conspiradoras conyugales. De hecho, habiendo conocido a casi todas, puedo decir con la mayor sinceridad que son mujeres encantadoras cuyos intereses se extienden mucho más allá de los dedos anulares de sus hijas únicas. La mamá de Christy es una ávida voluntaria de la comunidad, habiendo ido hasta Sri Lanka para ayudar en proyectos de bienestar social. La mamá de June es extraordinariamente culta, además de ser un muy talentoso músico que es llamada regularmente para interpretar el piano profesionalmente. La madre de Zhang

Mei es la líder de su compañía local de baile de damas, una cocinera estelar y una perversamente aguda jugadora de mahjong. Según entiendo, cada una de estas mujeres tienen sus momentos de aguda histeria matrimonial, momentos que, según mis fuentes, tienden a ocurrir alrededor del Año Nuevo chino. En la mayor parte del tiempo, sin embargo, son miembros comprometidos y activos de sus comunidades que genuinamente tienen buenas intenciones, pero ocasionalmente se sienten obligadas a acercarse a la búsqueda de sus hijas de un compañero de vida con el mismo celo que a sus actividades extracurriculares, a menudo con resultados desastrosos.

Para obtener más información sobre los ocho pequeños dígitos que hicieron que la madre de June cayera en picada, pensé que sería prudente hablar con un experto en ba zi. Quería tener un mejor sentido de lo que estos números podrían transmitir exactamente acerca de las perspectivas de matrimonio de una mujer y también tenía curiosidad por saber cómo eran calculados. Los pocos expertos chinos en ba zi con los que contacté fueron cautelosos con su información, pero finalmente me encontré una experta en Kuala Lumpur que fue muy generosa con su tiempo y conocimiento.

Autoproclamada "demoledora de esperanzas y sueños", la familia de Bernice Low es originalmente de la provincia china de Fujian y ella tiene una vasta experiencia tratando con mujeres solteras. Más progresista y pragmática que la mayoría de los expertos en ba zi, tan fácilmente aconseja sobre una situación de "amigos-con-beneficios" como una más de mentalidad matrimonial. En la muy indulgente sesión de "ba zi para tontos" que me dio, Bernice se apresuró a aclarar que ba zi representa el destino de una persona, pero ese destino es solo un tercio de la ecuación. Las otras dos partes igualmente equilibradas son feng shui, o las cosas que se pueden hacer para modificar o modificar el destino, y el hombre: las acciones y elecciones que hacemos y que controlan nuestro propio destino. Ba zi, en otras palabras, son un poco como los planos de nuestras vidas. Si elegimos seguirlos o no es otra historia por completo.

Un cuadro ba zi, explicó, se compone de ocho caracteres ("ba" que significa "ocho" y "zi" que significa "caracteres") que se derivan del año, mes, día y hora de nacimiento de una persona. Comparando referencias entre estos caracteres con un calendario especial conocido como el calendario de 10.000 años o almanaque chino, se va ensamblando el cuadro ba zi. Según Bernice, la mayoría de los hogares chinos tienen uno porque es el único calendario desde el cual se puede determinar la siempre fluctuante fecha del año nuevo chino.

Para facilitar la lectura de ba zi, una multitud de sitios web y creadores de aplicaciones han hecho calculadoras ba zi para hacer todo el trabajo duro. Entonces, por ejemplo, si tomamos los dígitos de Christy y los conectamos en una calculadora ba zi, nos da el siguiente cuadro:

Al mirar las Ramas Terrenales, podemos ver que la hora de su nacimiento se corresponde con el elemento tierra y que el año de su nacimiento se corresponde con el cerdo. La interpretación de este el gráfico solo puede ser hecha por un experto en ba zi, porque para leer una gráfica, se necesita tener una comprensión sustancial de cómo diferentes elementos y signos, cuyas permutaciones son interminables, interactúan. Sin embargo, para propósitos generales, Bernice explica que cuando se le encarga evaluar las perspectivas de matrimonio de una persona, lo primero que hace es localizar el "palacio del cónyuge" de un cliente.

Un "palacio del cónyuge" me sonaba algo así como un edificio blanco resplandeciente que alberga un trono elaboradamente tapizado sobre el cual el doble del futuro cónyuge de una persona puede ser encontrado sentado tan bello como un emperador. Aunque parezca una fantasía, Bernice me dijo que no estoy demasiado lejos. A veces puede detectar ciertos atributos (altura, tamaño del pecho, color de cabello) del futuro cónyuge de una persona basado en el cuadro, pero aparte de eso, el palacio del cónyuge es simplemente el lugar ideal en el cuadro ba zi de una persona para que su "cónyuge estrella" habite. El cónyuge estrella, luego me entero, puede estar ubicado en diferentes lugares del cuadro, dependiendo del sexo de la persona evaluada. Independientemente del sexo, sin embargo, si hay un cónyuge estrella en el palacio del cónyuge de una persona, esto es un buen augurio para sus perspectivas de matrimonio. Si no hay cónyuge estrella (que puede ocurrir), la persona en cuestión, según Bernice, es un buen candidato para casarse con alguien que conozca a través de una cita a ciegas u otra situación "acordada", idealmente con un compañero que tampoco tiene un cónyuge estrella.

"Parece sencillo, pero las posibilidades son infinitas", dice. "Un hombre puede tener a su madre en el palacio del cónyuge; cuando eso sucede, le digo a la mujer que piense mucho antes de decir que sí, porque significa que vivirá con su suegra por siempre".

A lo largo de nuestra conversación, Bernice enfatiza que lo que ella aconseja basado en el cuadro ba zi de una persona es solo "una visión de qué se puede hacer para sacar lo mejor de una situación". Ella explica que los cuadros matrimoniales de algunas personas indican poca suerte en el matrimonio, lo que no significa necesariamente una fatalidad; solo significa que tienen que trabajar más duro para que un matrimonio suceda (y dure). Lo que puede implicar mudarse a un nuevo lugar, cambiar de carrera o hacer otros ajustes importantes en la vida, pero más que todo, Bernice enfatiza que casarse se trata de ser proactivo, mantener una mente abierta, y ser realista.

"Puedes poner nuevas ventanas en la casa y pintar las persianas", dice Bernice, "pero al final del día, si suena el timbre, ¡tienes que abrir la puerta!" Advierte que algunas mujeres no siempre se emocionan con los hombres que aparecen al otro lado de la puerta. Tienen la vista puesta en alguien más rico o alto, y siguen buscando. A veces encuentran lo que buscan y otras veces simplemente se desilusionan cada vez más con las opciones.

Como regla general en la búsqueda de marido, Bernice cita un viejo dicho chino: "Si tu vida como esposa será peor que tu vida como hija, ¡no te cases!" Innumerables madres, supongo, están en desacuerdo, pero, de nuevo, Bernice no está allí para complacerlas. "Solo estoy allí para leer el cuadro".

Cuanto más aprendo sobre los matrimonios chinos, más me doy cuenta de que están acompañados por una buena cantidad de tradición y superstición. Aunque ahora es menos común, también hay wang fu lian, o lo que he llegado a entender como "feng shui de la cara".

Esencialmente, es una forma de fisonomía en la que las características del rostro de una mujer se evalúan en busca de signos de que ella podría traer buena fortuna a su futuro marido. Guo Jingjing, la famosa campeona olímpica de clavados de Hong Kong, es considerada uno de los mejores ejemplos de wang fu lian, que a veces se traduce al inglés como "rostro ayuda esposo". Aunque las interpretaciones difieren, el más común implica un análisis de la boca, nariz, orejas, frente, labio superior (¡sin bigotes!) y nacimiento del cabello de la mujer. Si la nariz de la mujer es alta, recta y con el ápice redondo y carnoso, por ejemplo, se dice que trae suerte a su futuro esposo. Su frente también debe ser redonda, ya que las cuadradas (Angelina Jolie) son indicativas de mujeres muy testarudas. Las bocas grandes (Julia Roberts) se considera que significan que una mujer es una "devoradora de efectivo", por lo que se recomiendan esposas con fruncidos más pequeños y proporcionados.

Como descubro más tarde, las supersticiones que rodean al matrimonio en China se extienden incluso a la fonética. El 4 de enero de 2013, por ejemplo, 7.300 parejas se casaron en Shanghái. ¿Por qué? Porque la pronunciación de 13- 1- 4 (4 de enero de 2013), "yi sheng yi shi", suena como "Te amo para toda la vida".

En última instancia, mi conclusión de esta pequeña incursión en la astrología china y las supersticiones es que los ba zi son un poco como los datos de nutrición en una barra de chocolate. Te dan una idea de lo que estás consumiendo, pero al final del día, cuánto eliges morder o dejar que se derrita en tu bolsillo es tu decisión. En términos más prácticos, significa que no hay garantía de que June se case a los treinta y cuatro años, como su madre y su prima parecen haber interpretado. Los resultados de su lectura de ba zi simplemente indican que su cónyuge estrella estará posicionada de manera óptima en su trigésimo cuarto año de vida. Puede casarse más tarde, más temprano o no casarse en absoluto. La mezcla de animales y elementos que componen su gráfico ba zi simplemente sugiere que treinta y cuatro es una edad propicia para que ella considere matrimonio.

Cuando le expliqué esto a June, quien originalmente se acercó a ba zi con una mezcla de escepticismo y curiosidad persistente, pude ver cómo las ideas daban vueltas en su cabeza. "¿Así que tengo alrededor de siete años más de citas? Eso parece una eternidad, pero comencé tarde, así que lo tomo".

Los Clasificados

Christy no era tan optimista con las citas. Tiene treinta y cuatro y, sin ningún pretendiente serio a la vista, decidió ampliar su grupo de potenciales compañeros para incluir hombres extranjeros. Pero ¿dónde podría encontrarlos?

Para las mujeres de Pekín que buscan conocer hombres occidentales en línea, un puerto de escala común es la sección de contactos personales de un sitio web llamado *TheBeijinger.com*. Una especie de un cruce entre *Time Out* y *Craigslist*, ofrece una excelente variedad de reseñas de restaurantes, un calendario de eventos culturales y de entretenimiento, así como una muy animada sección de clasificados. Utilizándolo, uno puede buscar fácilmente un apartamento, un trabajo, un purificador de aire de segunda mano o, como la sección de personales parecería indicar, un novio occidental.

El sitio está todo en inglés y generalmente dirigido a extranjeros en Pekín, con la excepción de su sección de contactos personales, que parece estar fuertemente dominada por mujeres chinas.

El usuario goodluckforme escribe:

¿Tú lindo? ¿Tú sinceridad? ¿Quieres enamorarte? Me gusta el encantador hombre gordo extranjero de gran barriga.

sweetygurl escribe:

hola, si eres naturalmente rubia, por favor contáctame.

wannamarry escribe:

no tengas miedo de mi nombre de usuario en este sitio web. vengo aquí a encontrar mi rey occidental. pero la gente debe ser amigos primero. en mi tiempo libre, prefiero la música, leer, dvd's, viajar, hablar con amigos, salir, etc. no quiero jugar juegos, así que si soy la indicada, escríbeme, pf. gracias.

Y la usuaria goodluckforme vuelve a publicar, esta vez dirigida a una demografía un poco más peluda:

Soy una mujer china a la que le gustan los hombres extranjeros. Creo que su vello del pecho es muy sexy y lindo. lo que quiero es un sentimiento sincero, espero tener un buen comienzo, compartir la vida.

Me conecté con Christy una tarde y examinamos juntas algunos anuncios más. Nos encontramos con uno de una mujer que solo quería salir con hombres holandeses porque el antiguo amor de su vida era de Amberes. Luego hubo otra mujer que afirmó que sus pies "harían sufrir a cualquier extranjero" (¿olerían a queso Époisses?), e incluso algunas mujeres casadas que afirmaban que sus esposos, quienes viajaban a menudo, les permitían ser atendidas por novios extranjeros "que sabían hacer las cosas bien".

Luego había otra categoría de anuncios, en su mayoría escritos por mujeres que tenían maestrías de los Estados Unidos, Canadá, Australia y el Reino Unido. Su dominio del inglés era siempre mucho más alto, y a menudo se describían a sí mismas como "no tradicional". Sus anuncios mencionaban con frecuencia que habían regresado recientemente a China después de un período prolongado en el extranjero, y luchaban por reintegrarse. Estas mujeres se parecían mucho más a Christy, pero ella parecía reticente a integrar sus filas. Decidí que sería útil presentarle a una amiga china y excolega que sabía que tenía una agenda de contactos geográficamente vasta de exnovios.

El Juego de la Seducción

"¡Perdí mi virginidad! Pero no puedo tener un orgasmo. ¿Cómo hago?"

Esas fueron las primeras palabras que salieron de la boca de Beibei Wong la mañana después de haber sido desflorada. No había sido una tarea fácil. Durante años, la joven nativa de Pekín con un inglés forzado había fantaseado con perder su virginidad, pero no pudo encontrar el momento, lugar u hombre correctos con quien perderla. "¡China es un lugar lleno de gente!" dice en retrospectiva. "¡No hay espacio para hacer estas cosas!"

Afortunadamente, la gran oportunidad de Beibei llegó cuando salió de China para convertirse en estudiante de intercambio en Suecia. Antes de su partida, había hecho una visita al Templo Lama de Pekín, y frente a una gran estatua de Buda, oró para que tuviera la benevolencia de darle un poco de acción.

Dos semanas y un jugueteo con un repartidor de pizzas de Estocolmo más tarde, sus plegarias fueron respondidas. La relación no duró más allá de la noche, pero su afinidad por los hombres extranjeros ha durado toda la vida.

"Simplemente no puedo salir con hombres chinos", dice ella. "Ochenta y cinco por ciento de los de mi edad fuman y tienen las uñas más largas que yo". Por mucho que prefiera no difamar a los hombres chinos, estaba de acuerdo con Beibei. Fumar es omnipresente en China, especialmente entre los hombres de su grupo de edad (de treinta y cinco años en adelante), quienes también tienen una curiosa tendencia a dejarse crecer las uñas del dedo meñique hasta extremos muy inquietantes. Se dice que tener un dedo meñique largo atrae la buena fortuna, pero ambas estuvimos de acuerdo, al menos visualmente, que lo único que parece atraer es suciedad negra antiestética, cerumen, costra nasal o peor, dependiendo de dónde haya estado por última vez.

Sabía que, desde Suecia, Beibei había salido con una variedad de hombres extranjeros, incluido un estadounidense. Aquella relación terminó debido a complicaciones geográficas, pero me di cuenta de que a ella le importaba mucho. Deseosa de volver a la escena de los solteros, decidió intentar con las citas en línea.

Como investigación, la idea de las citas en línea en China me fascinaba. Numéricamente, era impresionante: La industria china de citas en línea es la segunda más grande del mundo después de los Estados Unidos, y generó US $1,600 millones en ventas en 2016 según cifras de iResearch. Sin embargo, más allá de la economía de la industria, en una cultura donde los padres y miembros de la familia todavía conservan un control muy fuerte sobre las perspectivas matrimoniales de su descendencia; pero donde los jóvenes se han aficionado a Internet con tanto fervor, el advenimiento de las citas en línea parecía una oportunidad explosiva para el cambio. Para averiguar cuánto se había alterado el panorama de las citas, acordé una reunión con Rose Gong, fundadora y codirectora general del portal de citas más famoso de China, *Jiayuan.com*.

Gong es una mujer pequeña y sin pretensiones que creó un formidable imperio de citas, casi por error. Nació en su dormitorio en la prestigiosa Universidad de Fudan en Shanghái, cuando estaba en pleno esplendor de mujer sobrante: veintisiete, soltera, y estudiando una maestría en periodismo. Preocupada de que sus tendencias de polilla le impedirían conocer a alguien con quién salir en el campus, recurrió a Internet. Al descubrir que los sitios de citas en los que se había registrado contenían perfiles e imágenes falsos, aprendió sola a usar Microsoft Office FrontPage, y creó su propia plataforma de citas en línea. Gong comenzó con un perfil bajo, con sólo cinco usuarios, incluido un tímido estudiante de doctorado que estaba investigando moscas de la fruta. Ella personalmente lo ayudó a editar su perfil, alegando que tal como estaba, no lograría llamar la atención de mujer alguna.

Ahora, con casi 90 millones de cuentas acumuladas desde su lanzamiento en 2003, su sitio cotiza en NASDAQ (DATE) y le ha valido el muy codiciado título de "la casamentera número 1 de China".

Aunque sus días de sheng nü han quedado atrás (el doctor en moscas de la fruta es ahora el amo de casa de su pequeña hija), Gong todavía tiene una debilidad por las damas sobrantes, afirmando en una entrevista: "La mayoría de estas llamadas mujeres sobrantes han elegido voluntariamente su estilo de vida", subrayando que "es muy importante conocerse a una misma y lo que quieres antes de elegir un compañero de vida."

Cuando me senté con Rose Gong, una de las primeras cosas que hice fue felicitarla: "En un país donde la búsqueda de pareja es tan a menudo restringida a padres, casamenteros, amigos y colegas, has ampliado los parámetros de búsqueda. Has permitido que millones de jóvenes chinos puedan, literalmente, buscar pareja en sus propios términos". Gong me miró desconcertada. "Esa no era mi intención en absoluto", respondió. "Solo pensé que con la migración del campo a la ciudad en toda China, la gente estaba perdiendo sus redes tradicionales para encontrar pareja debido a las distancias geográficas. Quería llenar ese vacío".

Y, de hecho, Gong, como descubrí, sorprendía por su falta de adornos a la búsqueda de pareja. Se subscribía en gran medida a "men dang hu dui", o como se mencionó anteriormente, el concepto de "puertas a juego y ventanas a juego", que ha guiado a los casamenteros durante siglos. Esto es evidente en su sitio, donde los usuarios pueden buscar pareja combinando parámetros como la muy popular función de "salario". "No está ahí para complacer a las mujeres caza fortunas", insiste. "Solo funciona como una entrada: lo mínimo que un hombre necesita para pasar, para ser considerado apto", explicó. "Con cientos de miles de usuarios en tu ciudad, ¿de qué otra manera empiezas a reducir las cosas?"

Pregunté si era común que los padres desempeñaran un papel activo en las citas en línea de sus hijos y me dijo un empleado que la mayoría de las mujeres registradas en el sitio están bajo cuentas registradas por sus madres. Explicó que muchos solteros están demasiado ocupados para tratar de tener citas en línea; eso, o le permiten a sus padres crear un perfil como una forma de quitárselos de encima y aliviar parte de la presión por casarse a la que se enfrentan. Esto no fue un shock, dadas mis anteriores conversaciones con Christy y June, aunque me sorprendió darme cuenta que también era cierto para los hombres. Dado su salario y elegibilidad como soltero, mi amigo Guang fue automáticamente pasando al estado de diamante en *Jiayuan.com*, lo que significa que las mujeres tenían que pagar más para enviarle un mensaje. (Una de las formas en que *Jiayuan.com* monetiza es ofreciendo a sus usuarios más adinerados "menús" de las diferentes categorías de solteros a los que pueden pagar para acceder). Originalmente, Guang había completado su propio perfil, pero luego su papá pidió verlo. "Hizo algunas ediciones muy agresivas", dijo Guang. "Él puso fin a mis aventuras".

Durante mi visita a las oficinas de *Jiayuan.com*, me dijo la asistente de Gong que el sitio web también patrocinaba muchos eventos fuera de línea donde los miembros tenían la oportunidad de conocerse e interactuar. Se avecinaba uno en un enorme centro comercial en el lado oeste de la ciudad, y me dijo que podía asistir si quería observar cómo era organizado.

Le comenté la idea a Beibei, y aunque ninguna de las dos estaba buscando un novio chino, decidimos ir. Cuando llegamos (alrededor de una hora después de que el evento había comenzado), localizamos el gran espacio abierto en medio del centro comercial donde se realizaba el evento. Había ramos de flores y un MC alegre que hacía anuncios a todo volumen a través de un auricular inalámbrico. Pero ¿dónde estaban los solteros felices mezclándose? Estaban en "la pared." En un tramo de yeso lleno de notas, vimos cientos de perfiles de jóvenes solteros, hombres y mujeres, anunciando su edad, ocupación, salario y número de QQ. Para mi sorpresa, el 70 por ciento de las personas en el evento acababa de invadir esta área, hojeando diferentes hojas de papel, que, a esta altura, eran ya tan numerosos que se superponían. La pared estaba dividida, con hojas azules de los chicos a la izquierda, y las hojas rosas de las chicas a la derecha. Los jóvenes solteros (y al menos unos cuantos padres) se apiñaban a su alrededor, usando las funciones de zoom en sus teléfonos celulares para ver más claramente si no podían acercarse lo suficiente a la pared, y tomando fotos de los perfiles que encontraban más interesantes.

Haciéndome camino a través de la manada, me quedé estupefacta. ¿Por qué estaban los hombres y mujeres revisando pequeños trozos de papel de colores en lugar de hablar entre ellos? Beibei mantuvo la cabeza gacha y se mantuvo fuera de la refriega. "Es por eso que no puedo salir con chinos", dijo. Todos los ojos estaban en la pared.

Observé a un hombre con un gorro de repartidor de periódicos que miraba nerviosamente la joven a su lado. Por lo que pude ver, estaba intentando hacer lo impensable... ¡hablar con ella! La multitud estaba tan apretada que era fácil permanecer lo suficientemente cerca para escuchar a escondidas, así que lo hice. El joven hizo contacto visual con su objetivo femenino.

"¿Cuántos años tienes?" preguntó, sin siquiera saludar.

La chica parecía nerviosa, mostró una media sonrisa incómoda y se volvió hacia la multitud sin responder.

"La próxima vez, tal vez quieras probar una frase menos invasiva", le dije en chino, tratando de parecer comprensiva porque tenía la sensación de que realmente no tenía ni idea.

Volteó a mirarme, sobresaltado. Yo era la única extranjera en el evento, y claramente la última persona de la que esperaba recibir consejo.

"Incluso puedes decir, 'Hola, soy X, ¿cómo te llamas?'", dije.

"Supongo que podría", dijo tímidamente. "Pero por lo general pregunto la edad primero, porque si no es adecuada, no hay necesidad de avanzar".

El hombre honestamente no parecía entender que su frase de captura no era la mejor manera de obtener una respuesta. A juzgar por los pelos salpicados de su mentón, decidí que todavía era joven y eventualmente comprendería el error de sus maneras.

"Bueno, la próxima vez, solo por diversión, prueba otra cosa", le dije mientras escapaba. Beibei, que había sido testigo de todo, aullaba de risa en un rincón.

Cuando me aventuré a alejarme de la pared, descubrí un área menos concentrada poblada por un puñado de veteranos, la requerida parcela de viejos sórdidos, y algunos equipos de madre e hija planeando su próximo movimiento. Las madres parecían universalmente más emocionadas de estar en el evento que sus hijas. Conversando con ellas, noté la recurrencia de la frase zhao gu, que significa "cuidar". Más allá de lo básico de presumir de un yerno y eventual nieto, pude sentir que estas madres querían encontrarle marido a sus hijas para que alguien las cuidara una vez que sus padres fallecieran. Y por poco romántico que parezca, no las culpo.

China no está hecha para las personas solteras o sin hijos. Por siglos ha sido un país donde la unidad familiar ha servido imperturbablemente como la unidad suprema de la organización social, dejando a aquellos que viven en sus márgenes valerse por sí mismos. Un ejemplo escalofriante de los defectos de este paradigma es el devastador terremoto de Sichuan de 2008, que mató a casi 70.000 personas, con otras 18.000 reportadas como desaparecidas. Aunque no hay números exactos disponibles, un gran porcentaje de los fallecidos eran niños que perecieron bajo la mala construcción de sus escuelas, creando los primeros casos de lo que luego se conocería como shidu, que literalmente se traduce como "perder único", o padres que habían perdido a su único hijo. Como escribe Mei Fong en su conmovedor y meticulosamente informado libro *One Child*, "Los solteros y los sin hijos están bien abajo en el tótem social". Ella describe cómo los padres shidu tuvieron que luchar para ingresar a los asilos de ancianos y comprar terrenos sepulcrales porque la falta de un hijo que financiara y tomara decisiones sobre el cuidado o arreglos funerarios era visto como un riesgo.

Dada la falta de una red de seguridad social en China, los padres shidu también son más vulnerables financieramente que sus pares que tienen descendencia, y como señala Fong, más propensos a la depresión. El sesgo contra ellos tendrá que cambiar para proteger a los ancianos (grupos de apoyo a shidu sugirieron usar el dinero de las violaciones de la política de hijo único para apoyar a las parejas que no tienen hijos por tragedia, aunque esa idea nunca caló), pero se deben hacer reformas aún más amplias para relajar las tensiones en la configuración tradicional del núcleo familiar como resultado del inminente desequilibrio de género. Más allá del hecho de que pronto será numéricamente imposible que todos en China puedan casarse y tener descendencia, también se debe considerar que los jóvenes chinos (las mujeres, especialmente) están desarrollando una tolerancia mucho más baja al matrimonio por el matrimonio en sí.

Hablando con las hijas de las madres preocupadas, confirmaron esto. Eran mucho más propensas a mencionar cosas como "intereses comunes", "viajes" y "química" en conversaciones sobre su búsqueda de pareja. Estaban buscando su otra mitad con las que podrían caminar o jugar al bádminton, ir de mochileros por un país extranjero, y disfrutar todo como fuente de risas compartidas y del escalofrío ocasional. La idea de envejecer solas les preocupaba (una me dijo que planeaba comprar una propiedad de inversión para su jubilación) pero no parecían dispuestas a comprometerse por miedo. Muchas hablaban inglés bien y eran naturales de Pekín o actuales residentes de clase media (de ahí la proximidad y presencia de sus madres), por lo que tenían menos preocupaciones y podían enfocarse más directamente en sus sentimientos.

En el viaje de regreso de nuestro safari de citas fuera de línea, Beibei me habló sobre el último lugareño que le había presentado su familia. Tenía treinta y siete años, nunca se había casado y tenía un buen trabajo en una empresa japonesa en Pekín. "Le gusta mucho el anime", dijo, "lo cual era genial, hasta que llegué a conocerlo mejor". Resulta que los padres de Beibei y los posibles suegros estaban tan ansiosos porque la joven pareja se casara, que conspiraron para enviar a sus hijos en un viaje con todos los gastos pagados (algo así como una luna de miel preventiva) a Chengdu, hogar de los amados pandas de China. La cosa fue bien hasta la primera noche juntos en el hotel. Todo el tiempo, Beibei tuvo el presentimiento de que su acompañante no era el personaje más viril que había conocido, y el contenido de su maleta confirmó sus sospechas. "Trajo un osito de peluche para dormir en nuestro viaje", dijo. "Es como Mr. Bean, ¿no?" No pude evitar reírme de la imagen de la coqueta Beibei compartiendo cama con la versión china de Mr. Bean.

Escuchando a Beibei hablar, ecos de conversaciones que había tenido con Christy, June y Zhang Mei resonaban en mis oídos. Como ellas, ha trabajado duro para perseguir sus pasiones y construir una vida plena para ella misma. Como artista y diseñadora consumada en un hotel de lujo internacional, Beibei ha construido una buena vida. Tiene deseos de compartirla con alguien, pero camina sobre una línea muy fina entre encontrar a esa persona en sus propios términos y la obligación de ser respetuosa con los deseos de sus padres y los plazos de la sociedad.

"Mis padres se esforzaron por emparejarme con este chico porque conocemos a su familia desde hace mucho tiempo y es dueño de una casa en una muy buena zona", dijo. "Pero no puedo imaginar que mi vida sería más feliz con él en ella o que él sería más feliz conmigo en la suya, así que no veo el punto. Cada uno de nosotros estaría mejor adoptando, ¡un panda!"

CAPÍTULO 7

UNA VOCACIÓN SUPERIOR

丑妻是个宝
Una esposa hogareña es un tesoro.

—PROVERBIO CHINO

Dr. Kaiping Peng, presidente fundador del Departamento de Psicología en la Universidad Tsinghua, tiene una teoría. Basándose liberalmente en la pirámide de necesidades de Maslow, sostiene que cuando un país alcanza cierto nivel de prosperidad, el enfoque de las necesidades de las personas pasa de ser principalmente material (alimento, vivienda, ropa) a lo psicológico (espiritualidad, felicidad, autorrealización). Si bien reconoce que ciertamente hay excepciones, sostiene que la teoría se adapta especialmente bien a China, donde entre 2000 y 2016, el tamaño de la clase media creció de 5 millones de personas a 225 millones.

"Vamos a ver un interés cada vez mayor por la salud y el bienestar personal, el arte, la innovación y el cine", explica. "¿Por qué cree que China se enfrenta a un aumento de los conflictos étnicos? Porque su gente está buscando una identidad".

Junto con la búsqueda de identidad, argumenta Peng, está el impulso de autorrealizarse. Explica que la autorrealización es un cóctel complejo y codiciado de crecimiento personal, logro, amor, y respeto que solo alrededor del 30 % de la población mundial es capaz de lograr plenamente. ¿Su apuesta sobre quién podría acercarse más en China? Las mujeres jóvenes.

"El milagro económico chino tiene dos secretos", confiesa. El primer milagro son los trabajadores migrantes, y el segundo son las mujeres jóvenes educadas. "Puedes ir a Pudong en Shanghái, puedes ir al Distrito Central de Negocios de Pekín; de todas las corporaciones internacionales que hay, diría que el 70 % de los empleados locales son jóvenes mujeres chinas. Generalmente tienen mejor dominio del idioma inglés, son inteligentes, trabajadoras, profesionales y se sienten cómodas en entornos globales. Han sido muy beneficiosas para el desarrollo del país; no creo que muchos chinos se den cuenta de eso".

Aun así, por mucho que defienda a las jóvenes chinas, Peng pasa sus días rechazándolas. A cargo de la contratación para el departamento de psicología de Tsinghua, estima que el 80 % de los solicitantes de empleo son mujeres. La mayoría de ellas tienen antecedentes estelares: doctorados de Yale y Harvard, excelentes referencias e impresionantes historias editoriales. La mayoría de ellas, Peng también reconoce, son solteras.

Sobre el papel, estas mujeres están avanzando hacia el escalón superior de la pirámide de autorrealización. Pero como mujeres solteras, se tambalean hacia la mitad inferior de lo que es socialmente aceptable en China. ¿Qué podría explicar la discrepancia? "Estas mujeres representan la vanguardia del desarrollo social en China", dice Peng. "Tienen altos estándares y tienen altas expectativas", dijo. Agrega, "y el resto del país no las ha alcanzado del todo".

De hecho, casi un año después de contrato en uno de los bufetes de abogados más poderosos de Pekín, June se dio cuenta de que había registrado cientos de horas extras y no le habían pagado ni una sola. A pesar de las advertencias de varios colegas en contra de sacudir la mata y de recibir comentarios negativos, copió todos sus correos electrónicos en una memoria USB como evidencia de las muchas horas de trabajo nocturnas que había estado haciendo, y solicitó la compensación de horas extras claramente descrita en su contrato. En respuesta, su jefe amenazó demandarla y pedir daños y perjuicios, alegando que al copiar los correos electrónicos a una unidad USB, en realidad estaba robando propiedad intelectual. Sin inmutarse, June le reprendió por su "argumento legal de porquería", recordándole que ella no había filtrado ninguna información a ninguna parte externa. Como prueba máxima de sus habilidades de litigación, luego de varias discusiones acaloradas, June finalmente recibió el equivalente de seis meses de salario en pago de horas extras, y puntualmente presentó su carta de renuncia.

Para tener una perspectiva de dónde figuran las mujeres como June en el gran esquema del desarrollo de China, es útil entender el lugar histórico de las mujeres durante los últimos cien años. Hasta por lo menos 1906, la mayoría de las mujeres chinas tenían los pies vendados. Hasta 1950, se vendían en matrimonio al mejor postor. Luego vino la Gran Hambruna (1958-1961), que costó la vida a unos 45 millones de personas y durante la cual no era raro que los funcionarios del partido y la milicia violaran mujeres a capricho mientras hacían sus rondas por diferentes comunas. Las cosas dieron un giro brusco en la Revolución Cultural durante los años 60 y 70, una época en que China tuvo uno de los índices más altos de empleo femenino en el mundo. Casi de la noche a la mañana, las mujeres se convirtieron "camaradas sin sexo", trabajando hombro con hombro con los hombres por el bien de la nación. Desde el punto de vista de género, este es un período especial en la historia china, condiciones únicas que probablemente sirvieron como caldo de cultivo para muchas de las multimillonarias selfmade por las que China se ha vuelto tan famosa, aunque tuvo un costo enorme. Se estima que 2 millones de vidas se perdieron durante la Revolución, como resultado de persecución, tortura, violencia y humillación que comenzó durante el sangriento verano de 1966, y continuó durante una década.

Después de la muerte de Mao en 1976, las circunstancias comenzaron a mejorar. Reabrieron las escuelas y las universidades; aunque el inicio de un período más tranquilo de reforma económica y regentrificación cultural que lo acompañó, esto requería que las mujeres retomaran su posición más tradicionalmente femenina en la sociedad, casi como si no hubiera pasado nada. Y ahí está el problema: las mujeres chinas nunca han tenido una verdadera revolución feminista. La mayoría de las oportunidades para participar más activamente en la sociedad les fueron impuestas, y como resultado, podían ser fácilmente quitadas.

Hasta ahora.

Como la segunda economía más grande del mundo después de los Estados Unidos, China ha crecido a un ritmo sin precedentes, pero para no perder su posición en la clasificación económica mundial, debe centrarse en mantener su tamaño, algo que no puede hacerse sin el pleno compromiso de sus mujeres. Esto es especialmente cierto, ya que uno de los motores de crecimiento más fuertes del país (su poder en números) está en decadencia. Cifras de la Oficina Nacional de Estadísticas del Ministerio de Recursos Humanos y Seguridad Social de China muestran que la población en edad de trabajar se ha ido reduciendo cada año desde 2012. Entre 2016 y 2030, se espera que disminuya de poco más de 900 millones a 870 millones, antes de caer a 700 millones para 2050. Estos números decrecientes son el resultado lógico de la política del hijo único, que ha reducido el tamaño de la población general de China, pero hay más. A la vez que se reduce la fuerza laboral de China, las preferencias laborales de su fuerza laboral están cambiando. Con un mayor acceso a la educación superior, los trabajadores chinos son menos propensos a querer trabajar en los sectores manufactureros que alguna vez catapultaron la economía de su nación a nuevas alturas. Son cada vez más los que quieren empleos en la economía de servicios y finanzas, por la que China se encuentra en proceso de transición.

Dada su ventaja educativa, muchas de las mujeres jóvenes de China están especialmente bien posicionadas para capear la transición de su país a una economía del conocimiento, pero como insinuó anteriormente el Dr. Peng, que se vea bien en el papel no siempre se traduce a la práctica.

Hasta que se cerró en 2016, el Centro Zhongze de Servicios y Asesoramiento Jurídico para Mujeres en Pekín fue una de las organizaciones sin fines de lucro para hacer cumplir la igualdad de género más importantes de China. Fundada en 1995 en la época de la Cuarta Conferencia Mundial sobre la Mujer de las Naciones Unidas, la cual que tuvo lugar en Pekín, fue creada en un momento en que China estaba tratando de rehacer su imagen y ganar aceptación internacional después de la represión militar de las manifestaciones a favor de la democracia en la Plaza de Tiananmén en 1989.

Visité el centro en 2013 para reunirme con un abogado llamado Lu Xiaoquan, que trabajaba incansablemente para ejercer presión legal sobre varias universidades de China que requerían a las solicitantes tener una puntuación de gaokao más alta que los varones, como condición previa para la admisión. El gaokao es una especie de examen de admisión en China. Durante el tiempo en que Christy tomó el examen, los padres inundaban los templos con ofrendas, pero hoy con un poco más de dinero para gastar, las reglas son diferentes. Los padres a veces ingresan a sus hijos en "suites de estudio" especiales en hoteles designados, anunciados como los lugares donde han estudiado los estudiantes con mejor nota de gaokao en su camino al éxito. Hasta las "niñeras de estudio", que cobran hasta US$50 por hora, se han convertido en una opción para padres adinerados que no confían en que sus hijos tengan las sesiones intensivas requeridas sin un poco de supervisión severa.

Durante la temporada de exámenes, que dura dos días, las ciudades ceden a las necesidades de sus estudiantes. Se cierran los cibercafés, se detiene la construcción, se desvía el tráfico y se establecen zonas de prohibición del claxon. Periódicos locales han informado sobre taxistas en la provincia de Anhui que llevan gratis a los estudiantes en camino a la prueba, y algunos McDonald's han ofrecido desayunos gratis para los aspirantes a la universidad. Como relata en el popular portal web chino, *NetEase*, en la provincia de Sichuan en 2012, los hospitales locales se inundaron de estudiantes que estudiaban conectados a máquinas de oxígeno y goteo intravenoso de aminoácidos para mejorar su concentración. En una escuela en Hebei, se ofrecieron goteros intravenosos a los estudiantes para que los usaran en el salón de clases. Las fotos muestran a las bolsas intravenosas suspendidas en el aire por una larga cuerda que colgaba, balanceándose como una tendedera en el salón de clases, dando a los estudiantes acceso a una bolsa en sus escritorios al precio de descuento de 10 RMB ($1,80).

Según Christy, incluso se ha vuelto común que las jóvenes tomen píldoras anticonceptivas durante el mes anterior a su examen. Cita a su prima más joven, Emily, como ejemplo. En ningún momento, durante su tiempo de preparación para el examen hubo algún riesgo de que Emily quedara embarazada. No sufría de acné, cólicos menstruales intolerables, ciclos irregulares o cualquier otra de las razones por las que una mujer joven no sexualmente activa pueda querer tomar la píldora. Simplemente, la tomaba porque, como aspirante a escritora con altas esperanzas de asistir a la mejor escuela de periodismo de China, no tenía un minuto de su tiempo de estudio para desperdiciarlo en melancolías mensuales. Como resultado, llenó su cuerpo de 105 libras con doble dosis de estrógeno y progesterona.

"Es algo muy normal para las jóvenes antes de un examen importante", explica el Dr. Jin, ginecólogo del Hospital Ginecológico Sino-Americano de Pekín. "No hay garantías, pero ocho a diez gramos de anticonceptivos durante diez días consecutivos antes de un examen debería ser suficiente para mantener a raya la menstruación por un mes."

Lo fundamental es que con píldora o sin ella, las mujeres chinas están superando a sus compañeros en el examen gaokao. Según datos de la Asociación de Antiguos Alumnos de la Universidad de China, las alumnas suman el 52,65 % de los estudiantes con mejores calificaciones en las 31 regiones provinciales de China. Desde 2012, le han consistentemente quitado los mejores puestos a los estudiantes varones, incluso en las ciencias, que antes eran el baluarte de los muchachos. Y no es solo en el ámbito de las pruebas que las jóvenes chinas están sobresaliendo. Según datos de la Academia de

Shanghái de Ciencias Sociales, alumnas desde primaria hasta secundaria están superando a sus contrapartes masculinas en cada asignatura: matemáticas, física y química incluidas. Si bien esta excelencia educacional debería ser algo por qué elogiar a las jóvenes alumnas, la pila de correspondencia del Ministerio de Educación Chino (MOE) que Lu me muestra cuenta una historia diferente.

Lu explica que la discriminación ha estado ocurriendo en un grado limitado desde el 2005, pero se volvió notablemente más grave en 2012, cuando él y sus colegas decidieron tomar medidas. Esto afecta principalmente a las estudiantes que eligen ti qian pi se, o materias que son elegibles para un tipo de "admisión anticipada". Estos temas incluyen idiomas (a excepción del inglés), artes escénicas, relaciones internacionales, periodismo televisivo, estudios cinematográficos, y disciplinas militares, así como campos similares o relacionados con la ciencia.

Por ejemplo, en 2012, el requisito de admisión para estudiantes buscando estudiar idiomas extranjeros en la prestigiosa Universidad Renmin fue un puntaje gaokao de 601 para estudiantes varones y 614 para hembras. En la Universidad de Estudios Extranjeros de Pekín, esos mismos puntajes para lenguas extranjeras fueron 582 y 590, para hombres y mujeres respectivamente. Para los campos relacionados con la ciencia, los números aumentaron a 598 y 639, una discrepancia de 41 puntos.

Dejando claro en su correspondencia con el Ministerio de Educación que establecer diferentes puntajes de gaokao para cada sexo violaba la cuadragésima octava cláusula de la Constitución china (entre otras cartas y leyes) Lu intentó averiguar cómo y por qué estaba siendo permitido. Recibió una serie de respuestas desalentadoras, argumentando que el establecimiento de proporciones para estudiantes en campos especializados era "para el bien del país".

En el transcurso de varios comunicados, el Ministerio de Educación explicó que era necesario controlar la proporción de género en ciertos campos; a saber, los relacionados con la protección nacional y la seguridad pública o en los que hay un alto elemento de secreto o confidencialidad y el medioambiente puede considerarse "peligroso" para las mujeres. Explican que es necesario "proteger" a las mujeres limitando sus números en campos donde pueden resultar dañadas, o en campos donde los recursos educativos son limitados y donde la sociedad necesita un cierto nivel de equilibrio. Sin este balance, el MOE argumenta que "la calidad de la educación y su beneficio para la sociedad" se vería afectado. Sus respuestas también insinuaron que un desequilibrio podría "afectar las necesidades de los ministerios relacionados", lo cual me provocó una curiosidad particular por saber más al respecto.

"Básicamente, están diciendo que dado que los empleadores prefieren hombres para ciertos campos, es necesario asegurarse de que la inscripción masculina permanezca alta, para que se pueda garantizar a los empleadores un grupo lo suficientemente grande del género correcto para elegir", dice Lu. "Parece que no entienden que la educación debe responder a las necesidades y expectativas del individuo", agrega, argumentando que no es trabajo del gobierno tratar de controlar quién debe trabajar en un campo en particular. "Decidir si alguien es apto o no para un trabajo es responsabilidad de individuos y departamentos de recursos humanos, no del gobierno", dijo Lu.

Maizi Li, cofundadora de Gender Equality Advocacy y Action Network, una ONG china, está de acuerdo. Pequeña y fogosa con un corte pixie, Li se unió a una docena de mujeres que se afeitaron sus cabezas en protesta por las puntuaciones discriminatorias del gaokao. Activista implacable, ha creado conciencia respecto a todo, desde la falta de baños femeninos en China (la primera vez que la conocí, me dio un dispositivo parecido a un avión de papel desechable de aspecto bastante elegante, que permite a una mujer orinar de pie) a la violencia doméstica.

En marzo de 2015 saltó a la fama internacional después de ser detenida y finalmente encarcelada tras una manifestación que ella ayudó a organizar en varias ciudades chinas en el Día Internacional de la Mujer. Aunque ella y sus compañeras activistas simplemente ponían pegatinas en los vagones del metro para llamar la atención a la falta de compensación para las víctimas de abuso sexual y agresión, ella y al menos otras nueve mujeres fueron detenidas. Cinco mujeres, entre ellas Maizi, fueron imputadas por el crimen de "provocar peleas y causar problemas" (un comodín común por encerrar a los disidentes) y permaneció en la cárcel por un total de treinta y ocho días. Su caso atrajo una gran cantidad de apoyo de mujeres de todo el mundo, incluidas Hillary Clinton y la ex embajadora de Estados Unidos ante la ONU, Samantha Power. La historia de "The Feminist Five", como llegaron a ser conocidas, recibió amplia cobertura por la prensa internacional.

Desde su liberación, Maizi ha reducido ligeramente su activismo. De no hacerlo, rápidamente se metería en problemas con las autoridades, que todavía monitorean sus acciones, aunque no han sido capaces de evitar que tenga el dedo en el pulso de la desigualdad de género en China.

Le pregunto a Maizi por qué parecen aleatorios los campos elegidos para la discriminación en los puntajes, porque no puedo descifrar el vínculo entre un mayor número de mujeres en el periodismo televisivo y una amenaza para la seguridad, por ejemplo. Ella suspira. "Es imposible saber las verdaderas motivaciones, pero te diré lo que sospecho", dice.

Ella explica que, si no fuera más difícil para las chicas entrar en programas de comunicación que para los chicos, estos últimos serían superados en número en gran medida. Esto es problemático porque en China, "la igualdad de género significa un hombre y una mujer", dice. Si la mayoría de los presentadores de programas en CCTV fueran mujeres, esto no reflejaría "igualdad." Si el "equilibrio" es tan importante, ¿qué pasa con las políticas que favorecen mujeres en campos donde las mujeres son por mucho la minoría?, pregunto. Ella sonríe y me enseña una nueva expresión: qian guize, que se traduce literalmente como "reglas de armario", pero se interpreta mejor como "reglas tácitas".

"La financiación de ciertas escuelas depende de que puedan mostrar que han empleado un cierto número de graduados cada año", explica. "Y dado que los hombres generalmente tienen mejores perspectivas en el mercado laboral, las universidades quieren asegurarse de tener bastante de ellos".

Esta información me da un vuelco, así que empiezo a hacer preguntas. Una fuente en la Universidad Renmin (una de las escuelas que se había involucrado en la práctica de exigir a las mujeres puntajes de gaokao más altos) me dice que la mayoría de los estudiantes que estudian para ser gerentes de recursos humanos son mujeres y, sin embargo, solo los hombres parecen tener puestos de trabajo antes de graduarse. Otra fuente, un profesor extranjero invitado por el departamento de Literatura en Beijing Normal Capital University, me dice que está desconcertado con el nuevo decano elegido en su departamento. El personal del departamento es mayoritariamente femenino, pero el decano recién nombrado es hombre, un hombre que incluso no llega a treinta, que, a diferencia de la mayoría de sus colegas femeninas, ni ha completado su doctorado. "Me sorprendió mucho la elección", dijo mi fuente, "y el hecho de que ninguna de las mujeres parecía oponerse a ella."

Después de hablar con una profesora de una de las mejores universidades de Pekín, comprendí que generalmente se espera que los estudiantes varones logren más luego de graduarse. Siguiendo esta lógica, la mayoría de los oficiales de admisión razonan que cuanto mayor sea la población de estudiantes varones, mayores serán las posibilidades de que la universidad tenga un alumno estrella en el futuro. La profesora rápidamente aclara que, sin embargo, la universidad en su conjunto en realidad sufre de una escasez de candidatas, dado su enfoque en la tecnología y el hecho de que menos mujeres eligen obtener títulos en disciplinas científicas. No obstante, no se ha hecho ningún esfuerzo especial para reclutar más estudiantes femeninas. Por el contrario, en el Departamento de Idiomas Extranjeros y Literatura donde trabaja, generalmente hay de tres a cinco chicos en una clase de treinta estudiantes. "Una vez escuché a un profesor en una reunión de mi departamento decir exactamente esto: "'La falta severa de estudiantes varones en nuestro departamento es un gran problema. Los chicos tienen más probabilidades de convertirse en expertos en sus campos de estudio en el futuro, y tienen más potencial'".

Antes de insistir demasiado sobre cuán terriblemente injustas son las cosas en China, valdría la pena echar un vistazo al estado de las admisiones universitarias en los Estados Unidos.

En 2006, un artículo de opinión del *New York Times*, escrito por una oficial de admisiones de Kenyon College, Jennifer Delahunty Britz, abiertamente admitía que Kenyon a menudo daba un trato preferencial a los candidatos masculinos, facilitándoles la admisión, a pesar de tener puntajes más bajos. En respuesta a su artículo, otros funcionarios de admisiones se hicieron eco de que tales preferencias no eran infrecuentes, aunque muchos parecieron sorprenderse por la franqueza con la que hablaba de ellas. El profesor de derecho de la Universidad de Columbia, Ted Shaw, se refirió a la "ayuda." que reciben los estudiantes varones como un "secreto a voces", algo de lo que todos en el mundo de las admisiones eran muy conscientes, pero no necesariamente algo que el mundo exterior necesitaba saber.

En respuesta a la atención de los medios y la discusión generada por la historia de Britz, en septiembre de 2009, la Comisión de Asuntos Civiles de EE. UU. votó a favor de llevar a cabo una investigación de varios colegios y universidades en los estados del Atlántico medio, evaluando por casos de discriminación de género en el proceso de admisión. El difunto Dr. Robert Lerner, jefe de la Oficina de Evaluación e Investigación de Derechos Civiles de la Comisión, ideó un estudio y durante el curso de una investigación de dieciocho meses de duración, se recopilaron datos de una muestra diversa de quince colegios y universidades.

Sin embargo, justo cuando llegaban los resultados de la investigación juntos, se nombraron tres nuevos miembros de la comisión, dos por el presidente Obama y uno por el líder de la mayoría del Senado, Harry Reid. Dos de los partidarios originales de la investigación, designado por el presidente Bush (así como un miembro designado por Reid que no había votado cuando se llevó a cabo la investigación por primera vez) se salieron de la misma. En marzo de 2011, la mayoría de los miembros de la comisión recién reconstituida votó para dar por terminada la investigación, aunque ninguno de los seguidores originales restantes cambió su voto. En su mayoría, los que votaron para terminar afirmaron que deficiencias en los datos y el alcance geográfico limitado del proyecto hizo que el estudio fuera inadecuado; pero Gail Heriot, profesora de derecho en la Universidad de San Diego y uno de los ocho miembros de la Comisión de Derechos Civiles de EE. UU., sospecha que hubo algo más.

Ella cree que el cierre de la investigación posiblemente se debe a intereses políticos, y también plantea un punto curioso. Cita una columna escrita sobre el tema, en la que aparece la siguiente estadística: "Por cada 100 mujeres que obtienen un título universitario (en los EE. UU.), solo 73 hombres lo hacen". Heriot señala que el autor de la columna se refiere a la situación como una "crisis de chicos", descartando rotundamente toda posibilidad de discriminación contra las alumnas.

Sin embargo, como hemos visto en China, ambas cosas pueden ser una misma. Las mujeres pueden ser discriminadas en la admisión a la universidad y los hombres pueden estar quedando rezagados en términos de resultados escolares. De hecho, la primera de estas situaciones parece ser una respuesta probable a la última. Dejaré que los especialistas en ética política debatan si permitir este tipo de "discriminación" es inconstitucional o injusto, pero justificable de alguna manera. En su lugar, recurro a cómo esos títulos que las mujeres necesitan para mantenerse a flote profesionalmente parecen ser perjudiciales para sus perspectivas de matrimonio cuando superan cierta edad.

A lo largo del siglo XX, en los EE. UU., los adultos blancos de ambos sexos con estudios universitarios, eran menos propensos que sus contrapartes menos educadas a casarse ante de los treinta años. Esto era especialmente cierto en las mujeres jóvenes con educación universitaria, quienes hasta 1990, se casaban a un ritmo mucho más bajo que sus colegas menos educadas. A esta disparidad en las tasas de matrimonio como resultado de la educación, los demógrafos se refieren a menudo como "brecha matrimonial", algo que, según un informe del Pew Research Center, está menguando. "Entre las mujeres blancas menores de 40 años, la brecha educativa en el matrimonio se ha desvanecido", se lee en el informe, que indica claramente que a partir de 2008, el 84 % de las blancas de treinta y cinco a treinta y nueve años, con educación universitaria, se habían casado, igualando la tasa de mujeres blancas de la misma edad sin un título. Ese mismo informe también predice que las mujeres estadounidenses con educación universitaria pronto se convertirán en la mayoría de las mujeres blancas casadas.

Para comparar esta información y evaluar su validez con respecto a China, es importante observar algunos números más. Como informa Barbara Dafoe Whitehead en *Why There Are No Good Men Left*, en 1960, solo 185.000, o el 1,6 %, de las universitarias estadounidenses entre veinticinco y treinta y cuatro años no estaban casadas. Hoy hay 2,5 millones de ellas, o el 28 % de las mujeres entre las edades de veinticinco y treinta y cuatro años. También es fundamental tener en cuenta que, mientras que las mujeres chinas han sido el género dominante de estudiantes con títulos universitarios a partir de 2011, las mujeres estadounidenses han representado la mayoría de los graduados superiores desde 1982. En otras palabras, ha tomado más de treinta años para que las estadounidenses bien educadas cierren la brecha matrimonial. ¿Tendrán éxito las mujeres chinas en hacer lo mismo?

Humo y espejos

Tomemos a June. Después de presentar su renuncia, decidió que sería una buena idea tomarse un tiempo libre para viajar y pensar en si le gustaría tomar otro trabajo en derecho o volver a la escuela para obtener un título en Historia del Arte. Esta decisión fue completamente desconcertante para su madre, que no entendía del todo por qué dejó su trabajo en primer lugar. No obstante, para ponerse al día y celebrar su victoria ante su exjefe tiránico, nos reunimos para cenar y se nos unió Ivy, quien llegó al restaurante resplandeciente como siempre.

Cuando las tres necesitamos comunicarnos, usamos Weixin, o WeChat. Un cruce entre Facebook, Twitter, Skype, WhatsApp, e Instagram, WeChat es una forma conveniente de chatear con contactos y seguir sus vidas en un feed de "momentos" similar a un microblog en que los usuarios pueden publicar imágenes, texto, enlaces y todo tipo de reflexiones salpicadas de una mágica selección de emojis. Yo utilizo WeChat todos los días, se ha convertido esencialmente en mi aplicación de mensajes de texto, pero no tenía idea de que era un arma clave en el arsenal masculino de Ivy.

"Tienes que publicar fotos de cosas caras", le explica a June. "Entonces los hombres que te siguen entienden que tienes un gusto exquisito".

Ivy abre las páginas de "momentos" de algunas de sus protegidas, para dar ejemplos. Ahora está más allá de esta etapa de WeChat, pero tranquiliza a June diciéndole que fue muy útil para llevarla donde estaba ahora.

"En tu cumpleaños, por ejemplo", dice, "publica fotos de todos los regalos de diseñador que recibes".

June luce completamente perdida. Había pasado su último cumpleaños en un balneario coreano con algunas de sus mejores amigas; sin embargo, no había recibido obsequios extravagantes para ostentar más allá de unos pocos cosméticos. "Y si no recibes regalos caros, publica fotos de regalos de otras personas, haciendo parecer que son tuyos", continúa Ivy. "Con unas pocas palabras de agradecimiento, por supuesto, para que no parezca que estás alardeando", agrega. "Está bien si usas imágenes convincentes que puedes encontrar en línea. Solo necesitas hacer que parezca que los regalos te fueron dados a ti".

"Lo mismo ocurre con las cenas", dice, como si citara a las Analectas de Confucio. "Si vas a un restaurante elegante en una cita, o incluso únicamente con amigos, publica fotos de eso. Los hombres necesitan verte en lugares buenos, para que sepan llevarte a ellos. Cortarán camino siempre que puedan, pero si pones el listón muy alto, sus miedos a quedarse cortos asegurará que te traten bien".

Puedo ver que June está emocionada de aprender esta información; aun así, todavía no está del todo convencida de la metodología.

"Luego, necesitas fotos atractivas. Piernas y escote. Nada de mal gusto, aunque las imágenes deben ser sexis".

Ya que June no vive lejos del restaurante donde nos encontramos para cenar, Ivy se ofrece a ayudar a orquestar una pequeña sesión de fotos en su apartamento esa misma noche.

Una vez que llegamos, Ivy procede a sentarse en el diván en el apartamento de June, que tiene una magnífica vista del Distrito Central de Negocios de Pekín. "Esta es la posición más halagadora para las piernas", dice, estirando las suyas, una ligeramente levantada, mientras arquea sutilmente su espalda. "Inténtalo".

June se sienta, apoyándose ligeramente en el alféizar de la ventana. Ivy se prepara para tomar una foto. "¡Estómago!", dice. June inhala. "¡Estómago!" Ivy repite, un poco más fuerte. June (que de por sí ya es delgada) cincha una vez más, justo antes de que Ivy tome la foto. "Tendremos que usar Photoshop", dijo, mientras miraba la imagen. Aunque algunos de mis amigos occidentales se habían enamorado cuando conocieron a June, según Ivy, su punto de venta no era físico, sino su qi zhi, o su presencia. Considero que habla de su mezcla especial de carisma e inteligencia, aunque no estoy segura de que sea a eso a lo que se refiere Ivy.

Mientras Ivy hojea los "Momentos" de sus otros contactos femeninos de WeChat para mostrarme más fotos, noto una tendencia. Muchas de ellas habían subido fotos en la misma posición que ella acababa de sugerir a June. Abundan las icónicas cajas azules de Tiffany, al igual que las características blanca-y-negras de Chanel. Algunas publicaciones incluso muestran montajes de fotos de diferentes artículos de lujo. Ivy, comenzaba a notar, tiene discípulos.

Después de la reveladora sesión con la entrenadora Ivy, June promulgó un plan de acción más proactivo. Fotos de repostería fina y cenas de filete miñón comenzaron a aparecer en las noticias de su perfil de WeChat. Incluso fue a un estudio fotográfico para una sesión de fotos de glamour muy sensuales. En una, vestía un ajustado vestido amarillo canario que revelaba una impresionante figura de guitarra.

"La sesión de fotos fue ridícula. El lugar estaba empapelado escandalosamente de fotos retocadas de modelos. Uno de los hombres era realmente atractivo, tenía que ser coreano", dijo June. Notando su admiración por el hombre de la fotografía, el fotógrafo le preguntó si quería tener una sesión de fotos romántica con uno de los modelos, ya que este era un servicio ofrecido por el estudio. "Fui tentada", admitió, "pero al final decidí que sería espantoso".

Unas semanas después de su sesión de fotos en solitario, apareció un hombre coreano en el radar de June. Se conocieron en un evento de hacer contactos para jóvenes profesionales; sin embargo, en realidad no había hecho mucha conexión. Sus nuevas imágenes de WeChat debían haberle llamado la atención, porque de repente se volvió más hablador y finalmente la invitó a salir.

Esto fue monumental. June ama todo lo coreano: las telenovelas surcoreanas son su debilidad; es fan incondicional del K-Pop, y a sus ojos, los hombres de Corea del Sur son los Apolos de Asia. Finalmente aceptó.

CAPÍTULO 8

AMOR CON CARACTERÍSTICAS CHINAS

> Hay gente que nunca se hubiera enamorado,
> si nunca hubieran oído hablar de eso.
> —FRANÇOIS DE LA ROCHEFOUCAULD, MÁXIMA 136

Era un domingo por la mañana, a solo dos paradas de metro pasadas las diez de la mañana. Me acerqué al Parque Templo del Cielo de Beijing con grandes esperanzas. Cual patio de recreo no oficial de la animada población de ancianos de la ciudad, es más probable que te acorrale un Shaolín septuagenario que encontrar un rincón tranquilo para leer, descansar o hacer un picnic; pero, sin saberlo, me dispuse a encontrar algunos árboles aislados.

"¿Estás buscando marido?", me preguntó una mujer corpulenta, de mediana edad, tan pronto como atravesé la puerta. Cerca de un metro ochenta de estatura, atrevida, su acento marcado por un fuerte deje pekinés. Antes de que pudiera responder, sacó un retrato pequeño. "Este es mi hijo. Es abogado. Tiene un muy buen salario, y en las afueras de este parque, tenemos tres lao fangzi (casas adosadas tradicionales). ¿Te gustaría ver? Una ya está amueblada y lista para que se mude con su esposa."

Amablemente, le dije que no estaba en el mercado, pero me detuve a mirar la foto.

Tenía la sonrisa de su madre y también su barriga. Aunque aparentemente alto, tenía una gran panza convexa que sobresalía de su cuerpo, dándole forma de yunque.

"Ta shenme dou hui", continuó, explicando que su hijo era un as en fútbol, baloncesto, pimpón, bádminton y algunos otros deportes que Zhang Mei aún no me había enseñado sus nombres en chino.

"¿Qué opinas?", preguntó con una sonrisa ganadora y un empujoncito que parecía decir: Sé mi nuera.

"Tengo una amiga que es abogada", le dije, en un intento poco entusiasta de ser cortés, y un intento sincero de escapar.

"¿Cuántos años?", preguntó.

"Veintiocho", dije, pensando en June.

"¡Él necesita una esposa, no un dinosaurio!", dijo ella. "¿Alguien más joven?"

Me enfurecí, y ella se dio cuenta. Aunque yo era muy consciente cuan discriminatorios pueden ser los chinos, especialmente cuando se trata del matrimonio, no iba a alentarla.

Sacó un caramelo duro de coco y piña melosa como una ofrenda de paz antes de inclinarse un poco más cerca. "Probablemente debería decirte algo", dijo, en un susurro silencioso. "Él ha tenido novia antes. Incluso estaban, ya sabes, enamorados".

"¿Qué sucedió?", pregunté, repentinamente muy curiosa.

"No aprobé sus antecedentes. Le prohibí que la viera. Continuó por un tiempo, pero finalmente se separaron. Arruinó mi relación con él durante varios años. Ni siquiera me hablaba", dijo. "Las cosas están mejor ahora que prometí no entrometerme en sus asuntos personales".

"Entonces, ¿qué estás haciendo aquí hoy?", le pregunté.

"¡Ayudándolo a encontrar una esposa, por supuesto!"

Me detuve para asimilar todo. Esta mujer era una de casi doscientos padres y abuelos que habían asistido al "mercado del matrimonio" ese domingo por la mañana. Además de tomos fotocopiados de información sobre compañeros disponibles, había incluso una base de datos solo para miembros a la que se puede acceder por una tarifa nominal, que es también como el abuelo de Christy selecciona posibles partidos para que ella los considere.

Me sorprendió que esto todavía sucediera en la China de hoy, y justo en medio de una ciudad tan cosmopolita como Pekín, pero debería haberlo sabido mejor. Lo que vi suceder esa mañana eran los restos de un tira y encoge romántico entre padres e hijos por casi un siglo.

En 1899, una novela francesa de Alexandre Dumas, *La dama de las camelias*, fue traducida al chino. Como una de las primeras novelas europeas traducidas a este idioma, atrajo un amplio número de lectores tras su publicación y cuenta la leyenda que su intrépido traductor, Lin Shu, lloró tanto mientras traducía sus escenas de pasión, amor malhadado, y la trágica muerte de Marguerite Gautier por tisis, que todos sus vecinos sabían lo que estaba haciendo.

En este momento, el tórrido clásico chino *El sueño del pabellón rojo* había superado su segunda impresión. Desde hacía mucho, los lectores chinos habían estado expuestos a literatura cargada de emoción ardiente, de la parálisis social de la aristocracia, y del heroísmo de la renuncia. Pero como Haiyan Lee, investigadora de clásicos chinos de Stanford, señala en su libro *Revolution of the Heart*, que *La dama de las camelias* presentó estos temas a los lectores chinos en un marco radicalmente nuevo: uno de romanticismo. A través de Armand Duval, el hijo de un recaudador de impuestos que se enamora perdidamente de una cortesana parisina, y que desafía el orden impuesto por su clase aristocrática cuando decide casarse con ella, los lectores chinos pudieron ver cómo la emoción y la búsqueda del amor romántico podían ser una base legítima para un nuevo orden social, y no solo un excitante cuento antes de dormir.

Vale la pena tener en cuenta que durante este período de la historia china (la dinastía Qing tardía y los períodos de la República Temprana) no existía una frase que significara "amor romántico". El equivalente lingüístico más cercano era la palabra "qing", que se traduce aproximadamente como "sentimiento" y se refiere principalmente a las novelas sentimentales, que eran populares en ese momento. Más que con emociones individuales, qing se asociaba con la virtud, y todavía se esperaba que la gente mantuviese su identidad y los "sentimientos" que la acompañan estrechamente vinculados a sus círculos de parentesco.

Dada la naturaleza omnicomprensiva de las redes sociales, el romance —se ha argumentado— era menos necesario y menos valorado durante este tiempo en China, aunque ciertamente no estaba prohibido. Los escarceos amorosos estaban permitidos en burdeles y con concubinas hasta el punto de que si un hombre quedaba hechizado por su amante, podía llevarla a su propia casa. (La poligamia era ampliamente practicado y legal en China hasta 1949). Las relaciones homosexuales también eran toleradas, e incluso Confucio, a menudo erróneamente retratado como firme y estoico, aprobaba pasarla bien, siempre que se hiciera con moderación y sin detrimento a la estructura familiar o relaciones éticas asociadas. La única advertencia real para el retozo era que tenía que hacerse con gran precaución.

"La literatura china tradicional está cargada de electrizantes relatos de amor a primera vista y éxtasis erótico", explica Lee. "Pero casi todas estas historias tienen un final trágico: los desafortunados amantes son arrebatados por la voluntad de padres discordantes, o uno de los amantes (generalmente la mujer) de repente se convierte en un espíritu de zorro maligno". Todo esto está hecho a propósito, me asegura Lee, como una forma de literaturizar las ansiedades que las personas puedan sentir mientras buscan un cónyuge apropiado, y de recordarles los peligros de desviarse del sistema matrimonial consagrado por el tiempo.

A pesar de que a menudo son lecturas chispeantes, Lee explica que la mayoría de estas historias son tramadas con una moraleja similar: si te atienes a los códigos y prescripciones del proceso conducente al matrimonio y no te desvías de las estructuras de tu red familiar, el sistema te garantizará seguridad. Pero empuja los límites de la pasión demasiado lejos, y es posible que te encuentres casado con un espíritu de zorro entusiasta pero catastróficamente malvado.

Por definición, el qing no excluía al amor romántico ni a la pasión, sino que solo requería que el amor y la pasión estuvieran armonizados con otros ideales. Entre los más importantes estaban la piedad filial y el amor patriótico. Dependiendo de la familia y del clima político, la gran trifecta de la devoción inquebrantable y armoniosa a la familia, al país y al amado podía ser un alto e improbable orden.

El Movimiento del Cuatro de Mayo, que tuvo lugar en 1919, tomó la idea de qing y la expandió. Fraguado por las manifestaciones estudiantiles en Pekín, la fuerza impulsora detrás de esto fue la idea que los valores confucianos, incluidos los matrimonios arreglados, eran responsable de las debilidades políticas del país. Durante el movimiento, que se extendió hasta la década de 1940, los activistas fervientemente hicieron campaña para privilegiar al individuo sobre la sociedad, y el sentimiento sobre el formalismo. Y, como lo requería el espíritu de la época, uno de sus mayores puntos de discordia fue el amor.

"Se declaró (así como se exigió) que el amor era el único principio que subraya todas las relaciones sociales: entre padres e hijos, entre marido y mujer, y entre compatriotas chinos", escribe Lee. Esto se hizo cumplir tan estrictamente que "cualquier institución que no dependía de la existencia y la continuada articulación del amor se creía empobrecida e ilegítima", agrega. Dado que el matrimonio arreglado resultó ser uno de los mayores obstáculos para el amor romántico, se trató en consecuencia. En la literatura del 4 de mayo, los padres fueron atacados y retratados como una fuente de tiranía, y sus motivos de interés propio en el arreglo de los matrimonios de sus hijos fue expuesto sin piedad.

Las ideas románticas alcanzaron nuevas alturas durante este período, que, a pesar de ser mucho antes de Flower Power, Janis Joplin, y el microbus VW, es generalmente referido por los estudiosos como el "apogeo del amor libre" en China. Por cierto, también fue un período en la historia china en el que florecieron las escritoras. Ellas escribieron historias de pasión que destacaban la valentía y la determinación de las enamoradas, y, con sus escritos, desafiaron el sistema familiar autoritario y el sometimiento de la mujer. Pero quizás lo más importante, fue el momento en que qing se transformó en aiqing, o la traducción moderna de "amor". Sinónimo de libertad, igualdad y autonomía, aiqing se convirtió en un tropo para la recién descubierta primacía del individuo, y prueba de que la búsqueda del amor romántico podía ser una legítima razón de ser.

Esto representó un cambio monumental para China, un país donde la identidad se había basado tradicionalmente en el parentesco o los lazos al lugar natal. El sistema confuciano de relaciones sociales había estado antes tan estrechamente centrado en las necesidades del estado y la estructuras familiares, que incluso las amistades fuera de estos límites se consideraban potencialmente subversivas. Aunque los ideólogos políticos de la época se empeñaron en construir un modelo de matrimonio que difería radicalmente del antiguo modelo confuciano, temían que los sentimientos embriagadores engendrados por el amor romántico restarían el celo revolucionario. Y no se equivocaron al pensar que podría ser así.

Ya en el año 600 a. C., el filósofo chino Lao Tse advertía que "el amor es la más fuerte de todas las pasiones, porque ataca simultáneamente la cabeza, el corazón y los sentidos." Estos poderes disruptivos del romance no eran un secreto para el Partido Comunista gobernante. Así que una vez en el poder, tras una breve pero significativa temporada en la marquesina de la psiquis nacional china, el amor fue nuevamente retirado de la función.

Después de la transición a los matrimonios de "libre elección" discutidos antes, y por el inicio de la Revolución Cultural a mediados de años 60, los besos y abrazos, que previamente aparecían en películas chinas de la década de 1930 y en la literatura clásica, quedaron estrictamente prohibidos, descartados como acciones capitalistas y degeneradas. Para mostrar su amor, se animó a los jóvenes a prestarse libros o intercambiar plumas fuente o cuadernos. Cuando estaban juntos a solas, debían discutir los ideales revolucionarios y mantenerse alejados de cualquier sentimiento, para que no fueran acusados de zuofeng goingi, o "problemas de estilo de vida, un tipo de cercanía con un miembro del opuesto sexo que podía conducir a la desgracia pública.

Irónicamente, un término que surgió en medio de toda la represión romántica fue tan lian ai, "enamorarse". En su momento, se refería más al cortejo, o al tiempo que una pareja debía tomar para llegar a conocerse antes de casarse. Esto fue tolerado porque era visto como una forma de eliminar el sistema confuciano de matrimonio arreglado, al permitir que las parejas tan, o "discutieran" su relación antes de tomar la decisión de casarse. Aunque tal vez un poco más propicio para el romance, este enfoque del "enamorarse" no hizo que encontrar una pareja de matrimonio fuera más fácil.

Como señaló Elisabeth Croll en *The Politics of Marriage in Contemporary China*, además de los requisitos socioeconómicos que la familia de una mujer todavía la alentaba a tener en cuenta, ahora tenía que considerar las afiliaciones políticas de un hombre. ¿Era un miembro de la Liga de la Juventud Comunista? ¿Compartían ideales políticos ella y el joven revolucionario? Estos temas eran de suma importancia, como reflejaba la prensa popular, donde algunos jóvenes no afiliados culparon al Partido Comunista y a la Liga de la Juventud Comunista por sus problemas en el amor. Sin ser aceptados en estas organizaciones, decían ser "no-entidades", "incapaces incluso de lograr que alguien los amara".

El matrimonio, al parecer, volvió a ser transaccional. El amor romántico pasó de ser algo por lo que los jóvenes en la década de 1920 se unieron y lucharon, sin importar clase o parentesco, para ser nuevamente superado por un sistema estratificado y mercantilizado, de coincidencias aprobadas por la familia que requerían que todas las partes involucradas estuvieran en buenos términos con el partido.

Hoy en día, las cosas funcionan algo diferente.

Son las ocho de un jueves por la noche, y un ramo de rosas por un valor de US$ 10.500 acaba de llegar a la puerta principal de Maxim's de Pekín, un puesto de la famosa cervecería francesa. El ramo es fácilmente del tamaño de un pequeño elefante. "Vamos a tener que quitar la puerta", dice Corentin Daquin a su personal. "No hay de otra manera", agrega, señalando a alguien con las herramientas necesarias para desmontar la gran doble puerta de madera con paneles de vidrio. Momentos después, se les indica que entren a cuatro hombres chinos musculosos y llenos de flores. Ante ellos se vislumbra una empinada escalera de dos pisos. "Podemos simplemente llamar a la prometida", dice Daquin gesticulando un poco más. "Absolutamente no", interviene otro de sus compañeros. "Arruinaría la propuesta".

Según Daquin, quien antes dirigía el restaurante, este tipo de gimnasia floral es algo habitual en Maxim's, que ha estado operando en China desde 1983. Como uno de los establecimientos comerciales extranjeros más antiguos del continente, en las últimas tres décadas ha soportado con gran delicadeza cambios repentinos en el clima político del país. Su primera ubicación, solo a una milla al sureste de la plaza de Tiananmen, fue sacudida por la violencia el 3 de junio de 1989, cuando los soldados chinos se abrieron paso a tiros a través de la ciudad capital, en un intento de sofocar las legendarias manifestaciones pro-democracia que allí tenían lugar. Como el símbolo más conocido de la elegancia burguesa occidental en Pekín, el restaurante tuvo que cerrar durante cinco meses después de la masacre de Tiananmen, pero reanudó sus actividades como de costumbre el octubre siguiente.

Hoy, Maxim's es uno de los muchos establecimientos extranjeros donde los adinerados de Pekín se reúnen para disfrutar de buenos vinos y cenas. Pierre Cardin, el modisto ahora octogenario cuya idea fue traer el restaurante a China a principios de los años 80, es en gran parte acreditado como un visionario, y disfruta del estatus de estrella de rock en China. Cuando está en la ciudad, las calles se cierran para su cabalgata y se convocan dignatarios. En la inauguración de Maxim's en Hefei, una ciudad emergente, pero por lo demás corriente, en el este de China, múltiples jefes de estado chinos estuvieron presentes para la ocasión.

Con el tiempo, sin embargo, Maxim's se ha vuelto famoso en China por más que su emblemática cocina francesa, meticulosamente adaptada al paladar chino. "Tenemos unas cuatro o cinco propuestas a la semana", dice Daquin, supervisando la pequeña flota de hombres que están subiendo el ramo por las escaleras, dejando un rastro de pétalos de rosa sueltos detrás de ellos. "Tenemos un libro especial para llevar un registro de todas ellas, y cada petición es más extravagante que la anterior", explica, recitando una lista de propuestas que incluye a un hombre que reservó todo el restaurante, requiriendo que cada mesa fuera dispuesta en forma de corazón alrededor del área donde él y su novia estarían sentados.

"Es caro y requiere mucho trabajo", dice, olfateando el ramo de gran tamaño, que ya ha llegado al segundo piso. "Son rosas de verdad", añade con aprobación. "Rojas y fragantes, debe haber costado una fortuna".

A Daquin, un francés alto y fornido (una cualidad que, a ojo de los chinos, automáticamente lo hace exudar romance), ocasionalmente se le pide que traiga el anillo a la mesa, a veces disfrazado en un pastel, enrollado alrededor de una servilleta o colocado debajo de un plato cubierto. "Puede ser conmovedor", dice. "Sobre todo a veces cuando las mujeres empiezan a llorar de la sorpresa o de la emoción, pero la mayoría de las propuestas son tan superficiales que decepcionan".

Dos horas más tarde, el hombre que compró el gran ramo de flores y su futura esposa llega al restaurante y son escoltados a una mesa que pueda albergar la apoteosis floral prevista para el final de la comida. Después de consumir sus cinco platos, un violinista comienza a tocar, el ramo entra en escena y se presenta un anillo. La futura novia, ya cubierta en destellos, sonríe suavemente mientras dos quilates brillantes se deslizan en su dedo.

Momentos después, el futuro novio arroja las llaves de su Ferrari a un ayudante de camarero y le pide que cargue el ramo. Dado que es imposible que quepa en un coche deportivo de dos pasajeros, las flores se dejan en el estacionamiento, donde permanecen hasta que el personal de la noche del centro comercial cercano lo nota, y rápidamente comienzan a servirse a sí mismos.

Mucho antes de que tales propuestas extravagantes existieran o incluso pudieran pagarse en China, la Revolución Cultural continuó matando cualquier manifestación de romance, real o sintética, hasta bien entrados los años 70. Sin embargo, con las reformas económicas de 1979, la gente estaba lista para un poco de romance. Se desató una gran polémica nacional cuando la revista Cine Popular publicó una foto a color de un beso en una película inglesa, *The Slipper and the Rose*, en su contraportada. Como informa la periodista Ginger Huang en *The World of Chinese*, la imagen provocó un debate público masivo después de que un oficial de propaganda en Xinjiang llamó a la foto "decadente, capitalista, un acto destinado a envenenar a nuestros jóvenes". Luego aclaró: "No es que no queramos amor; el punto es qué tipo de amor queremos.¿Amor puro, proletario, o amor corrupto, capitalista?" En los siguientes dos meses, 11.000 cartas inundaron la redacción de la revista, dos tercios de las cuales condenaban la actitud del puritano empleado de propaganda.

También en 1979 se proyectó *The Tremor of Life;* una película rumoreada de tener una escena de besos. Antes de que se estrenara, la gente chismeaba que los actores habían sido obligados a usar envoltorios de plástico en sus labios mientras la filmaban. Cuando llegó la escena del beso, los espectadores estiraron los cuellos y aguzaron los ojos en un intento de detectar el plástico. Sin embargo, cuando los actores se acercaron para el gran momento, Huang informa, "la suegra irrumpió con un estruendo y los amantes se separaron."

A medida que la era de Mao llegaba a su fin y China comenzaba a experimentar importantes reformas económicas y políticas, el amor surgió de los escombros como forma de resucitar a una humanidad reprimida. Quizás la mejor prueba de que había estado desaparecido durante los años anteriores de agitación, es el hecho de que numerosas escritoras lo abordaron enérgica y efusivamente.

Un ejemplo destacado es *Dongtian de Tonghua* de Yu Luojin, o *Un cuento de invierno,* una historia redactada en 1974 y publicada en el otoño de 1980. Como tantos otros en el género de la "literatura de las heridas" que era popular en esos días, la historia de Yu detalla los horrores sufridos por su familia durante la Revolución Cultural. Por el desempleo crónico de su padre, resultado de su política, la madre de Yu tuvo que trabajar en una fábrica (con pago parcial, por su etiqueta de "derechista") para apoyar a su marido y a sus tres niños. Luego estaba la propia Yu, quien por algunos comentarios subidos de tono sobre las políticas literarias oficiales hechas en su diario (confiscado), fue desterrada a un campo de trabajo. Según lo informado por Ming-Yan Lai, profesor asistente de estudios interculturales en la Universidad China de Hong Kong, a un pueblo empobrecido, donde el secretario del partido de su brigada de agricultura inmediatamente le dijo que encontrara marido.

Porque a una mujer soltera en un campo de trabajo no se le permitía permanecer soltera, Lai escribe que Yu fue relegada temporalmente a la habitación anexa de un pobre campesino. Eventualmente, para aliviar algo a su madre de la carga de mantener a la familia, Yu decidió "venderse" a sí misma a un hombre de una región más próspera del país. Después, describiendo los detalles oscuros de su matrimonio con un brutal y abusivo esposo, Yu declara cómo se dio cuenta de la arrogancia de creer que podría reprimir su necesidad interna de una vida emocional y espiritualmente rica por buscar una vida materialmente cómoda.

Lamenta caer en lo que la visión estatal de la modernidad nacional animaba a sus ciudadanos a hacer: devaluar sus sentimientos personales y emociones en favor de búsqueda financiera.

Que Yu reconociera su error, generó una enorme cantidad de debate público, señala Lai. El hecho de que mientras se publicaba su historia, Yu estaba pasando por un segundo divorcio que había solicitado por falta de amor, echando gasolina al fuego. Según una enmienda de 1980 a la ley de matrimonio que estipulaba que la falta de afecto mutuo era un motivo válido para el divorcio, la razón esgrimida por Yu en su solicitud era completamente legal. Que fuera respetada en la práctica, es lo que muchos espectadores estaban ansiosos por saber.

Pero más que cualquier otra cosa, el público estaba fascinado por la muy franca revelación del carácter mercenario de sus matrimonios, y lo que parecía ser su genuino deseo de defender el derecho de una mujer a satisfacer sus necesidades emocionales. De conversaciones informales a revistas y periódicos populares, Lai informa que la admisión de Yu generó debates innovadores sobre el significado del amor en el matrimonio y la moralidad del matrimonio y el divorcio. Describe la vida de Yu como "un texto público a través del cual el pueblo chino trató de trazar un mapa de posibilidades cambiantes para la vida personal y la relación entre lo personal y lo público bajo el nuevo régimen posterior a Mao".

Para ser justos, cuando la era maoísta terminó a fines de los años 70, el siguiente régimen, ansioso por desvincularse de los extremos impuestos por su antecesor, reintrodujo el discurso oficial sobre el matrimonio y el amor que se desarrolló en la década de 1950. Pero en los 80 volvieron a haber organismos oficiales encargados de difundir las actitudes "correctas" hacia asuntos personales, incluyendo relaciones.

Visto de esta manera, parecería que más que una lucha por el amor y la autorrealización, los escritos de Yu trataban sobre "una lucha pública por la aceptación general de las mujeres como personas con sus propios valores y derechos para la felicidad." El derecho de tener libertad marital, en otras palabras, no es la búsqueda de una boda de cuento de hadas, mariposas eternas o incluso intercambios diarios de esas palabras relativamente nuevas "wo ai ni" (te amo). Es, primero y ante todo, una forma de justicia social, una forma de justicia social que, parecería, ha sido ampliamente debatida y negada en China por la últimos cien años.

Pequeños tesoros

Mi colega Yanyan tenía una risita tímida y una predilección por tacones de gatito con punta redonda, con los que a menudo arrastraba los pies, recordándome un poco a Minnie Mouse. Sonreía con frecuencia, hablaba poco, y pasaba la mayor parte de su tiempo en la oficina comprando en línea o atendiendo su e-farm. El día que vi por primera vez su e-farm (literalmente, una granja electrónica coloridamente animada con cultivos florecientes, que requerían labranza y riego) no podía entender cómo ella podía encontrarlo tan atractivo. "Todo el mundo tiene una", protestó, desafiándome a echar un buen vistazo alrededor de la oficina. Efectivamente, la oficina de la compañía de medios, donde ambas pasábamos aproximadamente ocho horas al día, estaba llena de prósperos cultivos de calabaza, maíz y pimiento rojo. Todo parecía tan deliciosamente irónico. ¿No estaba China haciendo todo lo posible por urbanizarse? ¿Por qué, entonces, sus trabajadores rurales trasplantados seguían atendiendo campos de maíz virtuales?

Si bien nunca entendí completamente la intriga de QQ Farm, como se llamaba el juego, tener un escritorio justo detrás del de Yanyan era una fuente constante de entretenimiento. Repleto de todo tipo de electrodomésticos, se parecía a una estación espacial en miniatura. Una mañana de invierno llegué y encontré su escritorio adornado con un juego de manoplas eléctricas alimentadas por un puerto USB para que sus dedos no se congelaran en el teclado. Debajo había unas zapatillas calefactables que parecían botas de luna diseñadas por Baby Spice, y un humidificador de escritorio con forma de un gran patito de goma que ingeniosamente soltaba vapor de su trasero.

Yanyan había comprado todos sus aparatos en Taobao, que ha sido una de las principales fuerzas detrás de la comercialización del 11 de noviembre; lo que ahora se conoce popularmente como un feriado no oficial llamado Día del Soltero. Celebrado en todo el país, supuestamente fue creado por un grupo de estudiantes de licenciatura en la Universidd de Nanjing en los años 90. Dados los cuatro unos en la fecha (11/11), los estudiantes decidieron que sería un antídoto apropiado para el Día de San Valentín; un día festivo que, en cambio, celebraría la soltería y frenaría algo de la negatividad comúnmente asociada con ella.

Hoy, el Día del Soltero se ha convertido en el día de mayor actividad de compras en línea en el mundo, en gran parte gracias a portales de Alibaba como Taobao y Tmall, una plataforma directa al consumidor para tiendas oficiales, con una amplia gama de marcas extranjeras, desde Tom Ford hasta Target. Como resultado de un marketing inteligente, una intensa comercialización y métodos de pago mejorados, las ventas del Día del Soltero en estos sitios han aumentó constantemente, de $ 5.8 mil millones en 2013 a $ 17.8 mil millones en 2016. Un poco como el Cyber Monday (lunes cibernético), el feriado ofrece grandes descuentos para todos, aunque hay productos especiales comercializados para solteros. Estos incluyen fideos instantáneos bajos en calorías (para urbanos solitarios que no pueden enfrentarse a cocinar para una sola persona) y almohadas de tamaño humano con brazos y piernas (para aquellos que anhelan algo con lo que cucharear). En 2016, Ma llevó el feriado a un nuevo nivel al iniciarlo con una gala de conteo regresivo repleta de estrellas. Celebridades de primer nivel como el astro del baloncesto retirado, Kobe Bryant (conocido en China como Peter Pan por su habilidad para "volar"), así como David y Victoria Beckham, asistieron. La sensación del pop, Katy Perry (a la que se refieren cariñosamente los chinos fanáticos como "Fruit Sister" por sus disfraces inspirados en frutas y verduras), se suponía que debía actuar, pero terminó cancelando en el último minuto. Algunos internautas chinos especularon que Perry estaba demasiado angustiada por los resultados de las elecciones presidenciales de Estados Unidos para asistir.

Sabía que muchas de mis colegas pasaban una parte saludable de su jornada laboral buscando mercancías en Taobao, que en chino se conoce formalmente como "Chinese Characters" o la "red de búsqueda de tesoros". No entendí esto mirando las pantallas de sus computadoras, sino por las interrupciones diarias de kuaidi. Para las jóvenes trabajadoras en edificios de oficinas en toda China, la llegada de kuaidi es un evento diario, pero, aun así, muy esperado. Por lo que pude observar, mientras el repartidor de kuaidi llega a la puerta de la oficina, los destellos de QQ se suspenden momentáneamente, al igual que los latidos del corazón. Incluso la máquina de agua caliente deja de zumbar y gorgotear, casi como si en reverencia momentánea. Entonces, las mujeres lanzan miradas inquisitivas unas a otras. ¿Hay alguien más esperando un paquete?

¿De quién podría ser? El suspenso continúa hasta que el repartidor anuncia un nombre. Si la mujer en cuestión no está en la oficina en este momento, una de sus colegas se apresurará a aceptar el paquete por ella, y guardarlo de forma segura en su escritorio, en un gesto audaz de e-shopping solidario.

"Debes escribir sobre Taobao en tu libro", me dijo una vez Yanyan con severidad. "Ha cambiado la vida de tantas mujeres jóvenes. Nos hace menos dependientes de los novios, porque ahora podemos comprar cosas fácil y económicamente para nosotras mismas".

Lo que no mencionó en ese momento, sin embargo, fue exactamente cuánto había cambiado la suya.

"Me voy a hacer un regalo este año", me confió suavemente un día.

"¿Que es eso?", pregunté, tratando de imaginar qué tipo de aparato eléctrico de calefacción posiblemente le falte.

"Un bebé", dijo ella.

"Ahhh", dije, preguntándome si Taobao tenía una sección llamada Tao-baober (baober es la jerga china para "muñeca" o "bebé"). "¡Bueno, si quieres uno de esos rubios de ojos azules, los gastos de envío van a ser astronómicos!"

Pero luego, cuando señaló el centro de su diminuto cuerpo, sabía que tenía otras opciones de entrega en mente.

Esa tarde, fui a almorzar con Yanyan y Ryan, un colega estadounidense de Alaska con quien ambas éramos muy cercanas. Con una comida de repollo picante, judías verdes picantes, carne de res con pimienta negra y rábanos en escabeche, nos contó todo sobre sus ovarios palpitantes.

Su hermano y su cuñada acababan de tener un bebé y ella lo adoraba (El hermano de Yanyan nació antes de que la política de hijo único estuviera en vigor, y ella nació en la cúspide de la misma). Ella nos había pedido a Ryan y a mí que le diéramos un nombre en inglés a su sobrino (escogimos Jack) y hacía el viaje a los suburbios para verlo cada fin de semana. De forma regular, nos mostraba fotos del pequeño y regordete Jack disfrazado con elaborados trajes de una sola pieza, vestido como un dragón, un tigre, una oruga o un burro. Parecía gastar tanto de su vida envuelto en capas peludas de microfibra, que Ryan y yo nos preguntábamos si los padres de Jack no lo estaban usando en secreto para pulir sus pisos.

Pero Yanyan estaba embelesada. ¡Quería desesperadamente su propio pulidor de pisos!

"¿Con quién planeas tener este bebé?", preguntó Ryan, notando que no había habido mención de un hombre.

"Oh, eso no es realmente tan importante", dijo Yanyan. "Espero casarme este año de todos modos, así que encontraré un marido con quién tener uno".

"¿Tienes algún candidato en fila?", preguntó Ryan. Aunque ambos estábamos más que seguros de que Yanyan sería capaz de criar a un hijo sola, las penas por tener un hijo fuera de matrimonio, que, como se mencionó anteriormente, prohíben que cualquier niño nacido de padres solteros sea legalmente reconocido como miembro de la sociedad, hacen que sea una experiencia bastante triste.

"No, pero encontraré a alguien. Mientras sea kao pu, una frase que significa "confiable", no beba demasiado y tenga un trabajo estable para ayudar a mantener a nuestra familia, debería estar bien".

"¿Aun así, al menos no quieres casarte con alguien a quien amas?", dijo Ryan. Escuché en silencio, más o menos esperando que nos dijera que había comprado una extensión USB en Taobao que impregnara a la orden.

"No, estoy demasiado cansada para eso", dijo. "¿No sabes que el trabajo ocupa"? Hubo unos segundos de incómodo silencio. "Bueno, ¿alguna vez habrás estado enamorada?", preguntó Ryan, quien está supremamente dotado para romper silencios y hacer preguntas invasivas. Fue mi compañero infalible durante cinco años en China, y sin él este libro no existiría. "Mmmm... No lo creo", dijo, con una expresión en blanco. Yanyan tenía veintinueve años cuando tuvimos esta conversación, y Ryan y yo asumimos automáticamente que lo había estado.

¿"Qué hay de los enamoramientos? ¿Pequeños aleteos estomacales, nerviosismo, vértigo, como hámsters corriendo en una rueda en tu estómago?", preguntó Ryan, mientras ambos estábamos cada vez más desconcertados.

"¿Corta-Jamones?", preguntó Yanyan, aún más confundida. Ryan pudo haber elegido una metáfora más fácil de traducir, porque ninguno de nosotros podía recordar cómo decir "hámster" en chino, pero al final todo salió bien. A Yanyan realmente le gustaba el jamón, tanto que le decía a David Beckham (a quien también le gustaba mucho) "jamón tocino". Para sus propósitos, comparar el amor con "jamones" tenía perfecto sentido.

"Oh, sí, los tenía", dijo. "Pero eso fue en la secundaria. Esas cosas ya no son apropiadas".

A principios de la primavera, me di cuenta de que la naturaleza de las compras de Yanyan en Taobao comenzaban a variar. Ya no abría sus paquetes tan pronto como llegaba, o charlaba animadamente sobre sus últimas chucherías con las otras mujeres en la oficina. En cambio, pareció adquirir una nueva afinidad por los huevos. Se comía uno duro en su escritorio todas las mañanas, desechando la cáscara en la misma bolsa de plástico pequeña.

En el almuerzo, no logramos que probara siquiera los platos de vegetal picante que tan regularmente disfrutábamos juntos. Las cosas frías, como el hielo raspado con frijol mungo o los granizados de maní que de vez en cuando disfrutábamos, también estaban fuera de los límites. No pasó mucho tiempo antes de que nos anunciara a Ryan y a mí que estaba embarazada.

"¿Cómo pasó"?, pregunté muy feliz por ella, pero también preocupada, ya que tenía una vaga idea de cómo les iba a madres con hijos fuera del matrimonio.

"Creo que probablemente sabes cómo sucedió", dijo, algo avergonzada. "Realmente no fue planeado".

A través de la ayuda de un amigo, Yanyan había conocido a un hombre, también de su provincia natal de Anhui. Era cuatro años menor que ella, y eso la incomodaba. Tampoco era bien educado y solo tenía un trabajo mediocre, pero era amable con ella. Tan pronto se enteró de que estaba embarazada, sugirió que se casaran.

Al principio, Yanyan estaba aterrorizada de estar embarazada. Aunque ella realmente quería un bebé, estaba ocurriendo en el orden equivocado, y de un padre que su familia desaprobaría. Aun así, dado que ya estaba el pan en el horno, asumió la responsabilidad y comenzó a prepararse para ser mamá.

Incluso antes de informarle a su familia de la boda, Yanyan y su prometido gastaron 5.000 yuanes, o casi 1.000 dólares estadounidenses, en tomarse las fotos de boda. Las fotos de bodas chinas son únicas porque generalmente se toman semanas antes de la boda, y generalmente consiste en que la novia y el novio se visten con una serie de trajes de una casa de risas. En la primera foto que vi, Yanyan estaba de pie en frente a lo que parecía ser un salón, vistiendo un extenso homenaje alocado a Scarlett O'Hara. Su futuro esposo, como un dandy al máximo, con un traje de tres piezas y un bigote falso partido al medio, parado valientemente junto a ella. En la siguiente imagen, compartían una hamburguesa en lo que parecía ser una tienda de refrescos de los años 50. Yanyan vestía una falda de caniche y su futuro esposo la miraba con adoración, con la espalda recostada a una vitrola. Para esta foto, lo habían vestido con un traje de color lima con volantes, adornado con un cuello blanco de encaje, que lo hacía parecer una margarita humana.

"Su cara es demasiado gorda", dijo con desaprobación mientras pasaba páginas con escenas de ellos posando juguetonamente frente a un molino de viento.

Yanyan amplió ligeramente la pantalla de su computadora. "Su cara es amable", dije, porque realmente pensé que lo parecía.

"No importa", dijo resueltamente. "La próxima semana nos inscribiremos en la oficina de matrimonio".

El nudo

Curiosa por saber más sobre cómo funcionaba el proceso, decidí visitar la oficina de registro de matrimonio del distrito Chaoyang, de Pekín. Convenientemente ubicada en un callejón lateral frente al estadio de fútbol más grande de la ciudad (Gongti, hogar del poderoso equipo verde de fútbol Beijing Guo'an), es una oficina sin pretensiones, que, para mi gran sorpresa, también funciona como oficina de divorcio. De hecho, después de ser dirigida por un largo pasillo y ser conducida hacia una habitación con tres escritorios largos y abiertos, donde esperaba encontrar al menos una pareja resplandeciente, desembolsando los 8 RMB (USD1,32) necesarios para deng ji (inscribirse como marido y mujer), me tropecé, en cambio, con una pareja en plena discusión. Rápidamente, deduje por sus gritos que habían venido a terminar su matrimonio, pero que el esposo se había olvidado de algunos de los trámites esenciales, lo que significaba que su separación no sería posible esa mañana. Su casi exesposa, está de más decirlo, no estaba contenta.

Sintiendo que les vendría bien un poco de privacidad, regresé al vestíbulo y leí algunos de los folletos en exhibición. Uno de ellos trataba de la adopción, y otro enumeraba los requisitos necesarios para inscribir un matrimonio. Además de un certificado de nacimiento, certificado de salud, permiso de residencia (hukou) y carta de matrimonio de la unidad de trabajo de uno, me divirtió leer que en caso de casarse un ciudadano chino con un extranjero, necesita una carta de los padres, dando permiso a su hijo para casarse con dicho extranjero. La huella dactilar del índice bajo sus firmas también era un requisito.

Serpenteé de regreso a las oficinas administrativas y tomé asiento frente a un pequeño escenario abierto con el tipo de cortinas rojas que se puede encontrar en el Gran Salón del Pueblo. En su centro había un podio de madera decorado con un gran lecho de rosas de plástico rojas, rosadas y blancas que necesitaban ser desempolvadas desesperadamente. Debajo de ellas, una señal electrónica, del tipo que uno podría ver en un juego de los Yankees, indicaba la fecha y la hora. Un gran mural rojo y dorado, representando un dragón y un fénix encontrándose en el aire, surgieron en el fondo, junto a una bandera china de gran tamaño. Este era claramente el escenario en el que los recién casados podían hacerse una foto conmemorativa. ¿Estaría la foto incluida en la tarifa de 8 RMB?, me preguntaba.

Desde mi asiento, cerca de la puerta de la oficina matrimonial, pude escuchar la discordancia en el interior cada vez más fuerte. Eventualmente, disminuyó, y antes de que tuviera tiempo de camuflar que había estado escuchando a escondidas, una empleada de la agencia matrimonial salió al vestíbulo con el esposo.

Lo sentó en una silla frente al escenario como si fuera un niño pequeño recibiendo un castigo. "¿Por qué quieres divorciarte?", inquirió con severidad, parándose sobre él y moviendo el dedo mientras el hombre se desplomaba en su silla. Él volvió a mirarla, completamente agotado, con el rostro de un hombre al que su esposa acaba de empujar a gritos a una parálisis emocional y ya no podía procesar las palabras. Se frotó la cabeza y murmuró algo como, "simplemente no nos llevamos bien." La empleada de la oficina matrimonial se inclinó más cerca y comenzó a sermonearlo. Después de unas pocas frases más, me di cuenta de que estaba tratando de disuadirlo del divorcio.

Esto no me sorprendió del todo. Hasta 2001, los chinos tenían que obtener el permiso de un líder de su unidad de trabajo antes de poder divorciarse. Una vez conocí a un hombre que de veras había sido encargado de aprobar los divorcios en su unidad de trabajo durante veinte años. "Por lo general, negaba las solicitudes", dijo. "Dos años pasaban, y estaban bien". También recordé haber visto en un artículo en el sitio web de la Federación de Mujeres de China (ACWF), donde se honraba a una empleada de la oficina de matrimonios por haber "salvado" del divorcio a aproximadamente 240 parejas. Tenía un truco: decía que la impresora de la oficina no funcionaba, así que no podía procesar los papeles de divorcio ese día. Muchas parejas, aparentemente, nunca se molestaron en volver.

El empleado de la oficina matrimonial estaba siendo reconocido en el artículo, presentado como un modelo de trabajador, ciudadano y defensor de la moralidad. Esto en sí mismo no era nada extraordinario. El gobierno chino no es ajeno a ensalzar ciudadanos modelos, y a hacer héroes de ellos mediante el uso de la fuerza de sus diversas ramas y publicaciones (el sitio web de la Federación de Mujeres de China es uno de estos). El tan celebrado Lei Feng, un probable soldado ficticio que murió en servicio (fue una muerte bastante poco heroica, golpeado por la caída de un poste de teléfono) tiene su propio día nacional de conmemoración, y es la inspiración de poemas escritos por estudiantes de primaria de todo el país. Generalmente, los "héroes morales" se crean cuando es necesario crear conciencia o formar en el discurso público, un determinado aspecto de la sociedad. Honrar, pude imaginar, también podría estar en la lista de los esópicos poderes fácticos.

Habiendo aumentado un 8% anual durante los últimos doce años, curiosamente casi a la misma velocidad a la que la economía china había estado creciendo hasta 2014, el divorcio en China es algo de lo que probablemente el gobierno no se sienta orgulloso. Especialmente en áreas urbanas como Pekín, donde es tan alto como un 40%.

En un intento de suavizar las cosas, mientras una empleada de la agencia matrimonial trabajaba en el futuro divorciado en el vestíbulo, otra trataba de calmar a su futura ex esposa. Ella parecía la más molesta de los dos, y aunque no puedo decir si su ira estaba justificada (no sabía la motivación de su divorcio) el trato que le daba a su marido distaba mucho de ser humano. Saliendo furiosa de la oficina matrimonial, ella exigió que él fuera a otra oficina para conseguir los papeles necesarios para divorciarse ese mismo día. Él estuvo de acuerdo, diciendo que volvería enseguida. "¡No te esperaré!", dijo ella, golpeándolo en la cabeza con un bulto de papeles que llevaba en la mano. Sentí vergüenza ajena por ambos.

Después de que se fueron, aproveché la oportunidad para hablar con las dos empleadas de la oficina que habían estado manejando el caso. "¿Esto sucede a menudo?", fue mi primera pregunta a la más joven de las dos empleadas, que parecían un poco más propensa a abrirse.

"A veces", dijo ella. "Hemos tenido muchos más divorcios recientemente. En la mayoría de los casos, tratamos de que reconsideren". Continuó explicando que es su trabajo preguntar por qué una pareja se está divorciando. En algunos casos, las parejas se niegan a hablar y piden divorciarse en el acto. En otros, vuelven tres o cuatro veces antes de que finalmente deciden permanecer juntos.

Sintiendo que estaba haciendo preguntas que su colega no debería estar respondiendo, la mayor de las dos empleadas de la oficina vino hacia nosotras.

"La pareja que acabas de ver debería permanecer junta. Ellos tienen una esperanza común", dijo, con los ojos brillantes como si estuviera haciendo una audición para ser hada de matrimonio. "Un hijo de siete años".

Me dijo que esta agencia matrimonial en particular se enorgullece de procesar cinco o seis matrimonios al día, aunque no me dijo cuántos divorcios. Sentí que estaba a punto de lanzarse en un discurso preparado, pero me salvó un guardia de seguridad que parecía necesitar su ayuda con algo y la llamó. Probé mi suerte con la empleada más joven una vez más, reformulando mi pregunta y en su lugar preguntándole cuáles eran las razones más frecuentes para el divorcio.

"Shan hun", explicó, o "bodas relámpago", cuando la gente se casa después de conocerse por muy poco tiempo, son probablemente la razón más usual para el divorcio. Yo una vez le escuché este término a Zhang Mei, quien me contó la historia de una amiga que lo había hecho. Ella y su esposo habían obtenido su certificado de matrimonio y eran legalmente marido y mujer, pero antes de llegar a organizar la celebración de su boda real, la ceremonia y la fiesta con toda su familia extendida y amigos, se divorciaron porque no paraban de pelear por el plan para las festividades de su boda.

Lo siguiente en la lista fue ge ren de weinti, o lo que probablemente denominaríamos "diferencias irreconciliables". Jia ting de goingi, o "problemas familiares", fue la tercera razón que mencionó. "Si una pareja puede llevarse bien, pero sus respectivas familias no, su matrimonio por lo general no dura mucho."

Luo hun fue otro tipo de matrimonio al que Zhang Mei también me había introducido. Traducido literalmente como "matrimonio desnudo", se refiere a una boda entre dos personas (generalmente muy jóvenes) con pocos activos: sin automóvil, casa u otros requisitos previos típicos para el matrimonio. Generalmente, estos matrimonios se clasifican como muy románticos, ya que se ve que tienen más que ver con el amor de la pareja entre sí, en lugar de los recursos que cada cónyuge trae a la mesa. Estos matrimonios fueron idealizados en *Luo Hun Shi Dai* (generación del matrimonio desnudo), un programa de televisión chino que se estrenó en 2011 y obtuvo los índices de popularidad más altos, aunque el consenso general pareció ser que aunque sonaban bonitos en teoría, pocas personas estaban dispuestas a ponerlos en práctica. "A menos que un hombre gaste dinero en ellas", dijo Zhang Mei, "la mayoría de las chicas chinas tradicionales no están convencidas de su amor."

CAPÍTULO 9

AUTOS, CASAS, EFECTIVO

知足者常乐
La felicidad está en la alegría.

—LAO TSE

El Año Nuevo chino había terminado, y con pocas esperanzas de que su hija pronto regresaría a Harbin, donde podrían preparar el comienzo de su transición a esposa, a los padres de Zhang Mei se le ocurrió otro plan.

"Si no vas a volver a casa y casarte, hemos decidido que nos gustaría que te casases en Pekín", explicó su madre. "Para ayudarte con eso, hemos decidido comprarte un apartamento allí. Con el precio de la vivienda como está y con tantos hombres que no pueden pagar una casa, ser dueña de una propiedad te hará mucho mejor partido".

Zhang Mei respondió a la noticia como una veterana evitadora de ultimátums de casamiento. Obedientemente, accedió a indagar precios y regresar a su madre con un informe detallado. Una semana después, su madre volvió a llamar:

Mamá: ¿Has estado buscando apartamento?

Zhang Mei: Sí, todo es demasiado caro. Mejor esperar a que bajen los precios.

Mamá: Es lo que hemos estado escuchando también. Mantente alerta de todas maneras, ¡eh!

En realidad, Zhang Mei no había hecho ni una sola consulta. Estaba dolida porque sus padres pensaban que la única forma de deshacerse de ella, era dándole una dote que atrajese a un hombre sin propiedad a casarse con ella. Aun así, la verdadera razón por la que estaba decidida a no dejar que sus padres le comprasen un lugar en Pekín era mucho más profunda que un ego herido. "El único tipo de apartamento que pueden permitirse estará muy lejos del centro de la ciudad", explicó. "Va a duplicar mi viaje al trabajo. Además, tendré que compartirlo con un virtual extraño, porque una vez que mis padres hayan pasado por todo el problema de comprarme un apartamento, no hay forma de que me dejen permanecer soltera por mucho tiempo".

Reflexioné acerca del espacio en que vivía Zhang Mei. Ella sabía que no era ideal, solo una habitación modesta, pero estaba a una distancia razonable de su oficina y tenía la libertad de vivir sola. Podía vivir según su propio horario, e incluso quedarse despierta hasta tarde para ver películas si quería. El alquiler era lo suficientemente barato como para que, a fin de mes, todavía le sobrara dinero para ir de compras y cenas de estofado fuera de casa con amigos. Entendía que a largo plazo no era un arreglo adecuado, pero había trabajado duro para alcanzar este nivel de independencia y parecía entusiasmada en disfrutarlo, al menos un poco más.

Poco después de esa primera conversación, los medios chinos estaban repletos de noticias de que el mercado inmobiliario de Pekín había alcanzado el punto más bajo de su historia. Cierto, la baja fue muy temporal y duró solo unas pocas semanas, pero la madre de Zhang Mei se enteró. "¡Ve a ver a algunos agentes este fin de semana!" instó a su hija durante una llamada telefónica frenética.

Una vez más, Zhang Mei manejó la situación de manera experta. "Sí, pero esa disminución de precios solo se aplica a los residentes de Pekín; los forasteros como nosotros todavía tenemos que pagar precios más altos", explicó a su madre. Esto no era del todo cierto, pero el sistema chino de registro de hogares es tan complicado, que había muy poco riesgo de que la madre de Zhang Mei alguna vez se enterara.

El hukou, o sistema de registro de hogares, se inició en la década de 1950. Fue diseñado para controlar el movimiento poblacional, algo visto como necesario para la nueva economía planificada. El sistema era tan estricto que, hasta fines de la década de 1970, las personas que querían mudarse necesitaban el permiso de las autoridades locales. Hoy en día, los ciudadanos chinos pueden moverse con mayor libertad, siempre y cuando estén dispuestos a dejar atrás beneficios públicos como la asistencia sanitaria y de bienestar, que solo son válidas en la jurisdicción de su hukou. Transferir un hukou más bien rural (como el de Zhang Mei) a una dirección urbana, podría costar más de 150.000 RMB o USD 22.000 en el mercado negro, y es más difícil en las ciudades de primer orden, como Pekín y Shanghai.

La ruta más rápida para mejorar el hukou es el matrimonio. Si una mujer rural se casa con un hombre de hukou urbano (o viceversa), el cónyuge que se casa con el de hukou urbano también tiene derecho a uno. Al igual que las casas, los autos y los salarios, el hukou adecuado también se ha vuelto valioso como moneda de cambio matrimonial. Un hombre con un hukou pekinés, por ejemplo, puede enviar a sus hijos de manera más fácil y económica a una escuela en Beijing, y también es más fácil para él comprar una propiedad en la ciudad. Aunque las regulaciones cambian a menudo, los que no tienen un hukou pekinés deben demostrar que han vivido en la ciudad y han pagado impuestos durante un cierto número de años antes de que sean elegibles para comprar una propiedad, y las opciones de financiamiento disponibles para ellos son menos favorables. Un hukou urbano hace la vida en ciudad mucho más fácil.

Como resultado, los hombres con hukou urbano tienen una gran demanda. Si una mujer sin uno se compromete con un hombre con un urbano hukou, no es raro que lo mencione como uno de sus atributos al describirlo a sus amigos. Las mujeres con hukou urbano (June, Christy), sin embargo, se considera que tienen altos estándares, ya que su estatus residencial elevado significa que lo ideal es que encuentren un hombre con lo mismo. Los más desfavorecidos en esta jerarquía son, una vez más, los hombres migrantes. Su falta de un hukou deseable o de propiedad en la ciudad (se presume que los hombres de Pequín heredan propiedad de sus familias) los ponen en el sótano de las ofertas de posibles parejas, del tipo que los padres de Zhang Mei pensaba que ella podía atraer. Un hombre migrante sin nada en Pequín, seguramente estaría interesado en casarse con una compañera migrante que ya poseía un apartamento en la ciudad.

Para poner en perspectiva la lógica empleada por los padres de Zhang Mei, es útil entender que la conveniencia de un hombre chino como esposo, a menudo, se mide por tres cosas: una casa, un automóvil, y efectivo. Conocido como la santa trinidad de yao qiu, o "requisitos", algunas mujeres chinas (pero más a menudo sus familias) lo utilizan como punto de partida para una pareja de matrimonio. Encontrar un hombre con estos tres requisitos esenciales, sin embargo, cada vez es más difícil.

El salario anual promedio en una ciudad para un graduado universitario joven, es de aproximadamente RMB 72.000, o USD 10.000. El precio promedio de un apartamento en Pekín o Shanghái cuesta aproximadamente 25.000 RMB o USD 3.600 por metro cuadrado. El precio promedio de un coche modesto (no contando la tarifa de registro de RMB 90,000 requerida en Shanghái) es de aproximadamente 150.000 RMB, o USD 20.000. Solo para poder permitirse un apartamento de setenta metros cuadrados y un automóvil, este hombre necesitaría casi 2 millones de RMB, o USD 280,000, aproximadamente veintiocho veces su salario anual inicial. Claramente, los números de lo que gana y lo que se espera que posea antes del matrimonio, simplemente no dan la cuenta. La lucha que encaran los solteros promedio para adquirir bienes antes del matrimonio se ha vuelto tan frecuente, que incluso hay una palabra para ello: Traducido literalmente, significa "esclavo del hogar", y no se refiere a una mujer que es esclava a las tareas del hogar, sino a un hombre que debe ser esclavo de su trabajo, con el fin de permitirse una casa y, por extensión, una esposa. En la mayoría de los casos, los padres contribuyen, y a veces liquidan sus ahorros para ayudar sus hijos. Pero cuando no pueden permitírselo, casarse con una familia como la de Zhang Mei puede ser una alternativa conveniente.

Para Zhang Mei, que una posible pareja sea propietaria de una casa no está muy abajo en la lista de rasgos deseables en un hombre. Su ideal sería comprar una propiedad en forma conjunta con alguien con quien esté emocionada de pasar el resto de su vida. En su prisa por emparejarla, sin embargo, esto ni siquiera es una posibilidad que registre con sus padres, o una que estarían dispuestos a considerar.

Destruyendo hogares y emplumando nidos

"Los repartidores y los lavaplatos no pueden enamorarse en China", dijo Ivy. "Simplemente, es demasiado caro". En su adolescencia, ella se había enamorado de un hombre de su ciudad natal de Chengdu, pero terminó su relación porque él provenía de una educación promedio y quería una vida mejor para ella y su familia. Se fue de casa a la universidad, encontró un trabajo lucrativo y desde entonces ha maniobrado para tener una vida cómoda, con un empujón de sus mecenas masculinos. Todo el tiempo ha enviado generosas sumas de dinero a sus padres e incluso ha comprado un apartamento en Pekín, aunque la pregunta de con quién podría compartirlo algún día ha estado cada vez más en su mente.

Ivy siempre supo que algún día se convertiría en esposa. Eso esperaban sus padres, pero ella también lo deseaba. No por amor (estaba resueltamente convencida de que había superado esa fase en su vida) sino por la estabilidad y la oportunidad de ser madre. "No hay nada que pueda hacerme más feliz que acompañar a mi niño a estudiar en los Estados Unidos", le confiesa a June una tarde cenando. "Para darle todas las oportunidades educativas que no pude tener. Me encantaría tener una hija como tú."

Aunque era difícil imaginar la transición de Ivy de amante a madre y esposa, cada vez era más probable. Un hombre apenas unos años mayor que ella le había propuesto matrimonio recientemente. Él sabe que ella está involucrada con otros hombres, o con un hombre casado en particular, pero quiere que sean exclusivos. Como un miembro del fu er dai de China, o "riqueza de segunda generación", es tan rico que una vez estrelló a propósito su Mercedes de USD 800.000 en la parte trasera del Porsche de una chica bonita, solo porque quería conseguir su número. De seguro que muchas mujeres chinas se desmayarían ante la oportunidad de casarse con una riqueza tan formidable. Ivy, sin embargo, tiene reservas.

En primer lugar, ella sabe que su familia le podría hacer pasar un mal rato, porque ella no es de un entorno igualmente próspero. Incluso el más mínimo riesgo de una suegra desaprobadora no complace a Ivy, cuyo ideal siempre ha sido casarse con una familia con más miembros fallecidos que vivos. Ella ya había logrado seguridad financiera, para ella y para sus padres, aunque casarse en tal riqueza llevaría su seguridad a un nuevo nivel, lo que significa mucho para ella. Para probar las aguas, Ivy accedió a acompañar al hombre que pidió su mano en unas vacaciones a las Maldivas.

El periodista James Palmer una vez se refirió brillantemente a las amantes como "los Robin Hoods del dormitorio". Con esto quiso decir que tomaban de los ricos para dar a los pobres; los "pobres", en este caso, eran ellas mismas, pero también sus familias. Igualmente, en *Red Lights: The Lives of Sex Workers in Postsocialist China*, la académica de Harvard Tiantian Zheng se infiltró como anfitriona de karaoke en la provincia china de Dalian, transmitiendo a sus lectores una interpretación muy singular del entretenimiento y el comercio sexual en China. Todas sus colegas anfitrionas en el bar de karaoke eran mujeres de entornos desfavorecidos que a través de una combinación de trabajo sexual y compañía más regular (siendo una especie de amante) se habían convertido en los motores económicos de sus familias. Usaban las propinas y los obsequios que recibía de los clientes masculinos para pagar medicamentos, ropa, vivienda o cualquier otra cosa que sus familias necesitaran. "La virtud de una mujer en China no proviene de cuán pura es, sino cuán filial es", reza un antiguo refrán chino. En el caso de muchas amantes, empezaba a pensar que podría ser verdad.

La segunda vez que fui a Maxim's, el restaurante francés que funciona como uno de los principales destinos de China para extravagantes propuestas de matrimonio, estaba con Ivy. Cuando nos sentamos, me pidió que hiciera una encuesta sutil de las personas sentadas a nuestro alrededor. Lo hice, y noté un patrón: había muchas jóvenes atractivas. Algunas estaban sentadas en pequeñas claqués, otras con mujeres mayores, ¿sus madres, tal vez? Incluso había una mujer en la esquina con una adolescente claramente demasiado mayor para ser su hija, pero tal vez fuese una hermana menor. Ivy confirmó lo que sospechaba: la mayoría de estas mujeres eran amantes.

Le menciono este descubrimiento a uno de los gerentes del restaurante, Corentin Daquin, que resulta ser un amigo. "Ah oui bien sûr," él dice. "Además de ser famosos por nuestras propuestas de matrimonio, somos famosos por nuestras amantes".

Mi conversación con Daquin también refleja muchas de las cosas que anteriormente había discutido con el Dr. X. A saber, que las amantes no eran pobres desmayadas, sino influyentes y poderosas conocedoras de la sensualidad que han engañado hábilmente a sus hombres para obtener exactamente lo que necesitan de ellos. "Muchas de ellos están apoyando a sus padres. Las mujeres mayores que ves con ellas son sus madres; las más jóvenes, sus hermanitas. Familias enteras se benefician de sus relaciones", explicó Daquin.

Mencionó que muchas de las mujeres que frecuentaban el restaurante eran las amantes de sus accionistas. "Todas ellas conducen autos de lujo y tratan el restaurante como si fuera suyo", dice. "Pero siempre son extremadamente educadas y puntuales. Conozco a muchas por su nombre, hacen sus propias reservaciones y también llaman en nombre de sus señores. Rara vez tengo noticias de alguna esposa".

Actos Sucios

Después de un viaje informativo a la India, almorcé con un amigo chino llamado Elliott. Como asesor ambicioso y experimentado en una firma internacional de capital privado en Pekín, siempre fue una excelente fuente de información sobre el comercio electrónico de China, un mercado en auge. A la mitad de nuestra comida, empezamos a charlar sobre Indra Nooyi, la presidente ejecutiva de Pepsi. Mencioné que recientemente había leído una entrevista de ella narrando el día que descubrió que la habían nombrado directora ejecutiva de una multinacional estadounidense. Como ella se detuvo en su garaje alrededor de las diez de la noche después de un largo día de trabajo, su madre le pidió que volviera a salir y comprara un poco de leche. ¿Por qué su madre no le había pedido a su yerno, que había estado en casa desde las ocho de la noche, que la buscara? Él estaba cansado. ¿Alguien del personal de ayuda? Se había olvidado de preguntar. En su lugar, Indra salió por leche y cuando llegó a casa, golpeó la caja contra el mostrador mientras le contaba a su madre la gran noticia de su ascenso. "Tú podrás ser presidente de PepsiCo. Podrás estar en la junta directiva", respondió la mujer. "Pero cuando entras en esta casa, eres la esposa, eres la hija, eres la nuera, eres la madre. Eres todo eso. Nadie más puede ocupar ese lugar. Así que deja esa maldita corona en el garaje".

Curiosa por conocer la opinión de un hombre chino sobre esta situación, le pregunté a Elliott lo que pensaba. "En China no tendríamos ese problema", dijo con mucha naturalidad. "Porque esa mujer ya estaría divorciada."

Luego recitó una lista de sus ex jefas que estaban todas divorciadas, madres solteras que trabajan delirantemente largas horas en las estratosferas más altas de las finanzas. "A menudo traen a sus hijos a la oficina", dijo. Parecía imperturbable y se encogió de hombros como para decir que esta era la voluntad del universo.

En 2016, Pekín superó a Nueva York para convertirse en capital del mundo de los multimillonarios. Este cambio sucedió gracias en gran parte al creciente número de mujeres multimillonarias chinas hechas a sí mismas, que hoy representan más de dos tercios o 93 de las 124 mujeres multimillonarias del planeta hechas a sí mismas. Fiel a las observaciones de Elliott, una buena parte, aunque no todas, de las mujeres más ricas de China son divorciadas, pero quizás lo más interesante es que su edad promedio ronda los cuarenta y seis, lo que significa que nacieron en medio de la Revolución Cultural. Si bien es imposible decir cuánto las circunstancias de mayor neutralidad de género de su juventud contribuyeron a su eventual éxito, vale la pena señalar que más de la mitad han hecho sus fortunas en los campos de bienes raíces, finanzas y manufactura, campos tradicionalmente controlados por hombres.

Más allá de lo que las mujeres chinas han podido ganar por sí mismas, es igualmente importante considerar que más mujeres en China están heredando la riqueza de sus familias. Uno de los casos más destacados de una heredera de gran riqueza familiar es Yang Huiyan, la vicepresidenta y mayor accionista de la promotora inmobiliaria Country Garden

Holdings. Cuando ella tenía veinticinco años, su padre, Yang Guoqiang, un agricultor de arroz y albañil a tiempo parcial que hizo su fortuna comprando y urbanizando terrenos baldíos en su provincia natal del sur de Guangdong, transfirió el 70 % de la empresa a su hija. Esto fue en 2007, poco antes de la salida a bolsa de la compañía en la Bolsa de Valores de Hong Kong. Ahora, a sus treinta y tantos y con una fortuna de casi USD 8.000 millones, Huiyan es la mujer multimillonaria más joven en el mundo y la mujer más rica de Asia.

Desde la escuela secundaria, Guoqiang había estado preparando a Huiyan, la segunda de sus tres hijas, para desempeñar un papel clave en el negocio familiar. Comenzó a participar en las reuniones de la junta a temprana edad, y obtuvo un título en marketing y logística en la Universidad Estatal de Ohio. Cuando regresó a China, Huiyan trabajó como gerente de compras de la empresa de su padre antes de ser nombrada directora ejecutiva un año después.

Curiosamente, Huiyan se casó a los veinticuatro años, o apenas un año antes de heredar la fortuna de su padre. Algunos creen que esto se debió a que el padre de Huiyan no quería arriesgarse a que su hija se casara con un hombre que secuestrara la fortuna de la familia o forzara a su hija a abandonar su papel al frente de la misma. (Piénsese en Matthew Crawley en *Downton Abbey*). Para minimizar este riesgo, el esposo de Huiyan, Chen Chong, se dice que fue cuidadosamente elegido. La pareja se conoció en una cita a ciegas. Chen obtuvo un doctorado de la universidad élite Tsinghua, y al igual que Huiyan, también completó su licenciatura en los Estados Unidos. Hijo de un alto funcionario de una provincia nororiental, su pedigrí era considerado un buen partido para el dinero de Huiyan. Sus inclinaciones, más académicas, sugerían que sería menos probable que interfiriera con los negocios de la familia, y el hecho de que había sido educado en la mejor universidad de China traería mayor prestigio a Huiyan, quien a pesar de ahora tener una buena educación y ser increíblemente rica, nació en una familia de agricultores.

La lógica utilizada para justificar la compatibilidad socioeconómica de Huiyan y su esposo habla de un cambio en la marea del mercado matrimonial chino. Aunque para ser considerado casadero, todavía se espera en gran medida que los hombres sean dueños de un automóvil, una casa y que tengan una cantidad considerable de ahorros, las mujeres chinas, ya sea a través de herencias o de su propio esfuerzo, están cada vez más en posesión de estas tres cosas también. El resultado es lo que los economistas Xiaobo Zhang y Shang Jin-Wei llaman un "efecto de torneo": la idea de que, así como los hombres deben esforzarse en lograr signos conspicuos de riqueza para posicionarse más favorablemente en el mercado del matrimonio, las mujeres, al hacer lo mismo, pueden aumentar sus posibilidades de casarse con una riqueza mayor que la suya.

A veces, sin embargo, este sistema resulta contraproducente. Un amigo me contó sobre su prima Bing, una mujer joven de una familia acomodada en Pekín, que planeaba casarse con un hombre de quien estaba muy enamorada. El hombre estaba bien posicionado y tenía propiedades en Pekín, aunque su apartamento palidecía en tamaño al que poseía la familia de ella. Sabiendo que esto podría desagradarle, Bing no le dijo sobre su gran apartamento hasta solo unos días antes de la boda. La noticia lo entristeció mucho. No estaba tan molesto de que ella tuviera activos más impresionantes que él, pero sabía que su familia se ofendería. Sus padres inicialmente amenazaron con rescindir su bendición en la boda, pero se ideó una solución astuta de último minuto. Después del matrimonio, los recién casados se mudaron al departamento de

Bing y pusieron en alquiler el de su esposo. Todo el alquiler recaudado del apartamento se pagó directamente a los padres de Bing, de cierta forma reforzando que su hijo no estaba viviendo de su novia.

En otra permutación nupcial inducida por la propiedad, las cosas no terminaron tan bien. Yue, un contacto de investigación, me habló de una pareja en Wuhan, una ciudad de segundo nivel, que se habían conocido, enamorado y decidieron casarse. Procedieron a hacerse sus fotos de boda y comenzaron a planificar la ceremonia de casamiento antes de preparar un encuentro entre sus padres.

"No tenemos 'compromisos' en China", explicó Yue. "Para nosotros, que los padres de ambos lados se reúnan para discutir los términos del matrimonio, simboliza el compromiso oficial". Enfatizó la importancia de que los padres lleguen a un acuerdo para que suceda el matrimonio.

En este caso, debido a que el joven era de una clase significativamente más acomodada que la muchacha, las negociaciones tuvieron un comienzo difícil. Su familia se ofrecía a darle un hogar a la nueva pareja, pero insistió, como parece ser una práctica común en China, que el nombre de su hijo fuera el único que apareciera en la escritura. Si esto solo hubiera sido una formalidad destinada a reiterar la posición oficial del hijo como "proveedor", los padres de la mujer probablemente hubieran accedido. Este requisito de la familia del joven, sin embargo, tenía mucha mayor trascendencia.

Una enmienda de 2011 establece que en caso de divorcio, el domicilio conyugal pertenece exclusivamente a la persona cuyo nombre está en el título. Este cambio se hizo porque el gobierno chino decidió que demasiados padres que habían puesto sus ahorros de toda una vida en un hogar para sus hijos varones estaban perdiendo cuando ese hijo se divorciaba más tarde y su exesposa recibía la mitad del valor de la casa. Si bien es razonable que se impongan controles para impedir la rápida adquisición de bienes a través de un matrimonio oportunista, esta enmienda desfavorece en gran medida a una pareja que puede haber ayudado con las finanzas en una morada marital, pero cuyo nombre no está en la escritura. Como todavía es común en China, las casas se inscriben a nombre de los hombres con mayor frecuencia, independientemente de quien la paga. Eso significa que los hombres terminan siendo dueños de una casa que pueden haber pagado solo parcialmente, dejando a sus exesposas malparadas.

En este caso, la casa ya pertenecía a la familia del muchacho, por lo que la muchacha no habría tenido que contribuir monetariamente, pero sus padres todavía querían que su nombre estuviera en la escritura, como una medida de protección. Pensaron que era justo que ella fuera considerada una beneficiaria por igual del matrimonio, y si la pareja se divorciara, no querían que la dejaran en la estacada.

Los padres del joven respondieron diciendo que la familia de ella estaba "pidiendo demasiado" y cancelaron la boda.

Para entender el grado en que la propiedad puede influir en los matrimonios chinos, vale la pena señalar que el 1 de marzo de 2013, el Consejo de Estado chino anunció que los gobiernos locales debían hacer cumplir estrictamente una regla que ordena a los propietarios pagar un nuevo impuesto del 20 % sobre las ganancias de las ventas de un hogar secundario. A medida que las oficinas de administración de viviendas se vieron inundadas por personas que esperaban poner sus propiedades secundarias en el mercado antes de que entraran en vigor las nuevas reglas, los centros de registro de matrimonios en Shanghai y otras grandes ciudades de China vieron un aumento en las solicitudes de divorcio. Solo en Pekín, la tasa de divorcio aumentó en más de 40 % en los tres primeros trimestres de 2013, en comparación con el mismo período de tiempo del año anterior. Varios medios extranjeros y locales informaron que el aumento repentino en los divorcios fue el resultado de parejas con un hogar secundario que se apresuraron a separarse (al menos en papel) para poder reclamar ser propietarios de una sola casa y vender sus propiedades secundarias sin pagar el impuesto. La mayoría de las parejas entrevistadas expresaron su deseo de volver a casarse después de la venta de su segunda casa, aunque otros simplemente usaron la excusa de la legislación como una razón conveniente para separarse.

Es imposible ponerle un número a cuánto impacto económico ha tenido la lujuria por la propiedad en la economía china, aunque se puede asumir con seguridad que ha añadido presión a lo que desde entonces se ha convertido en una enorme burbuja inmobiliaria.

"Siempre que tienes un sistema con una expansión muy rápida en crédito y tipos de interés muy bajos, se forman burbujas", explica Mike Pettis, investigador principal de Carnegie Endowment y profesor de finanzas en la Universidad de Pekín. "Y eso es exactamente lo que sucedió en China". Pettis es muy cuidadoso en señalar que la burbuja resulta no tanto por el comportamiento de los especuladores hambrientos de ganancias, sino por la naturaleza de las propias compras, que han sido en gran parte especulativas. "La gente que compra un apartamento ahora porque esperan necesitarlo en cinco o seis años, pero no podrá pagarlo entonces, se están comportando como especuladores: están comprando temprano, asumiendo que los precios subirán en el futuro", dice. "Y al comprar temprano, están empujando los precios hacia arriba; es un autoreforzamiento".

Pero antes de poder especular cuáles pueden ser las implicaciones de esta burbuja en el mercado matrimonial, es importante entender cómo las cosas llegaron hasta aquí.

En 1998, cuando nació el mercado inmobiliario privado, China todavía estaba en la cima de su juego económico. Las exportaciones estaban en auge, y la economía estaba creciendo lo suficiente para sostener y emplear los millones de inmigrantes que se dirigían desde las zonas rurales a las grandes ciudades. Las cosas siguieron siendo color de rosa hasta aproximadamente el 2009, cuando el crecimiento de la economía china dejó de ser un crecimiento "real". Fue justo en este momento que el gobierno chino inyectó una cantidad masiva de crédito en la economía. Redondeado cerca de USD 5 billones, este crédito se puso a disposición a través de bancos respaldados por el estado en forma de préstamos, y desviado en gran parte a personas con conexiones gubernamentales, que luego los usaron para invertir en varios proyectos. Sin embargo, dado que los préstamos se obtuvieron tan fácil y barato, no todos los proyectos fueron pensados juiciosamente y desde entonces han dado como resultado inversiones irresponsables(proyectos de infraestructura, especialmente) que engañosamente no han contribuido al crecimiento de la economía china.

Los centros comerciales son un ejemplo de ello. Están en todas las principales ciudades, y aunque pueden brillar y encandilar y servir como la encarnación minorista de las maravillas del poder adquisitivo chino, muchos de ellos están macabramente vacíos. En algunos casos, a los minoristas incluso se les ofrece espacio, sin pagar alquiler, para atraer clientes. Mientras que en concepto, el acto de construir un centro comercial será interpretado como una contribución al crecimiento económico, solo puede ser considerado crecimiento "real" si el valor económico total generado por la construcción del centro comercial excede a su costo total de construcción. Cuando esto no sucede, estas llamadas "inversiones" que impulsan la economía terminan como un préstamo bancario que probablemente nunca será pagado.

¿Quién está pagando la cuenta de estos errores de inversión? Las mismas personas que están pagando mucho dinero por la vivienda: los consumidores chinos. Pettis explica que las pérdidas por malas inversiones están empezando a verse, porque originalmente estaban escondidas en préstamos. "Durante mucho tiempo, muchas empresas que deberían haber quebrado, nunca lo hicieron", dice. "Tenían conexiones con el gobierno, que les permitían seguir refinanciando los préstamos. Las pérdidas aumentaban, pero estaban escondidas en los préstamos".

Aunque los bancos chinos, como prestamistas de los inversionistas defectuosos, deberían ser quienes asuman las pérdidas por cualquier préstamo que los prestatarios no pueden pagar, compensan estas pérdidas pasando la deuda a los hogares chinos. Los bancos pagan intereses extremadamente bajo en las cuentas de ahorro de los hogares chinos y pueden luego volver a emitir estos ahorros como préstamos a inversionistas a una tasa muy favorable, una que absorba lo que no pueden pagar. Además, al exigir a los hogares chinos pagar tasas de interés muy altas en préstamos personales, los bancos pueden utilizar el dinero de los intereses para cubrir otras pérdidas comerciales.

El resultado final: hasta hace tres años, cuando las tasas de depósito fueron finalmente liberalizadas, los ahorros que los hogares chinos tenían en el banco valían menos cada año.

Cuanto menos dinero los hogares tienen, menos pueden consumir. Cuanto menos son capaces de consumir, menos puede depender de la economía del consumo para el crecimiento económico, y cuanto más debe seguir dependiendo en inversiones basadas en crédito emitido por el gobierno, que tiene el hábito de no siempre crear un crecimiento positivo.

Si bien hay signos de cambio en el horizonte y el primer ministro Li Keqiang parece comprometido a reducir el papel del estado en la financiación de inversiones irresponsables, al menos por el momento, los desarrolladores continúan construyendo, y los precios inmobiliarios continúan aumentando, haciendo las cosas difíciles para los hombres solteros. Todavía se espera que tengan una casa o un automóvil antes del matrimonio, pero generalmente no pueden pagar ninguno. Terminan confiando en sus padres en busca de ayuda y, siempre que puedan económicamente, sus padres parecen ayudarlos.

A cambio, sin embargo, los padres retienen una gran parte de poder en la toma de decisiones sobre la novia de su hijo y no les preocupa mucho el tema del romance. Ponen un mayor énfasis en el honor y los bienes que el matrimonio traerá a la familia, especialmente porque la falta de una red de seguridad social hace que los hijos, muchos de ellos hijos únicos, sean la seguridad futura de los padres. Eso funciona a razón de dos jóvenes manteniendo a cuatro adultos mayores, que dados los bajos salarios y la alta inflación, no es un pedido pequeño. Sin embargo, dado que los padres deben ahorrar, competir y hacer enormes sacrificios económicos para asegurar el futuro de sus hijos, se espera que los hijos también se casen de una manera que conduzca a asegurar el bienestar social, financiero y emocional de sus padres en sus años dorados.

Solo entonces la pareja podrá comenzar a vivir felices para siempre.

CAPÍTULO 10

OCCIDENTE SE ENCUENTRA CON ORIENTE

兔子不吃窝边草
Los conejos no comen la hierba que los rodea.

—PROVERBIO CHINO

El enamorado coreano de June se había entrenado en una escuela culinaria, por lo que para su primera cita, le propuso que fuera a su departamento un sábado por la tarde, para una lección de cocina. Cuando llegó, quedó deslumbrada al encontrar una cocina impecablemente equipada con tablas de cortar meticulosamente dispuestas, utensilios de cocina, y tazones variados llenos de diferentes condimentos. "¡Olvidé los champiñones!", dijo él cuando comenzaron a cocinar. "Tendré que ir corriendo a la tienda, no te muevas".

June se dio cuenta de que sabía muy poco sobre el hombre en cuyo mostrador se cernía un colosal y aparentemente muy afilado cuchillo de carnicero. Esta, pensó, era su oportunidad de aprender más sobre él. En tono con su interminable búsqueda de información, decidió hacer una inspección rápida del apartamento. Empezó en su habitación. El armario número uno reveló una flota de trajes, todos almidonados a la perfección. Las corbatas, todas suspendidas en un perchero de madera, arregladas metódicamente, desde tonos fríos hasta cálidos. Los zapatos estaban todos alineados prolijamente y encerados hasta resplandecer. ¿Cómo sería posible? ¿Este tipo tiene aunque sea olor en los pies? Puso su nariz en un mocasín de cuero beige. ¡Olía a sándalo! ¿Podría una zapatilla de tenis resultar más incriminatoria? Sacó una del fondo de su armario: claramente, este era el lugar donde el pie de atleta fue a morir.

Si bien la incursión de June en el armario de un hombre extraño puede parecer extrema, vale la pena tener en cuenta que la cultura de citas de China está todavía en sus etapas iniciales. Mientras que en los Estados Unidos, la invención del automóvil en la década de 1900 ayudó a impulsar la creación de una cultura de citas, a diferencia de una cultura de cortejo, un cambio similar no ocurriría en China hasta el uso generalizado de la bicicleta en los 1950. Sobre dos ruedas, las parejas jóvenes pudieron escapar de los ojos e influencia de sus mayores, aunque el tipo de cultura de citas en toda regla, de tienda de gaseosa, cine y salón de baile que revolucionó la forma en que los hombres y mujeres jóvenes socializaban en los Estados Unidos aún no ha surgido. Como resultado, los solteros tienen pocas pistas sociales sobre cómo familiarizarse con un posible cónyuge.

En el baño, June descubrió una gran cantidad de cremas BB. Tónicos, desintoxicantes, humectantes, sueros y bloqueadores solares, todos apilados cuidadosamente en el mostrador. Se estaba preocupando de que su fastidioso amigo coreano podría volver pronto, así que decidió retirarse a la cocina. Espera, ¿qué era aquello en su cama? ¡Un teléfono celular! No estaría de más echar un vistazo, solo para asegurarse de que no tenía una esposa e hijos en Seúl. Sin protección de contraseña, pero todo estaba en coreano. ¿Fotos? Un escaneo rápido no reveló nada relevante.

De vuelta en la cocina, June abrió la nevera para hacer parecer que estaba tratando de ser productiva mientras él estaba fuera. ¡Más cremas y sueros! Todo esto estaba en recipientes más pequeños, algunos incluso venían con cuentagotas. Estaba comenzando pensar que este hombre era demasiado metrosexual para ella, hasta que apareció de vuelta al apartamento con una embriagadora bolsa de champiñones.

"Estaba tan fascinada viéndolo cocinar", dijo, "se me olvidó todo sobre el orden aterrador de su colección de zapatos o la locura de rituales cosméticos que debe realizar todas las mañanas para lograr lucir tan bien como luce."

June estaba enamorada. Informó haber tenido "una tarde encantadora", y ahora estaba esperando ansiosamente junto a su teléfono para averiguar cuando podría verlo de nuevo.

Un flechazo de Cupido.

Después de varios meses intensos de trabajo, Christy también estaba deseosa de volver al mundo de las citas. Recientemente, había adquirido un nuevo cliente famoso y había estado viajando mucho entre Pekín y Nanjing, donde esta clienta, una actriz china, había estado filmando una película. Algunos de los colegas de Christy se habían ofrecido a presentarle solteros, pero ninguna de las citas que había tenido con ellos la dejó sintiendo que quería una segunda. Los hombres que conoció lucían bien en el papel, pero en su mayor parte, las citas se sentían más como reuniones de negocios que cualquier cosa que pueda volverse romántica. "¿Cuándo estarías lista para tener un hijo?", preguntó una de sus citas a ciegas, aproximadamente tres minutos después de conocerse en persona por primera vez. En el transcurso de la comida, describió su cronología matrimonial deseada con ella: planeaba casarse dentro de seis meses a más tardar. También describió en insoportable detalle cómo pudo comprar un apartamento dentro del Tercer Anillo de Pekín, asegurándose de enfatizar que su dirección era considerada una de las mejores ubicaciones inmobiliarias de la ciudad. Cuando terminaron de comer, propuso que lo acompañara de regreso a su nuevo hogar. Desconcertada por su sugerencia, Christy recuerda lanzarle una mirada de incredulidad. "Me gustaría mostrarte la guardería que mis padres me han ayudado a preparar", dijo. "Incluso, hemos ordenado un suministro de leche en polvo de Australia", agregó. (Tras un escándalo de leche infantil tóxica en 2009, que mató seis bebés y provocó que 330.000 enfermaran gravemente, las leches en polvo importadas se han convertido en el estándar de oro.) "Mis padres están deseando tener un bebé al que cuidar y asegurarse de que su nieto tendrá lo mejor de todo".

En el momento en que el hombre pronunció estas palabras, el rostro de Christy se tornó tan blanco como la leche en polvo. Ella recuerda excusarse de la mesa, agradeciendo a su cita por la cena, y saliendo rápidamente del restaurante. Su experiencia esa noche le recordó una advertencia de una antigua colega que se había casado bajo presión con un hombre al que no conocía muy bien. Quedó embarazada inmediatamente después de su boda, y al dar a luz, sus suegros se apoderaron del dormitorio de invitados. Su suegra hizo su zuo yuezi, o "sentada de un mes", una antigua tradición china. Todavía ampliamente practicado en China, Taiwán y Hong Kong, la lógica detrás del yuezi es que el cuerpo femenino está frágil después del parto y requiere cuidados especiales, descanso y nutrición. Tradicionalmente, las suegras tienen la tarea de hacer cumplir las reglas de yuezi, que en su forma más draconiana requieren que las mamás posparto se abstengan de bañarse, lavarse el cabello, cepillarse los dientes o salir al aire libre durante un período de treinta días. En cambio, deben permanecer en la cama, cubiertas de la cabeza a los pies, con calcetines y un sombrero, independientemente de la temporada, y comer seis comidas tradicionales al día. Estas comidas consisten principalmente de huevos, sopa, patas de cerdo, pollo y carpa. Los platos deben estar calientes (olvídese del helado), cocidos (ni siquiera fruta cruda), y preparados sin sal.

Christy decidió que sería prudente ampliar su búsqueda e incluir hombres occidentales. Creó una cuenta en OkCupid, un popular portal de citas en línea utilizado principalmente en los Estados Unidos, pero disponible internacionalmente. En China, el sitio web mezcla usuarios chinos y extranjeros, incluida una parte justa de expatriados que viven en grandes ciudades como Pekín o Shanghái. Christy llenó con franqueza el perfil y ni siquiera mintió sobre su edad, de lo que pensé que era un buen toque. Subió una foto atractiva de ella misma en un evento de relaciones públicas y otra en la playa, con casi todo su cuerpo sumergido en el mar.

A los pocos minutos de navegar por el sitio, vio algunos hombres que creyó que podrían ser interesantes de conocer. También encontró al marido de una conocida suya, que parecía estar usando el sitio para tener aventuras.

"Solo quiero a alguien amable, honesto y con un poco de gusto", dijo. "Siento que la mayoría de los hombres chinos que conozco carecen de contacto con el mundo. Solo buscan cumplir con las normas y no se dan cuenta de que una relación es mucho más que eso".

Mientras Christy continuaba probando suerte con las citas en línea, Zhang Mei estaba teniendo una experiencia fuera de línea muy poco típica de ella.

Habían pasado varias semanas desde la última vez que la había visto. Una vez que mis clases en la escuela donde ella trabajaba habían terminado, la había tomado como mi tutor privado. Nos encontrábamos cuando nuestros horarios lo permitían, pero había sido difícil reservar una lección a principios de la primavera. No fue hasta que finalmente nos encontramos que entendí por qué: mi sensata y dedicada profesora de chino había sido flechada por Cupido.

Naturalmente, tenía que sacar una lección de ello. "Hay tres etapas para enamorarse", explicó. "La primera es you hao gan, o 'tener un buen presentimiento'. La segunda es xi huan, o 'atracción, y la tercera es ai, o 'amor'".

"¿Y dónde estás tú en esa escala?" Le pregunté. Frunció el ceño en su manera juguetona, al igual que lo hacía cuando fallaba mis tonos u olvidaba un trazo al escribir caracteres. Entonces tomó mi bolígrafo y en mi cuaderno, dibujó una línea diminuta entre xi huan (gustar) y ai (amor).

Probablemente, sabía más sobre las presiones matrimoniales de Zhang Mei que nadie a su alrededor. Durante más de dos años, la había escuchado contarme sobre los diferentes ultimátums que había estado recibiendo de su familia para que volviera a casa y se casara. Sabía lo pequeña que era su ciudad natal y cuánto le costaba verse a sí misma volver. Aunque sabía que sus padres pensaban que actuaban en su mejor interés y ella no quería parecer desagradecida, o peor aún, no filial, el tipo de vida que imaginaban para ella era muy diferente a la que había esperado. "Wo bu xiang zi ji", o "no pienso en mí misma", decía siempre. Desde hacía mucho yo presentía que a pesar de todos sus esfuerzos por ganar un poco más de tiempo, eventualmente haría exactamente lo que su familia esperaba de ella. No parecía tener muchas otras opciones.

Después del fracaso con el novio de los días festivos, la madre de Zhang Mei se ofreció a ir a Pekín y ayudarla a buscar apartamento. Si no podía encontrar algo adecuado, la idea era que viniera de regreso a Harbin al comienzo del próximo semestre de enseñanza, cuando habría nuevas ofertas de trabajo en una escuela cerca de su hogar de la infancia.

Zhang Mei había acordado con sus padres cumplir con este plan, hasta que una asignación casual de enseñanza lo cambió todo.

"Es mi alumno", dijo. "Es japonés".

Zhang Mei explicó que se había enamorado de él de manera bastante natural.

Aunque había tenido muchos estudiantes japoneses antes, nunca tuvo una afinidad particular por ellos, más allá de la ocasional estrella de pop adolescente, que era demasiado joven para ella de todos modos. Le pregunté qué lo hacía tan diferente. Lo primero que espetó fue "no fuma". "El 85 % de los hombres asiáticos de mi edad lo hace; fue tan agradable conocer a alguien que no fuma!".

"Ni siquiera es guapo", dijo. "Pero es amable".

Explicó que a menudo iban a almorzar juntos después de clases. Él le enseñó a comer espaguetis y lasaña, platos que desde entonces ha llegado a amar, y distintas especialidades japonesas. "Cuando había algunas verduras que no me gustaban en mis fideos" (Zhang Mei desprecia el calabacín), "se las comía de mi plato", contó.

Zhang Mei me explicó que después de almorzar a veces iban de compras. "Le encanta jugar al golf, así que iba a las tiendas de golf con él. Me hacía probar sombreros y zapatos divertidos, y me enseñó sobre los distintos palos".

Mientras compartía estas anécdotas, Zhang Mei intentaba negar que sentía algo especial por su estudiante japonés, pero prácticamente podía ver la dopamina pulsando por su cerebro.

"Es difícil no pensar en él", admitió finalmente. "Pero sé que no debería, no tenemos futuro. Acaba de regresar a Japón".

Quería montarla en el primer avión a Tokio, pero había cosas que necesitaban ser abordadas antes de hacer algo tan irracional. El contrato de trabajo del hombre en Pekín había terminado y no tenía planes de volver a China en un futuro inmediato. Había tratado de tener una conversación seria con ella sobre lo que eran el uno para el otro; sin embargo, Zhang Mei lo interrumpió, ya que sintió que era inapropiado mantener una relación con un estudiante. Ahora ya no era su maestra y más importante aún, se estaba arrepintiendo de no haber tratado de llevar las cosas más allá.

Zhang Mei nunca ha estado fuera de China. Tiene pasaporte porque se suponía que se iría de vacaciones a Corea del Sur con algunos de sus colegas, pero los planes fracasaron. Viajar al extranjero es algo que ha estado en su lista de deseos durante años. Se había prometido a sí misma que cruzaría una frontera antes de estar casada, en caso de que terminara casada con un hombre que no fuera muy trotamundos. Tenía ofertas de su trabajo para supervisar la apertura de nuevas escuelas chinas en Tailandia e Indonesia, pero los había rechazado porque tenía miedo de llegar tan lejos. Esta vez, sin embargo, estaba considerando seriamente viajar sola a Japón.

Obtener visas para viajar al extranjero suele ser difícil para los chinos. Conozco a muchos que han obtenido pasaportes extranjeros (invirtiendo dinero en el extranjero, por ejemplo) en parte poder viajar más libremente. Sin embargo, Zhang Mei solo tiene un pasaporte chino, por lo que como parte del proceso de aprobación de su visa, tenía que mostrar prueba de tener al menos 200.000 RMB (USD 30.000) en el banco. Zhang Mei no tenía tanto dinero ahorrado.

"Lo he pensado y he decidido preguntarle a mis padres", dijo. "Saben que viajar es algo que siempre he querido hacer antes de casarme, y creo que me apoyarán. Esto es algo que tengo que hacer, por mí misma y por la oportunidad de estar con alguien con quien pienso que seré feliz. Incluso si nada resulta, debo saber que al menos lo intenté".

La determinación de Zhang Mei era admirable. Sabía que su coraje estaba siendo alimentado por una oleada de emociones y, sin embargo, su capacidad para razonar con la cabeza tan tranquila y prepararse para la decepción era impresionante. "Si nada sale de mi relación, usaré los 200.000 RMB de la visa como pago inicial de una casa en Harbin".

Casi dos años antes de que ella se enamorara de este hombre japonés, Zhang Mei me había contado una historia sobre su hermana mayor, Chen. Se casó a los veintidós años con su novio de la secundaria, pero llegó a un acuerdo con su esposo de que no tendrían niños durante al menos cinco años. Si llegaban a ese punto en sus vidas y ella todavía no tenía un fuerte deseo de ser madre, acordaron que no tendrían hijos en absoluto. Su esposo no tuvo objeciones, y Chen aceptó casarse con estos términos.

Poco después de su matrimonio, la abuela de su esposo fue diagnosticada con cáncer. El pronóstico era sombrío y, a pesar de ser una luchadora, podía sentir que el final estaba cerca. En su lecho de muerte, expresó su deseo de tener un nieto.

Chen no sabía cómo manejar esta solicitud. Había expresado resueltamente su deseo de permanecer sin hijos por lo menos durante los primeros cinco años de su matrimonio, y no habían pasado ni dos. La suegra de Chen, que no quería nada más que complacer a su madre moribunda, le rogó a Chen que cambiara de opinión. Era implacable. Después de unos meses, le comenzó a insistir, y finalmente se le ocurrió un plan. "Tienes al bebé, y luego solo me lo entregas a mí. Pagaremos por todo y nos encargaremos de todo, tú no tendrás que hacer nada después de dar a luz". Sintiéndose desesperadamente acorralados, Chen y su esposo aceptaron. Su bebé, una niña, nació tres meses después de que falleciera su bisabuela. Hoy, esa niña, Pei, tiene ocho años. Ha sido criada casi exclusivamente por sus abuelas materna y paterna, y sus padres, después de vivir en ciudades separadas durante varios años, ahora se están divorciando.

Tantos compañeros de clase de Pei viven con sus abuelos, porque sus padres trabajan en otras ciudades más grandes, que ella no se siente diferente por ello. De lo que ella sí parece estar profundamente consciente, sin embargo, es que las niñas pequeñas no son valoradas de la misma manera que los niños pequeños.

A menudo se dice en China que los niños pequeños pueden mirar el vientre de una mujer embarazada y predecir con precisión el sexo del bebé dentro. Por supuesto, no hay evidencia empírica de que puedan, pero eso no parece disuadir a nadie de pedirles que lo intenten. Una vez le pidieron a Pei que hiciera esto cuando tenía cuatro años, y después de echar un buen vistazo a la barriga redonda de su tía, permaneció en silencio por unos momentos. Tras más incitaciones, dijo que había un bebe varón dentro. Varias semanas después, cuando nació el bebe, era una niña. Cuando fueron a ver a la recién nacida, Pei le confió en voz baja a su abuela que todo el tiempo había sabido que el bebé sería una niña. "Entonces, ¿por qué dijiste niño?", preguntó su abuela. "Porque pensé que la tía se molestaría si sabía que iba a tener una niña".

Que haya niñas de hasta cuatro años en China que ya entienden que no son deseadas como lo son los varones, fue para mí un descubrimiento desalentador. Tengo en mi mente la consciencia de Pei de las "diferencias" de género a una edad tan temprana y la forzada circunstancia de su nacimiento al tratar de entender la situación de Zhang Mei. Su futuro no es algo que ella decida enteramente por su cuenta. Los matrimonios son más como juntas de accionistas durante las cuales muchas voces discordantes cabildean por obtener los resultados deseados. Apoyé plenamente su determinación de ir a Japón, pero entendía todo lo que la mantenía atada a Harbin.

Cambio de rumbo

Con el paso de los días, Yanyan, mi colega embarazada con predilección por las compras en línea, se hacía más redonda. Aunque obedientemente comía su huevo de las mañanas e incluso agregaba proteínas especiales a su leche de soya, comenzó a verse y sentirse cansada. Estaba de casi tres meses de embarazo y aún no se lo había dicho a su familia, a la mayoría de sus amigos, o incluso a nuestro empleador. El trabajo estaba más ocupado que nunca, y estos factores estresantes le pasaban factura.

Luego, estuvo ausente durante tres días en una semana. Me envió un mensaje de texto para dejarme saber que algunas complicaciones habían requerido que pasara tiempo en el hospital, pero que ahora estaba bien y de vuelta en casa. La vi de nuevo en la oficina durante unas semanas, comiendo su huevo diario y empezando a vestirse con ropa más holgada para camuflar su floreciente bulto. Parecía estar acostumbrándose poco a poco al embarazo hasta principios de mayo, cuando ya no vino más a la oficina. No tenía noticias, y no podía ponerme en contacto con ella. Fue solo después que supe que había una malformación fatal en el corazón del bebé.

Yanyan estaba devastada. Había hecho tanto para prepararse para la llegada de esta pequeña criatura, y estaba tan ansiosa por envolverlo (o envolverla) en sus brazos. Los médicos le dijeron que podía volver a intentarlo, pero el hecho de que ya había perdido un bebé la estaba haciendo cuestionar su fertilidad. Otra cosa que cuestionaba, era su inminente matrimonio. Aunque su futuro marido había estado a su lado durante todo el embarazo, no parecía muy afectado por la pérdida de su bebé.

"Ver que no parecía afectado después de perder algo que significó tanto para mí me hizo cuestionar nuestra compatibilidad", me contó luego. "Una vez que el bebé se fue, era como si no hubiera nada que nos mantuviera juntos.

Canceló su boda.

Después de su aborto espontáneo, Yanyan renunció a su trabajo y volvió a su ciudad natal durante tres meses. Cuando regresó a Pekín en septiembre, se inscribió en un programa de maestría y comenzó a trabajar a tiempo parcial en una universidad. Se hizo un corte de pelo nuevo y atrevido, empezó a usar ropa más juvenil, comprada en Taobao, por supuesto, y cuando finalmente concertamos una cita para reunirnos, me encantó verla luciendo tan llena de energía. "Volví a ser sobra", dijo con una sonrisa y encogiéndose de hombros. "Pero era lo mejor para mí".

CAPÍTULO 11

TECHOS DE BAMBÚ

Los hombres buscan mujeres que han dejado de existir
y las mujeres buscan hombres que aún no existen.
—ALBERT STEVE, DIRECTOR DEL CENTRO DE ESTUDIOS DEMOGRÁFICOS

A pesar de que la mayor parte de estas páginas se han centrado en China, sería un error pretender que la nación más poblada del mundo sea la única con un conjunto único de variables políticas y sociales que tiñen la naturaleza del matrimonio y las relaciones. Más temerario aún sería suponer que China es el único lugar del planeta donde las mujeres están reorganizando los horarios de sus primeros años de vida adulta, eligiendo en cambio continuar su educación y sus carreras antes de hacer compromisos legalmente vinculantes o tener bebés.

La verdad es que un cambio similar ha estado ocurriendo en Asia durante décadas y en proporciones mucho mayores.

En Japón, las mujeres solteras mayores de veinticinco años solían ser conocidas como "pasteles de Navidad", en referencia a la idea de que, al igual que un dulce festivo que pierde su atractivo después del veinticinco de diciembre, una mujer pierde su atractivo después de los veinticinco años. Esto fue reemplazado en 2003 por la etiqueta make-inu, que significa "perros vencidos", aunque ahora ambas expresiones han sido sustituidas por los más populares "fideos de Año Nuevo". Este término les da a las mujeres seis años más, uno por cada día después de Navidad, antes de que sean categorizadas como que han transgredido sus fechas de caducidad.

Si las estadísticas actuales son una indicación, Japón pronto podría ser una nación de fideos. Su proporción de mujeres solteras ha aumentado constantemente desde la década de 1970, cuando menos del 20 por ciento de las mujeres entre las edades de veinticinco y veintinueve años permanecían solteras. Hasta hoy, cuando más del 65 por ciento de las mujeres japonesas menores de treinta nunca se han casado. Parte de este aumento puede explicarse por un retraso en la edad del matrimonio, pero en su mayor parte, las cifras representan un cambio hacia las mujeres que no se casan en absoluto. A los treinta y cinco años, casi el 35 por ciento de las mujeres japonesas siguen sin casarse, en comparación con el 7 por ciento en 1970. En un país donde menos del 2 por ciento de los bebés nacen fuera del matrimonio, estas cifras ayudan a explicar por qué Japón tiene uno de los índices más bajos de tasas de fecundidad en el mundo.

Para tener una mejor idea del contexto económico en el que disminuyeron las tasas de matrimonio en Japón, vale la pena señalar que entre 1965 y 1980, Japón fue considerado un "milagro económico". Su PIB nominal se disparó de $ 91 mil millones a un récord de $ 1,065 billones, convirtiéndolo temporalmente en la segunda economía más grande del mundo, después de Estados Unidos. Sin embargo, a mediados de los 80, Japón se convirtió en el escenario de precios inmobiliarios peligrosamente inflados, acciones sobrevaluadas y una expansión crediticia desenfrenada, todo lo cual contribuyó a una burbuja de precios de activos que estalló en 1992. Desde finales de los 90, el crecimiento del PBI se ha estancado más o menos por debajo del 2 por ciento y el crecimiento de la población se ha desacelerado hasta el punto de que ahora se venden más pañales para adultos en Japón que para bebés. Los datos de la ONU indican que la población actual de Japón, de 127 millones, se reducirá a 83 millones para 2100, y que para entonces, el 35 por ciento de su población tendrá más de sesenta y cinco años. Su relación entre personas en edad de trabajar y jubilados ya ha comenzado a disminuir, lo que reduce la cantidad de impuestos disponibles para financiar la red de seguridad social del país, y no hay señales de que la tasa de fertilidad se recupere a corto plazo. Para un país que actualmente tiene una deuda equivalente a dos veces el tamaño de su economía, esto no es poca cosa.

Presionado por la disminución de la población de Japón, en un discurso de 2007, el ex ministro de salud japonés, Hakuo Yanagisawa, alentó a las "máquinas de dar a luz" de su país a "hacer todo lo posible" para revivir la tasa de fertilidad. Más recientemente, varios legisladores varones en la Asamblea Metropolitana de Tokio interrumpieron a una mujer política japonesa (y no hay muchas de esas para empezar) mientras hacía una presentación sobre la licencia de maternidad y la infertilidad. "¿No puedes tener bebés?" y "¡Date prisa y cásate!", fueron algunos de los comentarios dirigidos a ella.

Otros intentos desafortunados de aumentar la tasa de fertilidad incluyen al funcionario local de la prefectura de Aichi en Japón, quien propuso que se distribuyeran condones pinchados en secreto a las parejas jóvenes casadas (¿quizás por eso se necesitan más mujeres en el gobierno?), y el aumento repentino (pero con éxito limitado) de konkatsu. A pesar de sonar confusamente similar a tonkatsu (la firma japonesa de chuletas de cerdo fritas cubiertas de panko) konkatsu significa "caza de matrimonio". Acuñado por el sociólogo japonés Masahiro Yamada, quien también es responsable del término "soltero parásito", que describe a los solteros que viven con sus padres para tener más ingresos disponibles para gastar en ellos mismos, konkatsu se convirtió en una palabra de moda en 2008. Alrededor de este tiempo, konkatsu se realcionó con actividades en todas partes que ofrecían desde bares (noches de solteros) hasta templos (servicios especiales de té para solteros que buscan buena suerte en el matrimonio). Como informa el *Wall Street Journal*, incluso The Hokkaido Nippon-Ham Fighters, un equipo profesional de baseball japonés, se unió a la moda del konkatsu al ofrecer "asientos konkatsu". Establecidos con el espíritu de las citas rápidas, estos asientos permitieron a hombres y mujeres rotar entre entradas para que pudieran conocer a varias personas nuevas durante el transcurso de un juego.

En un determinado nivel, konkatsu ayudó a llenar el vacío dejado por los empleadores, que en años de mayor prosperidad económica eran conocidos por financiar eventos y viajes internos que ayudarían a sus empleados solteros a asociarse con sus colegas. Si bien la idea de una empresa que alienta a los miembros de su personal a casarse entre sí puede sonar como una gran responsabilidad, si no un desastre corporativo, en Japón, las cosas funcionan un poco diferente. Las mujeres se emplean principalmente en trabajos de oficina, por lo que las "esposas" de las parejas de trabajo recién formadas, a menudo renunciaban y se convertían en amas de casa, dejando así espacio para que se contratara una nueva cosecha de secretarias núbiles y se casaran con los hombres solteros que quedaban en la empresa.

Esta cultura comenzó a cambiar en la década de 1990, cuando Japón entró en su primera recesión económica. Podría decirse que es el mismo al que todavía se enfrenta hoy. Según Akiko Yoshida, profesora asociada de sociología en la Universidad de Wisconsin-Whitewater, la recesión obligó a las empresas a reducir las actividades extracurriculares de sus empleados, lo que significó que las oportunidades de conocer a un cónyuge en el trabajo disminuyeron considerablemente. Los romances de oficina aún podrían florecer sin la intervención de la empresa, por supuesto, pero dada la naturaleza a menudo segregada del empleo en Japón (los hombres hacen el trabajo serio en un lugar, las mujeres hacen el trabajo administrativo en otra oficina o parte de la oficina) no había demasiadas posibilidades de polinización cruzada. Las dificultades económicas también significaron que las empresas congelaron las contrataciones, lo que redujo el número de empleados varones elegibles. Las congelaciones de contratación fueron especialmente agudas porque en ese momento en Japón era probable que la mayoría de los hombres trabajaran para la misma empresa durante toda su carrera; una vez que estaban en la puerta, las leyes laborales dificultaban su despido. Como resultado, en lugar de despedir a los empleados mayores y más costosos, que estaban más dispuestos a jubilarse más tarde, dada la incertidumbre económica, las empresas dejaron de contratar a los jóvenes.

En los casos en que los eventos patrocinados por la empresa no terminaron en matrimonio, el sistema miai de Japón, una forma tradicional de emparejamiento mediante la cual los solteros son presentados a través de padres, parientes o mediadores (al igual que en China), alguna vez sirvió como otra forma de conocer una pareja potencial. Miai ha perdido popularidad ya que las parejas ahora prefieren los matrimonios "románticos" a los matrimonios unidimensionales "buenos en el papel", pero incluso esos son difíciles de conseguir.

"Apenas veo hombres solteros [...] Me pregunto si realmente existen", dijo una participante de cuarenta y seis años en "No Chance for Romance: Corporate Culture, Gendered Work, and Increased Singlehood in Japan", un estudio realizado por Yoshida. Los resultados se extraen de entrevistas en profundidad realizadas a cuarenta mujeres de entre veinticinco y cuarenta y seis años. Veintiocho de ellos solteras, el resto casadas, pero todas viviendo en, o cerca de Tokio. El estudio, que es la base de un libro reciente sobre el mismo tema, proporciona información sobre cómo la economía de Japón y, por extensión, su cultura laboral, han contribuido a sus sombrías tasas de matrimonio y fertilidad.

Las exigencias de la vida como asalariado en Japón están bien documentadas. Incluyen horarios largos e inflexibles, noches de copas con colegas para fomentar la armonía en la oficina y un sistema basado en la antigüedad que requiere una lealtad extrema a la empresa a cambio de un ascenso y seguridad laboral de por vida. Debido a que ninguna de estas demandas profesionales facilita la crianza de una familia, y debido a que Japón tiene la peculiaridad adicional de desaprobar a las madres que contratan niñeras o personas ajenas para cuidar a sus hijos, es común que las madres japonesas abandonen la fuerza laboral después de dar a luz. Esto se debe en parte a que hay algunas madres que simplemente prefieren no trabajar. El concepto de sanshoku hirune tsuki ("tres comidas y una siesta") y el cuidado del hogar se ve como un estilo de vida alternativo atractivo a las exigencias de trabajar en una oficina. "Quiero casarme porque a veces tengo ganas de dejar mi trabajo", dijo Yuriko Akamatsu, una oficinista de treinta y cinco años citada en el Wall Street Journal. "El matrimonio es como un empleo permanente".

Aunque muchas de las mujeres casadas en el estudio de Yoshida expresaron su descontento con sus matrimonios y algunas mujeres solteras se desanimaron por las historias negativas contadas por sus amigos casados, la mayoría de las mujeres solteras que entrevistó deseaban casarse. De hecho, los medios populares sugieren que la mayor huida del matrimonio podría no provenir de las mujeres japonesas, sino de los hombres. Japón parece tener una población creciente de "herbívoros": soshoku kei danshi, u "hombres que comen hierba" que no tienen ningún interés en la "carne", o en casarse o en encontrar novia. El término también se usa para referirse a hombres que han perdido su "masculinidad". Según una encuesta realizada por Lifenet, el 75 por ciento de los hombres japoneses solteros entre los veinte y los treinta años se etiquetan de esta manera.

Si bien algunos académicos, incluido Yoshida, creen que el fenómeno de los herbívoros es un intento exagerado inducido por los medios, para crear pánico moral, existen varias teorías descabelladas que intentan explicar el aumento de hombres herbívoros en Japón. Estas incluyen la idea del filósofo japonés Masahiro Morioka de que son el producto de la paz de posguerra de Japón. Según Morioka, debido a que Japón no ha participado en ninguna guerra, los hombres han perdido la oportunidad de volverse varoniles siendo soldados. La paz prolongada, argumenta Morioka, ha provocado que los hombres japoneses se vuelvan menos agresivos, una característica que puede haberse extendido trágicamente a las prácticas de cortejo. Otra teoría es que la obsesión por el manga de Japón ha hecho que los hombres japoneses prefieran las mujeres de fantasía a las reales.

Dejando de lado el manga y las guerras que crean masculinidad, el aumento de la popularidad de los herbívoros se encuentra más plausiblemente relacionado con el declive de la economía japonesa y una creciente desilusión con las oportunidades laborales. Los hombres jóvenes han sido testigos del declive del asalariado (pronunciado sarariman en Japón) y entienden la presión extrema asociada con ser el principal (o único) sostén de la familia en una sociedad que ya no ofrece los trabajos para hacerlo factible. De acuerdo con una encuesta informal realizada por Kaori Shoji, periodista del *Japan Times*, algunas razones comunes por las que los hombres herbívoros no persiguen activamente a las mujeres es porque es "demasiado esfuerzo" o "no tienen dinero" o simplemente, "es agotador." Tal vez porque Japón no tiene una cultura de sajiao, la rabieta estratégicamente ejecutada destinada a complacer el ego de un hombre que June una vez trató de dominar, estos hombres pueden sentirse aún más vulnerables frente a la creciente población de mujeres "carnívoras" de su país. . Estas damas "buscadoras de carne" se caracterizan por su sexualidad más abierta, su extroversión y su voluntad de dar el primer paso.

Aún así, hay límites en los tipos de movimientos que pueden crear las mujeres japonesas, especialmente en la fuerza laboral. Como informaron Emma Chanlett-Avery y Rebecca Nelson en "'Womenomics' in Japan: in Brief", un artículo escrito para el Servicio de Investigación del Congreso, todavía es común que las empresas japonesas apliquen un sistema de contratación de dos vías: uno para trabajadores especializados de élite conocido como sogoshoku, y otro para trabajadores administrativos, conocido como ippanshoku. Debido a que la longevidad de los trabajadores es muy apreciada y se supone que la mayoría de las mujeres dejarán la fuerza laboral después de tener hijos, pocas empresas están dispuestas a invertir en contratar (y capacitar) mujeres para la carrera de élite. Esto a menudo significa que, incluso antes de tener hijos, las mujeres quedan relegadas a la carrera profesional de OL o "dama de oficina", lo que tiene un gran impacto en sus perspectivas profesionales. Según las últimas cifras disponibles, menos del 12 por ciento de las contrataciones de élite de Japón son mujeres. Como resultado de que las mujeres abandonan la fuerza laboral por matrimonio o embarazo, la participación de la fuerza laboral femenina en Japón se asemeja a una curva M; las mujeres no están muy presentes en la fuerza laboral entre los veinte y cuarenta años, o durante los que suelen ser los años más fructíferos de la carrera.

Para complicar aún más las cosas, está el fenómeno japonés de matahara, o "acoso de maternidad", que lleva a las mujeres embarazadas, a veces, a ser intimidadas por sus jefes o colegas para que renuncien, ya que se supone que tendrán que asumir un trabajo adicional mientras una nueva madre está de licencia. Por ley, Japón ofrece a los nuevos padres hasta un año de licencia con pago parcial (66 por ciento), pero la frecuencia de matahara, que experimentan aproximadamente 1 de cada 4 mujeres japonesas, sugiere que más de un puñado de empleadores se resisten a concedérsela.

Teniendo en cuenta las dificultades laborales a las que se enfrentan las mujeres, no sorprende que, según el informe sobre la brecha de género global del Foro Económico Mundial, la tasa de empleo femenino de Japón ocupe el puesto 80 entre 144 países, justo por encima de Tayikistán y por debajo de Angola. Esto ya es una mejora con respecto a los últimos años, gracias a las reformas estructurales ordenadas por el primer ministro de Japón, Shinzō Abe.

En perspectiva, vale la pena tener en cuenta que el primer ministro pertenece al conservador Partido Liberal Democrático (PLD) de su país y no siempre fue un defensor de las reformas y políticas que fomentan la participación y el avance de las mujeres en la fuerza laboral japonesa. De hecho, en 2005, cuando un gobierno anterior estaba tomando medidas para promover una mayor igualdad en Japón, como se informó en *The Economist*, Abe y otros conservadores advirtieron sobre el daño que se podría causar a la cultura y los valores familiares de Japón si las mujeres fueran tratadas de manera más equitativa. (¡Imagínese el caos!) Una de las principales preocupaciones era que una mayor población de mujeres trabajadoras sería perjudicial para la tasa de fertilidad ya incipiente del país, aunque resulta que es exactamente lo contrario: en todo el mundo, los niveles más altos de empleo femenino casi siempre se correlacionan positivamente con una mayor fecundidad.

"Puede sonar contradictorio, pero es lo que muestran los números", dijo Kathy Matsui, estratega jefe de Japón para Goldman Sachs Japan. "En la mayor parte del mundo desarrollado, pero también en todo Japón, los porcentajes más altos de mujeres empleadas se correlacionan positivamente con una tasa de natalidad más alta".

Criada en una granja de flores en Salinas, California, Matsui viajó por primera vez a Japón en 1986 con una beca rotaria y ha trabajado en Tokio desde entonces. En 1999, ansiosa por sobresalir en un mundo dominado por analistas masculinos, escribió lo que se convertiría en un informe seminal: *Womenomics*. En él, Matsui argumentó que la mayor participación de las mujeres en la fuerza laboral podría ayudar a contrarrestar el estancamiento económico de Japón. En ese momento, solo el 50 por ciento de las mujeres japonesas en edad laboral estaban empleadas, lo que Matsui comparó con "correr una maratón con una pierna".

Desde entonces, a Matsui se le atribuye haber acuñado el término "womenomics", un sistema del que sigue siendo una firme defensora en la actualidad. Ella produce periódicamente nuevas versiones del informe, en las que hace un seguimiento del progreso del país y hace nuevas recomendaciones sobre cómo continuar enriqueciendo la participación laboral femenina, no solo por números sino por el tipo de trabajo realizado. El trabajo de Matsui también le ha valido el reconocimiento del Primer Ministro Abe, quien ha incorporado elementos del mismo en su obra titulada "Abeonomics", un conjunto de políticas económicas basadas en las "tres flechas" del estímulo fiscal, la flexibilización monetaria y las reformas estructurales que se lanzaron en 2012.

Después de que Abe se dio cuenta de que facilitar el trabajo de las mujeres japonesas no enviaría al país por un camino oscuro de destrucción moral, hizo que sucedieran algunas cosas buenas. Gracias a un impulso para establecer nuevos objetivos para la participación de la fuerza laboral femenina, la apertura de nuevas guarderías que también funcionaban después de la escuela, que se necesitan desesperadamente, y un intento de permitir más amas de casa extranjeras (Japón tiene una política de inmigración notoriamente estricta), la participación de la fuerza laboral femenina en Japón ha mejorado. Con un 66 por ciento, ahora está solo un pelo por encima de los Estados Unidos, aunque como Matsui se apresura a agregar, es más probable que las mujeres japonesas trabajen en puestos de tiempo parcial y peor pagados que sus contrapartes estadounidenses. "Aún así", dijo, "para Japón, esto es un progreso".

Matsui explicó que el gobierno también ha fomentado una mayor transparencia y el establecimiento de objetivos con respecto al empleo de la fuerza laboral femenina al alentar a las empresas con más de trescientos empleados a revelar su número de mujeres en puestos de liderazgo. "Las empresas no están legalmente obligadas a hacer esto", señala Matsui, "pero en una sociedad homogénea como Japón, donde existe una gran presión para conformarse, podría funcionar".

También se revisó una ley impositiva anticuada que desalienta a las mujeres casadas a participar plenamente en la fuerza laboral al ofrecer una exención para los dependientes a cualquier persona, generalmente un hombre, cuyo cónyuge no gane más de $ 9,500 al año. En lugar de 1,03 millones de yenes, el umbral para reclamar la exención se elevó a 1,5 millones de yenes, o casi $14,000. Aunque es un buen gesto, es una medida lamentablemente inadecuada para un país con una población de mujeres muy extensa y altamente capacitada.

Después de que Japón fuera derrotado en la Segunda Guerra Mundial y fuera ocupado por las Fuerzas Aliadas, hubo un cambio de un sistema feudal que restringía en gran medida a las mujeres al hogar, a un sistema más moderno. A medida que el país se desmilitarizó y democratizó, se otorgó el sufragio a las mujeres mayores de veinte años y se eliminaron las normas que impedían que las mujeres recibieran educación superior. A partir de 1949, se establecieron más de trescientas universidades coeducativas, o mejoraron de ser instituciones de educación superior de un solo sexo que no otorgan títulos, y también se acuñaron dos universidades nacionales para mujeres en las ciudades de Tokio y Nara. Según estadísticas del Ministerio de Educación de Japón, entre 1960 y 1980, la proporción de estudiantes universitarias de cuatro años aumentó del 2,5 % al 12,3 %, y entre 1990 y

2000, se duplicó con creces, del 15 % al 31%. Hoy, el 45,6 por ciento de las mujeres japonesas asisten a la universidad, en comparación con el 54 por ciento de sus pares masculinos.

Al intentar dar sentido a estos números, es importante tener en cuenta que en Japón, la educación superior para las mujeres no necesariamente tiene como objetivo generar un salario alto o una carrera elevada. "Es un poco como los EE. UU. en la década de 1950", explicó Akiko Yoshida, autora del estudio mencionado anteriormente. "La educación es un medio para conocer a futuros maridos de clase media, o para conseguir ser una 'Sra. Graduada'". Mencionó casos anecdóticos de chicas que conocía en los años 80 que estudiaron en prestigiosas universidades de dos años, ya que esto aumentaba sus posibilidades de obtener trabajos administrativos en las mejores empresas de Japón. Aunque no aceptaron estos trabajos con el objetivo exclusivo de encontrar un asalariado deseable para casarse, y los padres japoneses no presionan explícitamente a sus hijas para que se eduquen con el propósito de ser consideradas más "esposas" (es decir, capaces de administrar un hogar y ayudando a educar a los niños) esta era considerada la trayectoria ideal para las chicas "inteligentes".

Aunque esta cultura ya no es tan pronunciada, el ideal de una esposa ama de casa todavía existe. Mi buena amiga Manya Koetse, sinóloga y editora en jefe de *What's on Weibo*, un sitio web de noticias muy recomendable que informa sobre las últimas tendencias en el equivalente chino de Twittersphere, fue a la escuela secundaria en Japón a principios de la década de 2000. Me habló de su mejor amiga, Kumiko, una profesora de inglés que terminó casándose con un hombre que vivía en un pueblo a cinco horas de distancia de su familia. Kumiko no tenía amigos ni trabajo en la ciudad de su esposo, por lo que tomó una clase de cocina y economía doméstica que parece que toman muchas chicas cuando se casan. "Es increíble", dijo Manya. "Hace diez años, las chicas con las que iba a la escuela fumaban cigarrillos y trabajaban como bartenders en minifalda en bares de Osaka, ahora en Facebook e Instagram están publicando fotos de la comida perfecta que preparan para sus maridos". Hacer cajas de bento para su esposo (e hijos) es de hecho un deber muy importante de la esposa japonesa, y también es parte de cómo algunas mujeres se comunican con sus cónyuges. Hay informes de Shikaeshi Bento, o "fiambreras de venganza" en las que las esposas expresan su descontento con sus maridos a través de un lenguaje culinario creativo. Algunas esposas recortan mensajes en tiras de algas marinas (el caracter de "idiota", por ejemplo) y los colocan con delicadeza sobre una cama de arroz, mientras que otras optan por castigar a sus parejas con combinaciones de alimentos menos apetecibles, como un huevo crudo, una porción colmada de maíz amarillo simple (¡diviértete comiéndolo con palillos!) o un bento que induce a la indigestión lleno de ciruelas agrias en escabeche conocido como umeboshi.

Dada la persistencia de los roles de género tradicionales, no es de extrañar que las mujeres orientadas a la carrera en Japón a menudo sean criticadas por ser kawai-kunai o "poco femeninas", y enfrentan dificultades cuando buscan pareja. Muchos de ellas quieren casarse, reitera Yoshida, pero por falta de exposición a los tipos de parejas que buscan, vale la pena señalar que los hombres japoneses, en parte debido a sus intensos horarios de trabajo, se clasifican constantemente al final de los índices globales sobre cómo mucho de lo que los maridos contribuyen a las tareas del hogar, permanecen solteros.

Menciono a Japón porque, en muchos sentidos, sirve como una advertencia para China. Al igual que Japón, China pasó por un período de ser considerado un "milagro económico", mientras que ahora está entrando una fase de crecimiento más lenta, aunque como resultado de diferentes circunstancias. Después de años de ser la fábrica del mundo, China está intentando alejar su economía de la dependencia de la industria pesada y las exportaciones baratas. Esto se debe a que los costos laborales han aumentado en China, lo que ha llevado a las corporaciones a buscar opciones más rentables en países como Vietnam, Camboya, Laos, Myanmar y Tailandia, pero también porque los líderes chinos están interesados en que su país haga contribuciones más sofisticadas para la economía mundial

En consecuencia, China ya ha comenzado su giro hacia un modelo de exportación más impulsado por el conocimiento. Pero para que tenga éxito, necesita el apoyo de toda su población. Esto fue cierto durante sus años de auge, cuando el impulso de la urbanización movió a millones de residentes rurales a áreas más urbanas, donde asumieron los trabajos de manufactura que se convirtieron en los principales impulsores del crecimiento económico del país; y es aún más cierto ahora porque la calidad importa más que la cantidad. El crecimiento económico ya no es estrictamente un juego de números; se trata cada vez más de talento, capital humano y miembros de la sociedad productivos y generadores de ingresos con suficiente poder adquisitivo para estimular el consumo interno.

Al evaluar quién podría estar mejor posicionado para ayudar a que China avance, queda claro que las mujeres jóvenes y bien educadas del país son una parte indispensable de su futuro. Canalizar su compromiso económico completo, que incluye permitirles alcanzar su potencial educativo y profesional, sin temor a que cualquiera de estas cosas ponga en peligro sus posibilidades de matrimonio o las condene a una triste vida de soltería, no es solo un imperativo social; es una necesidad económica.

Muchos de los problemas económicos y demográficos actuales de Japón se remontan a su incapacidad para involucrar plenamente a sus mujeres en la economía formal. Incluso hoy, solo el 44 por ciento de las mujeres están empleadas en el sector de tiempo completo, según cifras publicadas por el Ministerio Japonés de Asuntos Internacionales y Comunicaciones. La investigación de Goldman Sachs indica que si las mujeres japonesas estuvieran empleadas a una tasa igual a la de sus pares masculinos, el PIB de Japón podría crecer un 13 por ciento, disminuyendo así significativamente la presión impuesta por una población cada vez más reducida. Pero la historia no termina aquí.

En Corea del Sur, una mujer de treinta años o más que nunca se ha casado, que ha recibido una educación universitaria de al menos cuatro años, tiene su propia carrera y gana un ingreso anual superior al promedio, se conoce como "señorita de oro". Si bien este término es más suave para los oídos que "mujer sobrante" o "fideos de Año Nuevo", representa una población igualmente significativa de mujeres coreanas que no se han casado. Si bien muchas de sus razones para permanecer solteras se superponen con las de las mujeres chinas y japonesas (mayor acceso a la educación, falta de deseo de renunciar a una carrera y convertirse en amas de casa), las consecuencias de su decisión de permanecer solteras también son las mismas.

Al igual que Japón, Corea está al borde de una crisis demográfica. Para 2026, 10,7 millones de coreanos, o más del 20 por ciento de la población, tendrán sesenta y cinco años o más. Al igual que en Japón, una fuerza de trabajo cada vez más pequeña está siendo comprimida para apoyar a una población de ancianos en aumento que, como resultado de los avances en el cuidado de la salud, también disfruta de una mayor longevidad y, por lo tanto, requiere recursos durante un período de tiempo más prolongado. Mientras tanto, la población de Corea acaba de comenzar a reducirse y, según una simulación muy futurista encargada por la Asamblea Nacional en Seúl, los coreanos corren el riesgo de extinguirse para el año 2750. Los años de auge económico del país, que ocurrieron entre los años setenta y noventa, menos de una década detrás de Japón han terminado, el crecimiento del PIB está rondando un deslucido 2,5 por ciento; y con otras pocas opciones para mantener a la población, el gobierno de Corea está desesperado porque su gente tenga algunos bebés.

Hace menos de cincuenta años, Corea se encontraba en una situación muy diferente. Después del final de la Guerra de Corea, Corea del Sur fue testigo de un auge de la natalidad que ejerció más presión sobre una economía ya desesperada. Estados Unidos alentó a Corea a limitar el crecimiento de su población, lo cual el país hizo obedientemente. Las inserciones y esterilizaciones del DIU se llevaron a cabo en clínicas itinerantes que la Agencia de los Estados Unidos para el Desarrollo Internacional ayudó a financiar mediante la donación de vehículos militares reacondicionados. Incluso hubo casos de esterilizaciones y abortos forzados, como se relata en el escalofriante libro de Mara Hvistendahl, *Selección antinatural*. Como ocurría en China, se les pagaba por procedimiento, lo que brindaba a los planificadores familiares un gran incentivo para garantizar que se cumplieran los controles de población.

En 1970, la tasa de fecundidad total por mujer en Corea cayó a 4,71, por debajo del 6,33 de la década de 1950. En

1980, el número se redujo aún más, a 2,92; que fue casi el mismo tiempo que comenzó a surgir un desequilibrio de género. Resulta que Corea del Sur no era menos inmune que China al sistema de valores confucianos que inculca una preferencia cultural por los hijos varones.

En la década de 1980, el nuevo líder militar de Corea, Chun Doohwan, se dio cuenta de que el control de la población era un buen negocio. Ya había sido la fuente de una cantidad considerable de ayuda exterior, y estaba ansioso por obtener más de ella. "Incluso dos es mucho" apareció como el nuevo eslogan en una flota de clínicas móviles financiadas con un préstamo de $30 millones del Banco Mundial, mientras que millones más en ayuda provinieron del Banco Internacional para la Reconstrucción y el Fomento. Como resultado de esta medida más restrictiva, que no era una ley, sino una severa sugerencia, el desequilibrio de género siguió aumentando. Para 1990, el desequilibrio de género de Corea era el más alto del mundo: 116 niños por cada 100 niñas nacidas. Mantuvo este récord hasta 2004, cuando China, en su año más desequilibrado, vio nacer 121 niños por cada 100 niñas.

Sorprendentemente, para el año 2000, la proporción de sexos de Corea al nacer dio un giro, y para el 2007, volvió a la normalidad. "Corea del Sur es el único país en la historia moderna que tiene una tasa de natalidad muy anormal y luego reduce ese número para caer dentro de las proporciones normales", escribe Hvistendahl. Tomó un esfuerzo notable en términos de campañas de concientización pública que promovieron el valor igual de la descendencia masculina y femenina, pero también ayudó a que los padres coreanos pudieran ver que era cierto. A medida que el crecimiento económico ayudó a erosionar las desigualdades entre los sexos, en términos de su acceso a la educación y al mercado laboral, los padres coreanos se mostraron más dispuestos a dar a luz y criar a una niña, porque ya no parecía tan malo.

Aunque la tasa de fecundidad ha vuelto a la normalidad, los desequilibrios de las generaciones anteriores todavía se abren paso en la sociedad. Entre 1980 y 1984, nacieron un 25 por ciento más de hombres que de mujeres de la misma edad, y para los niños nacidos en los años 90, esa tasa es aún mayor. Como era de esperar, estos desequilibrios han contribuido a una población de hombres sobrantes, de los cuales se estima que 1 de cada 7 no puede encontrar pareja.

Dado que el desequilibrio es menor y está más contenido (en China, esa misma cifra es 1 de cada 5 de una población de hombres mucho mayor), los coreanos han podido mitigar más fácilmente los efectos del desequilibrio. Aún así, los hombres sobrantes en ambos países comparten muchas de las mismas características. Al igual que en China, los hombres coreanos sobrantes se encuentran en su inmensa mayoría en las zonas más rurales del país. En las ciudades, la proporción de sexos entre las personas de veinte a treinta y nueve años es prácticamente normal: unos 103 hombres por cada 100 mujeres. En las zonas rurales, sin embargo, llega a 119 hombres por cada 100 mujeres de la misma edad. Esto se debe a que, al igual que sus compañeros chinos, se esperaba que los hijos primogénitos coreanos se quedaran atrás y cuidaran de sus granjas familiares y de sus padres ancianos, mientras que todos los demás que podían, incluidas las mujeres jóvenes, se mudaron a las ciudades para aprovechar el auge impulsado por la industrialización de Corea. . El desequilibrio ha creado un mercado para las novias extranjeras, la mayoría de las cuales son de las zonas rurales de Vietnam, y por las cuales ahora deben competir los hombres sobrantes chinos y coreanos.

Las "mujeres sobrantes" de Corea, o "señoritas de oro", tienen vidas muy diferentes. Están concentradas en áreas urbanas y, al igual que sus equivalentes chinos, disfrutan de un buen, si no envidiable, nivel de vida. Su estatus de "oro" está menos directamente relacionado con las ventajas de ser hija única, porque incluso en los años pico de los esfuerzos de planificación familiar, la mayoría de los hogares todavía tenían dos hijos. Sin embargo, después de siglos de preferir a los niños, los hogares coreanos han comenzado a favorecer a las niñas.

Un componente de esta contratendencia es ciertamente económico. Se espera que los hombres coreanos proporcionen un hogar marital, un requisito que se ha vuelto prohibitivamente caro en las grandes ciudades como Seúl y Busan. Al igual que en Japón, la desaceleración económica del país ha atrofiado la seguridad y los salarios que alguna vez proporcionaron los grandes trabajos corporativos, que también requieren horarios agotadores y una lealtad feroz.

Kwarosa en coreano y karōshi en japonés significan "muerte por exceso de trabajo" y siguen siendo problemas serios en ambos países.

Además de los efectos de una desaceleración económica, los hombres coreanos tienen que lidiar con dos años de servicio militar obligatorio, que según algunos les da a las mujeres una ventaja injusta en la fuerza laboral. Esto puede ser cierto: las mujeres coreanas están empleadas a tasas más altas que los hombres coreanos entre las edades de veinticinco y veintinueve años, pese al 52 por ciento de su salario; pero después de eso, las cosas cambian.

Como se espera de las esposas coreanas, muchas mujeres dejan la fuerza laboral a los treinta, pasan una década más o menos como amas de casa y regresan a la fuerza laboral a los cuarenta, a menudo a trabajos peor pagados que antes. No se enfrentan a las mismas discriminaciones laborales que las mujeres japonesas, pero se espera que asuman la mayor parte de las tareas domésticas, ya que sus maridos, cuyas largas horas y noches de socialización después del trabajo rivalizan con las de los hombres japoneses, no contribuyen a su justa parte de los deberes domésticos. El enfoque febril de la educación de Corea agrega otro elemento a las responsabilidades de criar a un niño. Debido a que la península tiene tierras limitadas y pocos recursos naturales, se pone un énfasis extremo en el talento humano en un mercado laboral ya feroz. Para seguir siendo competitivos, la mayoría de los niños deben asistir a hagwon, o academias extracurriculares, donde estudian materias como matemáticas, inglés, ciencias e historia. En los resultados de las pruebas PISA (Programa Internacional para la Evaluación de Estudiantes), se los clasifica constantemente entre los mejores estudiantes del mundo, gracias en gran parte a la capacitación adicional, pero también a la fuerte supervisión de los padres que reciben.

Dadas las exigencias de ser esposa y madre en Corea, es fácil entender cómo el número de "señoritas de oro" de Corea ha aumentado constantemente desde los años 80, cuando el 15 por ciento de sus mujeres entre las edades de veinticinco y veintinueve años eran solteras. Hoy en día, el 70 por ciento de las mujeres entre las edades de veinticinco y veintinueve años no están casadas, y cuando las mujeres de Corea del Sur cumplen los treinta y nueve, casi el 15 por ciento siguen siendo solteras. En un país donde menos del 1 por ciento de la población general no está casada, estas cifras representan un alejamiento significativo de la vida en pareja.

"Cuando aumentan los salarios de las mujeres, más mujeres pueden optar por permanecer solteras que casarse con maridos tradicionales", explica la economista Jisoo Hwang. Ahora profesora asistente en la Universidad de Estudios Extranjeros de Hankuk en Seúl, como parte de su investigación de doctorado en Harvard, estudió patrones en educación femenina avanzada y matrimonio en Corea del Sur, Japón, Singapur y los Estados Unidos. Descubrió que en las "economías tigre" de Asia oriental, donde un estallido de rápido crecimiento económico, como se vio en Japón en las décadas de 1960 y 1980, Corea del Sur en las décadas de 1970 y 1990 y Singapur en las décadas de 1960 y 1990, condujo a una mayor participación femenina en la fuerza laboral y un aumento en los ingresos medios de mujeres a hombres de los empleados de tiempo completo, la probabilidad de matrimonio para las mujeres graduadas universitarias disminuyó drásticamente.

Al considerar esta información, es importante tener en cuenta que, aunque los salarios de las mujeres, en relación con los de los hombres, aumentaron tanto en Corea del Sur como en Japón durante los respectivos años de auge de cada país, estos siguen siendo pésimos. Japón y Corea ocupan los puestos 111 y 116, respectivamente, de 144 países en el Informe Global de Brecha de Género del Foro Económico Mundial. Singapur, en comparación, ocupa el puesto 55 y China el 99. No obstante, escribe Hwang, "las tasas de participación en la fuerza laboral de las mujeres en el grupo de edad de 25 a 34 años en Japón, Corea y Singapur aumentaron en más de 17 puntos porcentuales entre 1985 y 2006". Ella señala que en los Estados Unidos durante este mismo período de tiempo, las tasas de participación laboral femenina solo aumentaron en 5 puntos porcentuales, lo que representa un aumento mucho más gradual a lo largo de los años.

"Mi generación de mujeres no se relaciona tanto con nuestras madres como las generaciones anteriores", dice Hwang, quien nació en Corea a mediados de los 80. "Podemos obtener títulos avanzados, seguir carreras profesionales, todo esto es muy diferente de las opciones que tenían la mayoría de nuestras madres". Agrega que aunque muchas mujeres en Corea se ven obligadas en algún momento a elegir entre centrarse en una carrera o criar una familia, porque hacer ambas cosas sigue siendo muy difícil, al menos hay modelos femeninos coreanos exitosos que han demostrado que la ruta profesional es posible.

En cuanto al matrimonio, Hwang cree que debido a que "las normas de género no cambian tan rápidamente como los mercados", los hombres coreanos y japoneses todavía tienen dificultades para procesar los roles más modernos que las mujeres han asumido fuera del hogar, principalmente porque entran en conflicto drásticamente con los modelos a los que los hombres fueron expuestos cuando eran niños.

Para probar la validez de su teoría, Hwang analizó los resultados de las siguientes preguntas de las encuestas sociales generales japonesas:

1. Si un esposo tiene ingresos suficientes, es mejor que su esposa no tenga trabajo
2. El trabajo de un esposo es ganar dinero; el trabajo de una esposa es cuidar el hogar y la familia
3. Es probable que un niño en edad preescolar sufra si su madre trabaja

Hwang encontró que la probabilidad de que un hombre no esté de acuerdo con estas afirmaciones aumenta en aproximadamente 5 puntos porcentuales si su madre trabajó cuando él era joven, y en más de 10 puntos porcentuales si su madre se graduó en la universidad. En otras palabras, sus hallazgos respaldan la idea de que la experiencia laboral y la educación de una madre tienen un impacto en las actitudes de género y las expectativas del matrimonio de su hijo; lo que sugiere que los hombres cuyas madres trabajaron o se graduaron de la universidad tienen más probabilidades de tener relaciones más igualitarias con sus esposas. (No hubo un efecto estadísticamente significativo basado en el nivel educativo del padre).

Si bien es alentador ver cómo las madres pueden ayudar a dar forma a la comprensión de los roles de género tradicionales de sus hijos, también podría ser problemático, argumenta Hwang. Si muchas de las mujeres educadas y trabajadoras del país no están casadas ni tienen hijos, no pueden contribuir a producir una nueva generación de hombres modernos para ayudar a romper el ciclo de desajuste entre el matrimonio y el mercado.

Afortunadamente, mujeres como Youna Lee están encontrando maneras de incorporar formas alternativas de pensar. Como una de las líderes de Unni Network, una ONG dedicada al activismo cultural feminista en Corea del Sur, trabaja junto con otros trescientos miembros para servir como grupo de apoyo para mujeres que viven fuera del sistema de matrimonio tradicional. Estas incluyen "señoritas de oror" heterosexuales, pero también mujeres lesbianas y transgénero. "Las mujeres son individuos. Nuestra existencia no se limita a desempeñar el papel de esposa y madre dentro de una familia nuclear", dijo. "Esta es la actitud que estamos tratando de fomentar en nuestra sociedad, donde las mujeres solteras todavía son vistas como anormales".

Para promover su mensaje, el grupo organiza eventos, festivales y también fue pionero en una ceremonia de premiación simulada de "Bocas que queremos coser". Los "ganadores" anteriores incluyen a Lee Myung-bak, el ex presidente de Corea del Sur, quien una vez dijo: "Estoy en contra del aborto, excepto cuando el niño tiene una discapacidad" y el asambleísta Choi Yeon-hee, quien obtuvo una mención deshonrosa por acosar a una reportera y luego tratar de justificarlo diciendo: "Estaba tan borracho que pensé que ella (la reportera) era la anfitriona del restaurante".

En Plan B, una publicación publicada por Unni Network que fue parcialmente financiada por el gobierno metropolitano de Seúl, se invita a los lectores a realizar un cuestionario que mide su fortaleza para sobrevivir en la vida fuera de los límites tradicionales del matrimonio. Según los resultados, pueden clasificarse como tofu suave (que necesita un poco de salteado para endurecer su piel); una sandía (más resistente, pero todavía un trabajo en progreso); o una nuez (¡lista para enfrentarse triunfalmente al mundo!).

Para las mujeres que aspiran a tener una familia pero que se han sentido desanimadas por el costo (profesional, monetario o de otro tipo), también se debe reconocer que el gobierno de Corea ha hecho intentos serios para mejorar el equilibrio entre el trabajo y la vida. Ha aumentado los permisos de paternidad (aunque sólo un porcentaje muy reducido de nuevos padres lo han disfrutado) y las aportaciones al cuidado público y privado de los hijos. También se han introducido subsidios por hijo y exenciones fiscales, aunque hay margen para más.

"El gobierno debe ser más agresivo y estar más centrado en las políticas relacionadas con el cuidado de los niños y el equilibrio entre la vida laboral y personal", dijo Hwang. "Si pueden ayudar a garantizar que se cuide a los niños mientras sus padres trabajan, pueden producirse cambios en los roles de género tradicionales".

Aunque no se sabe cuánto tiempo podría tomar una transición de esa magnitud, Hwang tiene esperanzas. "Mi abuela todavía no puede creer que a los padres en estos días les gusten tanto las niñas como los niños", dijo. "Pero cuando la gente vio que a las niñas les iba igual de bien en la escuela y en el mercado laboral, su forma de pensar cambió", agregó. "Puede cambiar de nuevo".

Es la noche nacional

Aunque los gobiernos de todo el mundo han hecho locuras para restringir o impulsar el crecimiento demográfico, Singapur, una diminuta nación insular de 5,4 millones de habitantes, ha sido, con mucho, el más creativo.

Desde 1984 (un año muy orwelliano), la Unidad de Desarrollo Social de Singapur (un nombre muy orwelliano también para una institución gubernamental) ha estado trabajando arduamente tratando de que las mujeres mejor educadas del país se casen y queden embarazadas de hombres igualmente bien educados. Este impulso se deriva de la noción promovida por el ex primer ministro de Singapur, Lee Kuan Yew: "Si tienes dos caballos blancos, lo más probable es que críes caballos blancos". En una nación tan diversa étnicamente como Singapur, que alberga una vibrante población china, india y malaya, "blanco" fue una mala elección de palabras, que el primer ministro solo empeoró al agregar que, ocasionalmente, dos caballos grises crían uno blanco, pero que eran "muy pocos".

En un principio, la Unidad de Desarrollo Social (SDU) funcionó bajo lo que ahora se conoce como el Ministerio de Desarrollo Social y Familiar. Fue creado "para promover los matrimonios y nutrir una cultura en la que los solteros vean el matrimonio como uno de sus principales objetivos en la vida" en reacción a un censo de 1980 que reveló que un gran número de mujeres singapurenses de más de cuarenta años con un alto nivel de educación todavía no estaban casadas. El censo también mostró que cuanto más educada era una mujer, menos hijos tenía, lo que el gobierno de Singapur parece haber interpretado como una petición de ayuda. El primer ministro Yew expresó su preocupación de que una disminución en el número de niños nacidos de mujeres educadas conduciría a una recesión social y económica, y prometió que el gobierno tomaría medidas enérgicas para revertir esta tendencia alarmante.

Además de la desafortunada coincidencia de tener un acrónimo que podría significar "soltero, desesperado, feo", la SDU no tuvo un comienzo estruendoso. Las mujeres graduadas a las que se dirigía se ofendieron porque sus vidas personales se habían convertido repentinamente en el objetivo del discurso público, mientras que las mujeres no graduadas, y sus padres, en particular, estaban molestas porque el gobierno estaba disuadiendo a los hombres graduados de casarse con ellas. Estaban especialmente enojados porque el dinero de sus impuestos se estaba utilizando para financiar actividades como cruceros patrocinados por SDU, barbacoas, clases de baile y otros eventos de emparejamiento, a los que los funcionarios públicos graduados a veces incluso obtenían licencia de trabajo adicional para asistir. Un año después de la formación de la SDU, se creó una organización hermana llamada Servicios de Desarrollo Social (SDS) para fomentar los matrimonios entre solteros "grises" o no graduados. Curiosamente, todo esto sucedía mientras los vecinos de Singapur, China y Corea del Sur, estaban en pleno modo de control de la población.

En su primer año de funcionamiento, la SDU gastó casi 300 000 dólares estadounidenses y sus esfuerzos dieron como resultado solo dos bodas. A pesar de esta baja tasa de conversión, con el paso del tiempo, el número de parejas presentadas a través de las actividades de SDU comenzó a aumentar. A principios de la década de 2000, la organización informó que había facilitado más de 30.000 matrimonios. Es difícil decir cuántos de estos matrimonios no habrían ocurrido sin la SDU, aunque los números ayudaron a que la existencia de la organización fuera más fácil de justificar.

Al darse cuenta del valor de deshacerse de sus orígenes institucionales, en 2006, la SDU se abrió al sector privado y, en lugar de organizar eventos de citas, desde entonces se ha convertido más en una agencia que acredita a operadores individuales. Estos incluyen "Almuerzo Real", una plataforma que se basa en un equipo de consultores de citas para asociar solteros profesionales durante una comida al mediodía, y el título más explícito, pero ahora extinto, "Consigue citas". En una señal de que su sistema elitista de solo graduados se estaba erosionando, en 2009, la SDU se fusionó con la SDS para convertirse en la Red de Desarrollo Social, o SDN. Según el sitio web de SDN, esto se hizo para "obtener economías de escala, ampliar el alcance y brindar más oportunidades para que los solteros se conozcan". Su misión es "ser una agencia líder creíble y un centro de recursos integral sobre habilidades de relación, oportunidades de interacción social e información". El sitio web de SDN presenta una lista interminable de actividades, como lecciones de artesanía en cuero, talleres de fabricación de terrarios y maridajes de whisky y chocolate. Para los más activos, también organiza eventos como "¿Por qué caminar cuando se puede bailar salsa?" y "Sé mi carnada", una salida en la que los solteros van a pescar gambas. La mayoría de estas actividades están subvencionadas por la SDN, que financia hasta el 80 por ciento de los proyectos de citas aprobados a través de "The Partner Connection Fund". Además de ser abundante, las ofertas de SDN son económicas. Una escapada de fin de semana a la encantadora ciudad colonial malaya de Malaca que incluye transporte, dos comidas y una noche de alojamiento compartido, en una de las muchas villas privadas construidas sobre pilotes sobre el agua con la forma de un hibisco gigante, cuesta US$130.

Aún así, estos esfuerzos respaldados por el gobierno para aumentar las tasas de matrimonio y fertilidad no han sido suficientes para bloquear el "tsunami de plata", o el hecho de que para 2030, uno de cada cinco residentes de Singapur tendrá más de sesenta años. La tasa actual del país de 1,29 nacimientos por mujer lo sitúa apenas un pelo por debajo de Corea del Sur y una décima de punto por debajo de Japón. Este número está muy lejos de la población deseada por el gobierno de 6,9 millones de personas para 2030, pero para un lugar tan pequeño geográficamente como Singapur, un crecimiento demográfico más modesto podría no ser necesariamente algo malo. Singapur, que ya es una de las ciudades más caras de Asia, especialmente en términos de costos de vivienda, no podría albergar a otro millón de personas sin un hacinamiento severo, y su infraestructura tendría que luchar bajo el peso de un millón más de cuerpos para soportar y transportar. Si bien estas preocupaciones son inquietantes para los miles de ciudadanos que expresaron su descontento con un libro blanco del gobierno que detallaba los planes del país para aumentar su población en un millón de personas durante la próxima década, cuatro mil singapurenses incluso fueron al Speaker's Corner, el único lugar en la isla donde la gente puede solicitar una licencia para dar un discurso y "protestar" (desde un punto de vista oficial, son secundarios a la amenaza de desaceleración del crecimiento económico y a pesar de ser un importante centro financiero, Singapur tiene la mitad del tamaño del Gran Londres, una fuerza laboral cada vez más reducida y una población creciente de ciudadanos dependientes, que tienen una de las expectativas de vida más altas del mundo), podrían poner en peligro su impulso económico; un resultado que el gobierno está tratando de evitar a toda costa.

Para tener una idea de cuán fervientemente se impulsa la agenda de población, vale la pena señalar que todos los primeros ministros de Singapur, desde Lee Kuan Yew, han sido defensores de ella. En agosto de 2001, el *Straits Times* (al que se ha llamado portavoz del gobierno) publicó una sección especial de doce páginas sobre cómo los singapurenses deberían "estar a la altura de las circunstancias" y procrear en el Día Nacional, una festividad que celebra la independencia del país de Malasia en 1965. Incluso incluía consejos sobre cómo las parejas podrían usar periódicos para tapar las ventanas de sus autos para una mayor privacidad mientras participan en su deber nacional. (Una solución más permanente habría sido hacer viviendas más asequibles/abundantes para que las parejas jóvenes no tuvieran que vivir con sus padres). Esto, en un país donde la goma de mascar está prohibida desde 2004 porque los funcionarios quieren mantener la limpieza y orden en los espacios públicos, se presenta como un shock.

Yendo un paso más allá, en 2012, el Día Nacional de Singapur estuvo marcado por el lanzamiento de una canción de rap producida en colaboración con Mentos (sí, las mentas) que instaba a las parejas casadas a "dejar que su patriotismo explotara".

"Soy un esposo patriótico, tú eres mi esposa patriótica, así que déjame reservar tu campamento y fabricar la vida", dice una de las líneas más memorables de la canción, que recuerda algo que Usher podría cantar.

Otros aspectos destacados de la canción incluyen, "La población de Singapur necesita aumentar, así que olvídense de ondear banderas, el 9 de agosto seremos locos". Después de que una voz masculina canta sobre el atractivo de un "bono de bebé", una voz femenina responde: "No puedo esperar para comprar un cochecito de $900", en una voz de apasionado contralto.[9]

Si bien a menudo toda la población de Singapur es llamada a participar en su "deber nacional", las mujeres, como los hornos que pueden hornear futuros panes, reciben un poco de atención adicional. Como parte de una actividad patrocinada por SDN, cuatro estudiantes universitarias de último año recibieron dinero para crear "El cuento de hadas de Singapur", o una nueva versión de los cuentos de hadas clásicos con un poco más de moraleja al servicio de la agenda.

El recuento de Blancanieves dice lo siguiente:

Espejo, espejo, en la pared
¿Quién en esta tierra es el más rico de todos?
Blancanieves, más allá de las montañas con sus siete niños
que aprenden, juegan y le dan besos todos los días.
Blancanieves es la más rica de todas.

El cuento de hadas está acompañado por la imagen de una resplandeciente Blancanieves rodeada de sus enanitos

---

[9] Cabe señalar que ante un problema de población similar, Vladimir Putin invitó a Boys II Men a actuar en Rusia antes del Día de San Valentín en 2013. Esta fue una adición a las festividades del "Día de la Concepción" celebradas anteriormente, que les dio a las parejas tiempo libre de trabajar para procrear. Las parejas que dieron a luz bebés patriotas exactamente nueve meses antes del Día Nacional de Rusia se convirtieron en elegibles para ganar refrigeradores, automóviles, dinero en efectivo y otros premios.

(que parecen haberse transformado mágicamente en niños rubios encantadores, no gruñones, estornudadores, somnolientos o tontos con pantalones cortos rosas a juego) y el siguiente subtítulo:

"Los espermatozoides pueden vivir en su tracto reproductivo durante 3 o 4 días, por lo que tener relaciones sexuales dos o tres veces por semana significaría que cuando se libera un óvulo, ¡habrá esperma esperando!"

También vale la pena mencionar el recuento de "El ganso dorado":

El ganso de los huevos de oro era apreciado por sus huevos
Esa luz brillaba en oro brillante
Pero pronto llegó un momento en que no pudo hacerlos más
Porque su aparato para hacer huevos estaba oxidado y viejo.

Estos cuentos, junto con Cenicienta, Los tres cerditos y Rapunzel, se distribuyeron como folletos a estudiantes universitarios con la esperanza de que se educaran sobre "lo que se necesita para comenzar, vivir y ser una familia en Singapur", como Chan Luo Er, el gerente de proyecto de la serie, le dijo a *The Guardian*.

En lugar de acosar a su población con directivas sobre cómo vivir, Singapur podría estar mejor atendido si facilitara la vida allí. Los registros del gobierno indican que en 2012, más de la mitad de los abortos realizados en Singapur, donde el aborto es legal, fueron en mujeres casadas. La mayoría tenían educación universitaria y no querían un hijo porque todavía estaban escalando carreras y les preocupaba que tomarse un tiempo libre para cuidar a un hijo descarrilara sus ambiciones profesionales. También había mujeres que ya tenían un hijo, pero decidieron interrumpir sus embarazos porque sentían que no podían permitirse otro.

También vale la pena señalar que más del 80 por ciento de los singapurenses viven en viviendas públicas, que son más abundantes, pero aún no lo suficientemente abundantes para todos. Además de estar controlado por la raza (si una familia india se muda de su unidad de vivienda, por ejemplo, es probable que sea reemplazada por otra familia india, para garantizar un cierto grado de equilibrio y evitar los guetos raciales) la vivienda pública se otorga basada en el estatus marital. Los ciudadanos solteros menores de treinta y cinco años no son elegibles para los subsidios de vivienda pública; deben comprar en el sector privado, donde los costos de vivienda son al menos el doble. Por esta razón, muchas parejas de Singapur bromean diciendo que poder solicitar una vivienda pública es una de las mayores ventajas de comprometerse.

Para desalentar aún más a aquellos que se sienten tentados a vivir solos, el gobierno de Singapur ofrece un segmento de pisos construidos por encargo (BTO). Los BTO tienen un precio mucho más económico que los departamentos públicos en el mercado, hasta $ 100,000 más baratos, pero los solteros están restringidos a comprar solo el modelo más pequeño de dos habitaciones. Asimismo, la Autoridad de Reurbanización Urbana recientemente exigió a los promotores inmobiliarios que limitaran el número de apartamentos tipo "caja de zapatos" que construyen. Con menos de 500 pies cuadrados, estos apartamentos son populares y se venden rápidamente, pero como informó la BBC, se han publicado nuevas pautas que requieren que los desarrolladores construyan una mayor proporción de apartamentos más grandes y aptos para familias, con la esperanza de que la escasez de otras opciones inspirarán a las personas a requerirlas.

"No se puede simplemente acosar a las personas para que tengan hijos, necesitan apoyo", dijo Jolene Tan, jefa de defensa e investigación de la Asociación de Mujeres para la Acción y la Investigación de Singapur (Aware). Ella explica que aunque hay un creciente reconocimiento entre los políticos locales de que los costos y la atención van a ser factores importantes en las decisiones reproductivas de las personas en el futuro, todavía hay una comprensión muy incipiente de la igualdad de género en Singapur. "Es un valor que debe promoverse activa y explícitamente desde una edad temprana", dijo. Instituir la licencia de paternidad obligatoria es un paso en la dirección correcta, pero no es suficiente para cambiar las normas y actitudes tradicionales arraigadas.

Mandy Li, una casamentera profesional de China que reside en Singapur, está de acuerdo. "Los hombres en Singapur luchan por encontrar mujeres singapurenses que se correspondan con el tipo de esposa que buscan", explica, un problema que ha logrado convertir en un lucrativo negocio. Especializada en emparejar mujeres del sur de China con hombres de Singapur, Li explicó que dado que la comida callejera y la comida para llevar en Singapur son muy baratas, limpias y accesibles, casi nadie cocina en casa. A diferencia de China, donde los hombres adinerados siempre deben comer en salas VIP privadas en establecimientos de lujo, los hombres de todas las clases socioeconómicas en Singapur pueden comer en los mismos puestos en la acera. "No necesitan esposas amas de casa que cocinen para ellos", dijo. "Quieren socias, mujeres que ayuden con sus negocios y apoyen cualquier industria en la que se encuentren". Pero muchas mujeres de Singapur no quieren esto: "Yienen negocios o carreras propias que prefieren seguir", agregó Li, y aquí es donde entran las mujeres chinas.

En términos generales, las mujeres chinas están más dispuestas a copilotar las carreras de sus maridos, y cuando se tiene en cuenta la ventaja adicional de la inmigración a Singapur (junto con la perspectiva de un aire más limpio, alimentos más seguros y mejores beneficios sociales), según Li, muchas se pueden hacer de una pareja feliz. "Simplemente son más compatibles", dijo. Como nativa de la provincia china de Fujian, ella misma es un testimonio del éxito del modelo de matrimonio entre mujeres chinas y hombres singapurenses, y ha estado en el negocio del emparejamiento desde su oficina en casa en un elegante suburbio de Singapur durante más de veinte años. "Los hombres están felices porque tienen una esposa más dispuesta a seguir su ejemplo, y las mujeres están felices porque tienen un esposo que es más probable que las trate como a un igual", dijo, sentada en un sofá color salmón en su sala de estar, rodeada de fotos de parejas radiantes. "Todos ganan".

CAPÍTULO 12

EL CAMINO A SEGUIR

当风向改变时，有的人筑墙，有的人造风车
Cuando soplan vientos de cambio, algunas personas construyen muros
y otras construyen molinos de viento.

—PROVERBIO CHINO

El 1 de enero de 2016, China puso fin a su política del hijo único. Después de treinta y seis años de lo que se considera el experimento humano más radical del último siglo, los padres en China ahora tienen una libertad reproductiva ligeramente mayor de tener dos hijos.

Cuando se concibió la política del hijo único en la década de 1970, pocas personas podían prever la magnitud total de sus consecuencias humanas. Esto incluye a uno de los arquitectos principales de la política, un científico espacial llamado Song Jian, quien en ese momento era uno de los principales especialistas en ciberbalística y misiles de China. Aunque puede sonar como una elección peculiar para ayudar a diseñar el esfuerzo de control de población más agresivo de la nación, resulta que, al menos desde una perspectiva militar, los misiles y los patrones de acoplamiento tienen más en común de lo que parece.

Song Jian estudió matemáticas y análisis de sistemas en la Unión Soviética. Obtuvo un doctorado de la Universidad de Moscú y publicó siete artículos (en ruso) sobre la teoría del control óptimo, una optimización matemática que a menudo se usa para predecir y calcular el camino hacia un resultado deseado, en términos muy simples.

Luego de la división chino-soviética en 1960, Song regresó a China y rápidamente ascendió en las filas del Ministerio de Defensa Nacional para convertirse en la principal autoridad del país en sistemas de control y guía de misiles. Aunque los Guardias Rojos saquearon su casa durante la Revolución Cultural, una historia común para todos los miembros de la élite académica china en ese momento, fue incluido rápidamente en una lista selecta de científicos que disfrutaban de protección estatal especial. Debido a que Mao temía los ataques de los Estados Unidos y la Unión Soviética, trató a los científicos militares, especialmente a los científicos de armas estratégicas como Song, que podía construir bombas atómicas, como una camarilla privilegiada. Trabajaban en instalaciones modernas y tenían acceso excepcional a materiales, datos y computadoras poderosas extranjeras, según Susan Greenhalgh, profesora de Antropología en Harvard y autora de *Just One Child: Science and Policy in Deng's China*.

Quizás lo más importante (y peligroso), es que tenían una línea directa de comunicación con los más altos niveles de gobierno y estaban involucrados en importantes decisiones políticas nacionales, la más importante de las cuales eventualmente se convertiría en la política del hijo único.

Debo enfatizar que los científicos sociales chinos e incluso algunos políticos habían considerado la necesidad de controlar la población mucho antes de la época de Song. Ya en la década de 1930, habían identificado a la población de China como una carga, pero dado que el gobierno de Guomindang de China en tiempos de guerra apreciaba el poderío militar y una gran cantidad de población, no había mucho que pudieran hacer. Una vez que el Partido Comunista Chino tomó el poder, siguió el ejemplo de la Unión Soviética, donde Stalin había restablecido las normas familiares prerrevolucionarias. En contraste con las iniciativas de control de la natalidad de los estados capitalistas imperialistas, estas normas incluían la promoción de la maternidad, que también se aplicaba en las áreas controladas por los comunistas de China. Esto fue cierto en la medida en que entre 1931 y 1948, el aborto estaba penalizado y solo se permitía en caso de peligro para la vida de la madre, escribe el demógrafo alemán Thomas Scharping, en su libro seminal, *Control de la natalidad en China, 1949- 2000: Población Política y Desarrollo Demográfico*. En septiembre de 1949, en vísperas de la fundación de la República Popular, Mao declaró: "Es muy bueno que China tenga una gran población. Incluso si la población de China se multiplica muchas veces, es totalmente capaz de encontrar una solución; la solución es la producción".

En la década de 1950, la dura postura de Mao contra el control de la población comenzó a erosionarse. China enfrentaba escasez de alimentos y dificultades para brindar educación a un número creciente de niños, así como desafíos en materia de empleo y atención médica. Aún así, su celo revolucionario lo llevó a ejecutar el Gran Salto Adelante, una campaña para transformar rápidamente a China de una economía agraria a una socialista, a través de la industrialización y la colectivización. Las tensiones de la transición contribuyeron a la Gran Hambruna China que, a través de las decenas de millones de vidas que cobró trágicamente como resultado de la desnutrición, subrayó la necesidad de controlar la población y ayudó a volver a colocarla en la agenda política.

Zhou Enlai, quien sirvió bajo Mao como Primer Ministro, se convirtió en el principal promotor de las políticas de control de la población del gobierno. "Una gran población es algo bueno, pero como ya somos el país más poblado del mundo, ya tenemos mucho bueno de esto, y si aún así dejamos que la población crezca rápidamente de manera no planificada, no será ya algo bueno", dijo en un discurso de 1963 citado por Scharping.

En 1970, el politburó chino, incluido Mao, acordó que era necesario revisar el control de la población en el contexto del desarrollo económico y la seguridad alimentaria. Sin embargo, para este punto, los científicos sociales que originalmente habían cabildeado por el control de la población ya habían sido desterrados a la reeducación en áreas remotas del país. Como los únicos científicos que quedaban en China a quienes se les permitió trabajar en el campo elegido, señala Greenhalgh en *Just One Child*, los científicos militares como Song, que habían pasado la mayor parte de la Revolución Cultural en el desierto de Gobi, donde estudió física nuclear, astronomía, y otras áreas de la ciencia que más tarde canalizaría en su trabajo de defensa al regresar a Beijing, adquirieron una nueva importancia.

Durante este tiempo en China, pero también a nivel mundial, hubo un nerviosismo general sobre el tamaño de la población mundial, que había crecido al ritmo más rápido en la historia humana durante la segunda mitad del siglo XX, según informaron los demógrafos chinos Wang Feng, Yong Cai y Baochang Gu en su artículo, "Población, políticas y política: ¿Cómo juzgará la historia la política del hijo único de China?"

Las organizaciones de todo el mundo apenas comenzaban a ver un planeta más poblado como una amenaza para la prosperidad económica y, en algunos casos, para la estabilidad política. Esta incertidumbre se vio alimentada aún más por *Los límites del crecimiento*, un informe encargado por el Club de Roma, un grupo de expertos mundial que cuenta con David Rockefeller entre sus fundadores. Publicado en 1972, vendió 30 millones de copias y fue traducido a treinta idiomas, convirtiéndolo en el libro ambiental más vendido en la historia mundial.

Incluso hoy en día, el mensaje del libro es válido. Basado en el trabajo de un equipo internacional de investigadores del MIT en la década de 1970, es esencialmente un estudio de las implicaciones del continuo crecimiento de la población mundial. Examina cómo la producción agrícola, el agotamiento de los recursos no renovables, la producción industrial y la contaminación se relacionan con el aumento de la población y concluye que "el hombre puede crear una sociedad en la que pueda vivir indefinidamente en la tierra si se impone límites a sí mismo y a su producción de bienes materiales, para lograr un estado de equilibrio global con población y producción en equilibrio cuidadosamente seleccionado".

En el espíritu de la época, Song argumentó enfáticamente que China necesitaba implementar medidas drásticas para limitar el crecimiento de su población a fin de prosperar como nación. "Le dio a la idea credibilidad científica y urgencia", explica Susan Greenhalgh. "Él argumentó que sin un plan científico radical, China colapsaría bajo el peso de la superpoblación".

Los líderes del Partido Comunista respondieron a los llamados de alarma de Song porque se alineaban bien con sus nuevos objetivos. Como parte de su plan para modernizar

China muy rápidamente, Deng Xiaoping, que estaba en camino de convertirse en líder supremo del Partido Comunista, creía que el país necesitaba confiar en la ciencia en lugar de la ideología marxista-leninista, como lo había hecho Mao. Greenhalgh explica que debido a que la rama de la ciencia de Song era muy compleja y de naturaleza altamente cuantitativa, y pocas personas en realidad la entendían o podían hacerlo por sí mismos, tenía un cierto prestigio asociado, que Song convirtió hábilmente en poder.

Cabe señalar que en la década de 1970, a los científicos sociales chinos se les permitió volver a ejercer en sus respectivos campos y también estaban trabajando para encontrar una solución al problema de población de China. La diferencia era que Song tenía acceso a una gran computadora, que había sido desarrollada para aplicaciones militares. Los instrumentos más sofisticados que tenían los científicos sociales eran las calculadoras. Además de esta desventaja material, Greenhalgh argumenta en su libro que los científicos sociales de China todavía estaban conmocionados por su reciente persecución. Los científicos militares, por el contrario, "poseían la seguridad en sí mismos para entrar en un campo completamente nuevo y tomar prestado un conjunto de técnicas extranjeras que habían encontrado solo brevemente, modificarlas de manera significativa y luego emplear esas técnicas para desarrollarlas rápidamente y presionar por una solución radicalmente nueva a los problemas sociales".

Y así lo hicieron. En una visita a los Países Bajos en 1975, Song se tomó unas cervezas con un matemático holandés llamado Geert Jan Olsder. Olsder, profesor de la Universidad de Twente, coescribía un artículo titulado "Planificación de la población: un problema de control óptimo en el tiempo distribuido", en el que intentaba calcular la tasa de natalidad óptima para una isla imaginaria sin emigración ni inmigración; solo nacimientos y muertes. Se cree que este documento inspiró a Song a usar su conocimiento de las técnicas de control de misiles para desarrollar un problema de optimización para la mejor trayectoria de fertilidad que produciría un futuro objetivo de población ideal para China. Aunque estaban involucrados diferentes parámetros (la velocidad, la posición y el empuje del misil se cambiaron por la densidad de población, la tasa de mortalidad y la migración), Greenhalgh informa que las matemáticas de las ecuaciones diferenciales parciales utilizadas en los dos casos eran prácticamente idénticas.

Fuera de los círculos académicos, lo que a menudo se pasa por alto en la secuencia de eventos que conducen a la política del hijo único es que puede no haber sido necesario. El gobierno chino ha estado en el negocio de tratar seriamente de reducir el crecimiento de su población desde 1964, o casi quince años antes de que la política del hijo único entrara en vigor.

A partir de 1973, el gobierno experimentó con la política wan, xi, shao o "más tarde, más tiempo, menos". Considerado un precursor más benigno de la política del hijo único, alentó a las parejas a casarse más tarde; a dejar una brecha de tres a cuatro años entre los niños para garantizar que cada niño reciba la atención médica, la educación y la atención de los padres adecuadas; y a tener menos hijos en total, para que cada uno de sus descendientes pudiera disfrutar de una vida más cómoda. Le siguió una campaña un poco más explícita. "Uno es lo mejor, dos como máximo", en 1978, que fue fácil cumplir porque en ese momento en China la mayoría de las personas pertenecían a unidades de trabajo que también les proporcionaban comida y vivienda. Los funcionarios o los líderes de las unidades de trabajo podrían revocar fácilmente las raciones de alimentos o los privilegios de vivienda de las parejas que no obedecían las reglas, explica Greenhalgh. Y, en general, la política de población modesta demostró ser muy eficaz. Entre 1970 y 1980, la tasa total de fecundidad por mujer en China cayó de 5,8 a 2,7. En otras palabras, se redujo a más de la mitad antes de que comenzara la política del hijo único.

Aún así, el gobierno chino siguió adelante con medidas más severas porque los datos demográficos indicaban que era de esperar un aumento de la población en los años 80, como resultado del *baby boom* que había tenido lugar en los años 60. A la urgencia del control se sumó el hecho de que Deng Xiaoping acababa de reemplazar a Mao como líder del Partido Comunista. Deng heredó un trabajo difícil; el país acababa de ser devastado por la Revolución Cultural y el mandato del Partido Comunista Chino estaba en peligro. En un intento por poner a la nación en un camino más saludable hacia el futuro, Deng hizo del desarrollo económico la piedra angular de su mandato. Debido a que el crecimiento del PIB se consideraba la mejor manera de medir el éxito económico de un país, favoreció las estrategias y políticas que ayudarían a aumentarlo.

Las ideas de Song sobre el control de la población estaban bien alineadas con los objetivos de Deng. Además de crear las condiciones óptimas para el crecimiento económico (reducir la población facilitaría el aumento del PIB per cápita), Song reforzó la necesidad de controlar la población con una mezcla de codiciada ciencia extranjera y el miedo maltusiano que estaba aumentando en Occidente, donde se creía que la población iba a devorar el medio ambiente, provocando hambrunas y desastres. Inmediatamente después de la devastadora escasez de alimentos por la que China acababa de pasar, las ideas de Song tuvieron un atractivo casi automático, por lo que, junto con los científicos restantes de China, nuevamente, principalmente armeros, se le asignó la tarea de encontrar una estrategia para garantizar la transición saludable de China hacia una nueva era.

Como resultado de su trabajo y del continuo deseo del gobierno chino de limitar el crecimiento de la población, el 25 de septiembre de 1980, la política universal del hijo único entró en vigor y se posicionó como una solución que ayudaría a garantizar que la población china permaneciera bajo control. 1200 millones para el año 2000, el número que se consideró óptimo para que China cuadruplicara su PIB a $1000 per cápita entre 1980 y 2000.

Para crédito de las autoridades chinas, ya en 1982 se empezaron a añadir cláusulas de exención a la política del hijo único en un intento de aliviar algunas de sus restricciones. Menciono esto no para poner excusas al gobierno chino, sino simplemente para ilustrar que, contrariamente a la creencia popular, la política del hijo único no ha sido estrictamente universal. De hecho, para el año 2000, según lo informado por los demógrafos chinos Gu Baochang, Wang Feng, Guo Zhiguang y Zhang Erli en la *Revista de Población y Desarrollo*, había diecisiete cláusulas de exención y solo el 35 por ciento de la población (es decir, residentes urbanos) todavía estaban obligados a respetar la política en su forma original. Cincuenta y cuatro por ciento de los chinos (principalmente residentes no urbanos) estaban obligados a respetar una política de 1,5 hijos, lo que significaba que si el primer hijo de una pareja era una niña, se les permitiría tener un segundo hijo, mientras que el 10 por ciento de la población (residentes de áreas remotas) podría tener dos hijos incluso si el primero fuera un niño. También cabe señalar que al 1 por ciento de la población, principalmente minorías étnicas, se le permitió incluso tener hasta tres hijos.

De acuerdo con estas exenciones, una amiga cuya abuela estaba a cargo de hacer cumplir la política del hijo único en la ciudad de Wuhan me dijo que el equipo de enfermeras que supervisaba su abuela arrojaría a los bebés abortados, pero que aún no habían muerto, de padres urbanos en un lugar designado, donde las familias rurales recogerían a los bebés y luego podrían llevarse a casa a los que estaban vivos. Esto no debería haberse permitido, pero según la abuela de mi amiga, siempre que se hiciera con discreción (los bebés se llevaban en bolsas de basura), ella y muchas de las enfermeras hicieron la vista gorda.

Más allá de las innumerables y a menudo desgarradoras historias asociadas con el control de la población en China, la realidad es que hoy en día, 150 millones de hogares tienen un solo hijo. Al igual que otras economías tigres del Asia oriental, el país enfrenta la amenaza de una población que envejece rápidamente, con la complicación adicional de un grave desequilibrio de género. Como resultado de la política y los métodos draconianos utilizados para hacerla cumplir, China se ha ganado un lugar destacado en la lista de los infractores de derechos humanos más atroces del mundo, y aún así, para el año 2000, la población había crecido en 60 millones más de lo deseado. A pesar de este crecimiento, y tal vez incluso gracias a él, la meta del PIB de $ 1,000 per cápita se alcanzó en la mitad del tiempo, poniendo a China en camino de convertirse en una potencia económica.

Independientemente de las ganancias económicas, los sacrificios humanos y emocionales causados por la política del hijo único no deben subestimarse. Como sucedió durante la Revolución Cultural, los derechos y el bienestar individuales se sacrificaron en nombre de ganancias a corto plazo, sin tener en cuenta las consecuencias a largo plazo. Aunque la política ha contribuido a un aumento (totalmente involuntario) en el estatus de las niñas urbanas nacidas en China desde la década de 1980, es importante entender cómo también ha empeorado las cosas para otras mujeres, especialmente las que tuvieron que soportar abortos forzados o esterilizaciones, o las que serán traficadas desde lugares como Vietnam, Camboya y Corea del Norte, para servir como esposas para los solteros rurales de China, un país que seguirá pagando las consecuencias de la política del hijo único durante décadas, tanto en términos demográficos como sociales. La inhumanidad de ser tratados como unidades reproductivas, en lugar de personas, no se olvidará fácilmente. Ahora que la política ha sido enmendada, el gobierno también está descubriendo que lograr que cada mujer fértil en China dé a luz a dos niños es mucho más difícil en la práctica que en la teoría.

El mismo día en que se levantó la política, las autoridades chinas derogaron estratégicamente una "licencia por matrimonio" que otorgaba veinte días de vacaciones pagadas a cualquier pareja que se casara después de los veinticinco años. La idea original detrás de esta licencia era disuadir a las parejas de casarse y tener hijos cuando tenían poco más de veinte años y, en cambio, tentarlos a esperar hasta que fueran mayores antes de formar una familia. En un país donde la licencia anual promedio rara vez supera los cinco días de licencia personal pagada, fue un incentivo muy generoso que se encontró con una reacción violenta considerable tan pronto como fue derogado.

En otra señal de que el gobierno chino está (literalmente) haciendo todo lo posible para aumentar la tasa de natalidad, también ha comenzado a ofrecer la extracción gratuita de los dispositivos intrauterinos anticonceptivos (DIU) con los que había equipado a la fuerza a las mujeres después de dar a luz un niño. Según las estadísticas oficiales, a más de 320 millones de mujeres chinas se les colocaron DIU entre 1980 y 2014. Como se informó en el New York Times, a diferencia de los dispositivos que se usan en la mayor parte del mundo desarrollado, que a menudo tienen hilos y están hechos para ser retirado sin dolor por un ginecólogo después de un período de cinco a diez años, el proceso chino shang huan, o "instalación de bucle", es más invasivo. Hasta mediados de los años 90, los ginecólogos estatales instalaron un anillo DIU de acero inoxidable de bajo costo. Estaba destinado a usarse indefinidamente y fue diseñado para ser tan difícil de extraer que se requeriría de una cirugía para esto. Ahora, el gobierno chino está ofreciendo cirugía gratuita para retirar los dispositivos, pero hasta ahora ha habido pocos interesados. Las que están en la fila para las operaciones a menudo son mujeres que han sufrido complicaciones como resultado de sus DIU, que pueden incrustarse en la pared uterina y requerir una histerectomía.

En una maniobra legal sin precedentes y con la esperanza de que las parejas mayores también quieran tener un segundo hijo, el gobierno chino también revocó un proyecto de ley que prohibía la subrogación que ya había sido ampliamente publicitada y estaba a punto de entrar en vigor. A pesar de que ahora es legal en China, todavía es común que los chinos busquen madres sustitutas en los Estados Unidos, ya que un bebé que nace allí tiene la ventaja adicional de la ciudadanía estadounidense. El gobierno también está ampliando los bancos de esperma y ha comenzado a publicar "directrices" para posibles donantes, en las que se estipula de manera bastante cómica que los hombres "saben masturbarse". Absurdamente, las mujeres solteras todavía no son legalmente elegibles para congelar sus óvulos, aunque aquellas que pueden pagar simplemente viajan a los Estados Unidos para el procedimiento, una medida que fue popularizada por la actriz china Xu Jinglei. Al igual que la cirugía de doble párpado (un procedimiento que muchas mujeres asiáticas se han realizado en su adolescencia o antes de ingresar a la fuerza laboral para que sus ojos se vean más grandes), la congelación de óvulos se está convirtiendo en parte del paquete de bienes y servicios que buscan las jóvenes chinas afuera. He leído relatos de mujeres chinas que aún están completando sus títulos universitarios en los Estados Unidos y que están congelando sus óvulos para estar tranquilas. Las amigas a veces pasan por el proceso juntas, como si se estuvieran haciendo la manicura.

Debido a que el gobierno chino ha relevado a sus especialistas en balística del deber de control de la población y los científicos sociales les están informando sobre cómo revertir mejor la política del hijo único, también tiene una mejor comprensión de los números y la estructura de edad de su población.

Actualmente, el 16 por ciento de la población tiene más de sesenta años, y ese porcentaje se duplicará para 2050. La mayoría de los residentes del país ahora viven en áreas urbanas (793 millones, frente a 590 millones en áreas rurales) y existe un desequilibrio de género de 30 millones más de hombres que de mujeres en edad de contraer matrimonio. Para ayudar a recalibrar el país desde la perspectiva de la edad y el género, el gobierno ha establecido un objetivo de población de 1420 millones para 2020, lo que significa que la población tendría que crecer en aproximadamente 70 millones en los próximos dos años. Si las tasas de fecundidad recientes sirven coo indicativos, este objetivo es muy ambicioso. En el primer año desde que la política de un hijo fue reemplazada por una política de dos hijos, solo hubo un aumento de 1,31 millones de nacimientos con respecto al año anterior, lo que indica claramente que las familias chinas no están tan dispuestas a tener tantos hijos como a su gobierno le gustaría que lo estuviesen.

La baja tasa de fertilidad es el resultado de muchos factores, comenzando con la simple realidad de que es muy costoso criar a un niño en China de acuerdo con las expectativas de la clase media y alta. Los padres con medios han prodigado a sus únicos hijos con tutores privados y educación en el extranjero; tales gastos se suman y se consideran demasiado altos para duplicarlos sin comprometer significativamente la calidad. China sigue siendo muy competitiva y, para maximizar las posibilidades de éxito de sus hijos, muchos padres ahora creen que no deben diluir las oportunidades que pueden brindar a un hijo al tener otro.

"Mi mamá quedó embarazada de un segundo hijo cuando yo tenía tres años", explicó Cara, una amiga mía china que ahora vive en la ciudad de Nueva York. Nacida en Shanghái en 1988, fue criada principalmente por sus abuelos, ya que su madre y su padre trabajaban muchas horas y no tenían tiempo para cuidar a un niño. Su madre terminó abortando al segundo bebé, un niño, porque su familia no podía permitirse el lujo de criar a ambos niños. "China estaba creciendo considerablemente en ese momento, y mis padres querían aprovechar todas las oportunidades que tenían para mejorar nuestras condiciones de vida". Su arduo trabajo valió la pena y los padres de Cara pudieron financiar un título universitario para su hija en los Estados Unidos y ahora viven cómodamente entre la clase media alta de China. "Son baofa hu", explica, parte de la ola de "advenedizos" chinos que ascendieron desde orígenes humildes hasta una posición de riqueza.

"Mi vida habría sido muy diferente con un hermano", dijo Cara. "Tener un hermano con quien jugar cuando era niño hubiera sido agradable, aunque definitivamente habría impactado mi estilo de vida como adulto". Por incómodo que sea pensar en ello, probablemente tenga razón. Los padres de Cara pagaron para que fuera a la universidad en Nueva York, donde le compraron un apartamento y un auto deportivo de lujo para conducir hacia y desde Flushing, un barrio predominantemente chino en Queens, donde le gusta comprar comestibles, salir a cenar y hacerse la manicura.

Mientras Cara trabaja de nueve a cinco en Nueva York, sus padres ahora jubilados pasan sus días viajando. Sus "momentos" en las redes sociales en WeChat muestran que han visitado Suecia, las Maldivas, Hawái y las pirámides de Egipto en menos de diez meses. Gastan generosamente dondequiera que viajan y una vez le regalaron a Cara un diamante rosa de recuerdo de Nepal que seguramente intimidará a cualquier hombre que desee pedir su mano. (Cuando un antiguo pretendiente tardó demasiado en hacerle la pregunta porque todavía estaba en la escuela de posgrado y no podía pagar un anillo, la madre de Cara, que está muy ansiosa por ser suegra, sugirió alegremente que simplemente sellara el trato con el diamante rosa.)

En su casa en Shanghái, la madre de Cara se ocupa de cantar karaoke (está en una plataforma de redes sociales que permite que otros califiquen su forma de cantar, y aparentemente es toda la sensación) mientras que su padre se ocupa de las pinturas tradicionales con tinta y pincel. Aunque disfrutan de su vida como miembros de la alta sociedad (a menudo viajan en manadas con otros alegres jubilados chinos), ambos están muy ansiosos por que su hija regrese a Shanghái, donde esperan que se case y les dé no uno, sino dos nietos.

"Como les robaron la oportunidad de cuidarme cuando era un bebé, están especialmente ansiosos por ser abuelos", explica Cara. "Pero como saben que los padres de mi futuro marido estarán igualmente dispuestos a cuidar de un bebé, quieren uno para ellos", explica. Sintiendo mi confusión, aclara. "Un bebé debe llevar el apellido de mi esposo y el otro debe tener el mío".

A Cara no le entusiasma la idea de tener hijos, y mucho menos un nieto designado tanto para sus padres como para sus suegros. Ella me asegura, sin embargo, que esto se está convirtiendo en una tendencia entre las familias más acomodadas que han invertido mucho en sus hijas, y que se suma a la presión sobre ella para establecerse.

"Quieren que comience lo antes posible para que puedan cuidar a sus nietos mientras aún están sanos", dijo.

"Lo tienen todo planeado, todo lo que se espera que haga es dar a luz".

Otra de mis amigas chinas en Nueva York enfrenta una presión similar, aunque un poco más intensa, para procrear. Ya ha tenido un hijo (un niño), y aunque sus suegros ya la están animando a tener otro, su padre tiene planes aún más ambiciosos. "Cualquiera en China en estos días puede tener dos", le dijo. "¡Vives en los EE. UU. ahora, deberías tener tres!"

Doble problema

Desde una perspectiva laboral, la política de dos hijos también ha complicado las cosas para las mujeres chinas. "Antes, los empleadores discriminaban a las mujeres que no estaban casadas o que no tenían hijos", explica Lily, que trabaja en una empresa extranjera con oficinas en Beijing. "Ahora", explica, "la discriminación se ha intensificado".

Lily consiguió su trabajo actual cuando tenía veinte años y, en el momento en que presentó la solicitud, no se dio cuenta de que la edad y el estado civil influirían tanto en sus futuras perspectivas profesionales. "Pensé que una mayor cantidad de experiencia laboral me daría mejores oportunidades en el futuro, pero no me di cuenta de que mi edad y género eventualmente jugarían en mi contra".

Ahora, con treinta y tantos años, Lily ha estado luchando para conseguir un nuevo trabajo y cree que no ha tenido éxito porque no está casada. "No tenía idea de que esto era una preocupación real para los gerentes de recursos humanos, pero no se esfuerzan por ocultarlo", explica. "Hace poco solicité un puesto en una empresa multinacional y me entrevistó una gerente taiwanesa que me dijo sin rodeos que si tuviera poco más de veinte años, no se habría molestado en preguntarme sobre mis planes de matrimonio y maternidad, pero ahora que yo tenía poco más de treinta años, ella estaba obligada a hacerlo", dijo Lily.

"Esto me ha pasado en varias ocasiones, y lo más loco es que generalmente son las mujeres las que discriminan a otras mujeres", agregó.

Debido a que la mayoría de los empleadores en China requieren que los posibles empleados indiquen su edad y estado civil en su CV, los gerentes de recursos humanos saben que Lily es soltera. Ella cree que esto contribuye a la "discriminación invisible" y una vez trató de dejar esta información fuera de su CV, pero los posibles empleadores la llamaron y le pidieron que la incluyera antes de considerarla para una entrevista.

Además de responder preguntas personales sobre sus planes futuros, a Lily a menudo se le ofrece empleo en circunstancias restrictivas. "Incluso después de que dije abiertamente que no tenía planes de tener hijos, un empleador me preguntó si estaría de acuerdo con firmar un contrato prometiendo que no quedaría embarazada hasta dentro de dos años", dijo, y mencionó que esto era un ocurrencia común en su círculo de amigos, tanto entre mujeres solteras como casadas.

Por muy tentador que sea suponer que este tipo de discriminación solo ocurre en las empresas chinas locales, Lily me asegura que estas anécdotas provienen de sus experiencias al postularse para trabajar para multinacionales que operan en China. "Cuando se trata de sus departamentos de recursos humanos, la mayoría de los empleados son chinos, por lo que siguen reglas más locales", dijo. Agrega que desde la política de dos hijos, las cosas se han vuelto un poco más complicadas. Los empleadores ahora temen que eventualmente tendrán que pagar hasta dos rondas de licencia por maternidad (que ascienden a unos noventa y ocho días) para las mujeres que actualmente no tienen hijos, por lo que temen cada vez más contratar a mujeres que no tienen hijos pero que están en una edad donde podrían.

A este ritmo, es difícil imaginar que la cantidad de bebés nacidos en China se dispare pronto. Las cifras del gobierno chino predicen con bastante optimismo que con la política de dos hijos, la tasa de fertilidad total aumentará a 2,1 (22 millones de nacimientos por año) en 2018, y luego disminuirá gradualmente a 1,72 en 2050. Si esto sucediera, la población de China alcanzaría su punto máximo en 1450 millones en 2029, y luego disminuirá a 1380 millones en 2050. Sin embargo, el demógrafo chino Yi Fuxian, científico de la Universidad de Wisconsin-Madison, proyecta una trayectoria muy diferente. Debido a que la mera existencia de una política de dos hijos no significa que las mujeres chinas de repente van a tener dos bebés (la fertilidad no puede activarse y desactivarse, contrariamente a lo que al gobierno chino le gustaría creer), Fuxian predice que la tasa de fecundidad total se recuperará temporalmente de 1,05 en 2015 a 1,3 en 2017, y luego disminuirá aún más. En última instancia, estima que la población de China se reducirá a 1100 millones en 2050 y que, para 2100, quedarán 500 millones de chinos en China, la mayoría de ellos ancianos.

Que la población de China se reduzca a la mitad en los próximos sesenta años es un gran problema. Mucho de lo que el país ha logrado, social y económicamente, ha dependido de su poder en números y su juventud. En 1980, la edad promedio en China era veintidós años, explica Fuxian. Ese número aumentó a treinta y ocho en 2015 y se prevé que aumente a cincuenta y seis en 2050, colocándolo entre las poblaciones más viejas del mundo. (Para 2050, la edad promedio en los Estados Unidos será de cuarenta y dos años y en India será de treinta y siete años. Se espera que el promedio mundial sea de alrededor de treinta y seis). Y mientras que China tenía 7.6 personas en edad de trabajar apoyando a cada persona mayor de sesenta y cuatro años en 2010, para 2050, Fuxian estima que el número disminuirá a un desgarrador 1,7 apoyando a cada adulto mayor. Esto es casi el equivalente a que cada persona cuide de sus padres a medida que envejece, una gran responsabilidad para una pareja casada con uno o dos hijos además.

Estas estimaciones se basan en las tasas de fertilidad actuales, que no tienen en cuenta por completo el porcentaje creciente de mujeres chinas que eligen casarse y tener hijos más adelante en la vida, o que no lo toman en cuenta en absoluto. En el contexto de Asia oriental, el número de mujeres solteras en China sigue siendo comparativamente bajo, pero es importante recordar que el nivel socioeconómico de China está un promedio de veinte años por detrás del de sus vecinos. En la década de 1980, cuando China todavía tenía una tasa de matrimonio casi universal para las mujeres a la edad de treinta años (había pocas alternativas al matrimonio en ese momento), en Japón, Singapur y Corea del Sur, aproximadamente el 20 por ciento de las mujeres permanecían solteras a la edad de treinta años. Hoy, el porcentaje promedio de mujeres solteras menores de treinta años en Japón, Corea del Sur y Singapur se ha disparado al 70 por ciento, e incluso a la edad de treinta y nueve años, más del 20 por ciento de las mujeres en esos países aún no están casadas. Para una mejor perspectiva, Hong Kong y Taiwán siguen un patrón similar: un promedio del 68 por ciento de las mujeres menores de treinta años no están casadas, y el 19 por ciento permanece así a los treinta y nueve años. En China, el porcentaje de mujeres solteras a la edad de treinta y nueve años sigue siendo un modesto 5 por ciento, aunque dado todo lo que las mujeres chinas han logrado en los últimos treinta años, hay fuertes razones para creer que estas cifras aumentarán.

En Estados Unidos, en cambio, ha ocurrido lo contrario. Como se mencionó anteriormente, las mujeres con educación universitaria ahora tienen más probabilidades de casarse que sus contrapartes con menor educación y, además, las mujeres estadounidenses en su conjunto han asumido una mayor parte de las responsabilidades en el hogar. Según el Centro para el Progreso Estadounidense de EE. UU., el 42 % de las madres son las únicas o principales fuentes de ingresos en los hogares estadounidenses.[10] La antropóloga biológica Helen Fisher cree que esto representa un retorno emocionante a nuestro "pasado de caza y recolección", en el que las mujeres buscaban comida, y por lo general regresaban a casa con el 60 y hasta 80 por ciento de lo que comían sus familias. Su

---

[10] Cabe señalar que esta cifra también incluye hogares monoparentales, a menudo menos ricos, en los que las madres son el único sostén económico.

capacidad para mantener a sus familias de manera constante (no todos los días sus maridos lograban cazar y sacrificar un jabalí) las hacían tan económica y sexualmente poderosas como los hombres. Podrían dejar las malas relaciones si querían porque no dependían económicamente de sus socios, hasta que se inventó el tractor y las dejaron fuera de servicio.

Jisoo Hwang, la investigadora coreana mencionada anteriormente, postula que debido a que el crecimiento del PIB ha sido más gradual en los Estados Unidos y porque las mujeres han ingresado a la fuerza laboral y han visto un aumento en sus salarios durante un período de tiempo más largo, han evitado el "shock" que resulta cuando las economías crecen rápidamente y las tasas de participación laboral femenina y los salarios aumentan repentinamente. Hwang argumenta que este "shock" a menudo resulta en altas tasas de mujeres solteras, ya que los hombres luchan por adaptarse a un nuevo rol para las mujeres, muy diferente al que crecieron. Existe el riesgo de que suceda lo mismo en China, donde se aplica fácilmente el mismo patrón de crecimiento económico, pero no creo que suceda.

Haciendo una conjetura, me atrevería a decir que el mayor desafío que enfrentarán los hombres y mujeres chinos en términos de asociación será una oferta cada vez mayor de mujeres graduadas universitarias y una cantidad cada vez menor de hombres graduados universitarios. Esta situación no es nada nueva: es cierta en prácticamente todos los países desarrollados del mundo, incluso en los Estados Unidos, donde Jon Birger explica en *Date-onomics* (una lectura fascinante) que las jóvenes millennials estadounidenses están entrando en un grupo de citas de 134 estudiantes universitarias educadas por cada 100 hombres con educación universitaria. Como perspectiva, señala que la mujer de cuarenta años con educación universitaria de hoy comenzó con un grupo de citas de 117 mujeres con educación universitaria por cada 100 hombres, lo que tampoco era ideal, pero ciertamente preferible a la situación actual. Aunque el desequilibrio de género en los campus universitarios de EE. UU. muestra signos de agudizarse aún más, ha existido durante al menos tres décadas y los patrones de matrimonio han comenzado a ajustarse en consecuencia. No es raro que las mujeres en los Estados Unidos (o en la mayor parte del mundo desarrollado, como se mencionó anteriormente) se casen con hombres con menos educación que ellas. En China, eso sigue siendo una píldora difícil de tragar; los hombres dudan más en casarse y las mujeres tienen menos probabilidades de casarse, y los padres suelen reforzar esta renuencia. Matemáticamente, si esto no cambia, se sumará a una disminución en las tasas de matrimonio con el tiempo y podría llevar a China a las cifras observadas en los países de Asia oriental examinados anteriormente.

Si bien esto puede hacer que sea aún más tentador establecer paralelismos entre China y sus vecinos (en este punto, China probablemente esté a solo una canción de rap de rogarle a su población que se reproduzca), es importante subrayar ciertas diferencias que tienen el potencial de enviar a China por un camino alternativo.

Después de años de crecimiento económico impulsado por una mayor manufactura y la migración de las zonas rurales a las urbanas, China se encuentra en una encrucijada importante. Para sostener su economía, debe aumentar el gasto de los consumidores y cambiar su enfoque de la industria pesada y las exportaciones, a favor de los servicios y productos de consumo. En muchos niveles, está bien posicionado para hacer esta transición. Hace apenas diez años, 1 de cada 20 personas en edad universitaria en China cursaba estudios superiores; ahora es 1 de cada 3. Mientras que en los Estados Unidos todavía usamos tarjetas de crédito, jugamos con monedas y firmamos recibos, China se ha convertido en una sociedad sin efectivo y sin papel. Casi cualquier cosa se puede comprar con el escaneo de un código de barras, desde albóndigas en la calle hasta autos deportivos. Puede reservar un automóvil, un masaje o unas vacaciones, todo desde la misma aplicación, y pagarlo con fondos que ganan más intereses al estar en una cuenta bancaria web que en un banco real. WeChat es la plataforma de redes sociales más versátil del mundo y Alibaba es la plataforma de comercio electrónico más grande del mundo; ambos son chinos y ninguno muestra signos de desaparecer pronto.

Además de esta ventaja digital futurista, China, a diferencia de sus contrapartes de la economía del tigre de Asia oriental, tiene una clase enorme y creciente de mujeres profesionales que participan en la fuerza laboral formal. Ya contribuyen al 41 por ciento del PIB chino, que es una de las tasas más altas del mundo. Obligarlos a ajustarse a un cronograma anticuado para el matrimonio y la maternidad o no reconocer el papel fundamental que desempeñan en la sociedad china, además de garantizar que no se extinga, se corre el riesgo de deshacer todo el progreso que China ha logrado en los últimos treinta años.

Sin embargo, más allá de su potencial interno para abrirse un camino más brillante, China también está en una posición favorable para marcar la pauta para muchos otros países del mundo, especialmente porque ningún otro país se encuentra a caballo entre el mundo desarrollado y el mundo en desarrollo como lo hace este país en este preciso momento en el tiempo. Hogar de una cuarta parte de la población femenina del mundo, es la composición perfecta de un cambio prodigioso que ya se ha abierto camino en la mayor parte del mundo desarrollado. La forma en que China haga espacio para las mujeres cuyas carreras, educación y estilos de vida pueden hacerlas más propensas a casarse y tener hijos más adelante en la vida, o no hacerlo, tendrá un efecto en las legiones de mujeres por venir.

Cuando se agrega India a la ecuación, el alcance del cambio casi se duplica. La población femenina de la India es casi tan grande como la de China. Es un país que también sufre un severo desequilibrio de género, y aunque desde una perspectiva socioeconómica está a años luz de China, hay áreas donde los dos países se cruzan. Según una investigación del McKinsey Global Institute (MGI), existe una amplia variación en la igualdad de género entre los treinta y dos estados de la India, en gran parte debido a las disparidades en las oportunidades laborales. Los cinco estados más cercanos a la paridad de género están a la par con China, Argentina e Indonesia; los cinco estados inferiores de la India en paridad de género están más en línea con Chad y Yemen. En otras palabras, existe una fuerte correlación entre el valor percibido de una mujer en la fuerza laboral y su valor en la sociedad. Sin que se valoren ambas cosas, ninguna de las dos es posible.

Si 68 millones de mujeres indias pudieran incorporarse a la fuerza laboral no agrícola durante la próxima década, las estimaciones de MGI indican que el país podría aumentar su PIB en $ 0,7 billones para 2025. El proceso para incorporarlas a la fuerza laboral implica hacer cosas que China ha hecho y que ha hecho bien: cerrar las brechas de género en la educación secundaria y terciaria, ampliar el alcance de los servicios financieros y digitales para permitir a las mujeres empresarias, y desafiar las actitudes arraigadas con respecto al papel de la mujer en el trabajo y la sociedad. En la actualidad, las mujeres en la India aportan la proporción más baja del PIB entre todas las regiones del mundo, lo que las pone a la par con el Medio Oriente y África del Norte, donde en muchos lugares, el empleo femenino está restringido por ley. El potencial de crecimiento económico de promover la igualdad de género y mejorar la participación femenina en la fuerza laboral es el más alto del mundo.

Detrás de la India hay una serie de otros países densamente poblados del sur de Asia, Medio Oriente y África, donde las mujeres están empezando a tener un poco más de autonomía sobre sus vidas y sus cuerpos. Las mujeres en Bangladesh están siendo enviadas a la escuela en mayor número porque se han convertido en una importante fuente de talento en las fábricas del país, que requieren mano de obra calificada. Las mujeres en Pakistán compiten en motos para promover la igualdad de género. Las mujeres en Afganistán andan en patinetas para hacer lo mismo, porque todavía no se les permite andar en bicicleta. Las mujeres en Irán están entrenando en karate y artes marciales para protegerse contra la violencia de género. Las mujeres en Egipto están saliendo a la calle con vestidos de novia para protestar contra el matrimonio a cierta edad. Las mujeres de Malawi se ayudan mutuamente a escapar del matrimonio infantil. Por pequeños que sean, todos estos son signos de que las mujeres de todo el mundo se están levantando contra las personas o las tradiciones que les prohíben participar plenamente en la sociedad. Si bien estas no son las mismas mujeres que se unen en marchas en todo el mundo (ninguno de los países mencionados, con la excepción de India y Malawi, que incluso tuvieron una Marcha de Mujeres) sus pequeñas victorias deben ser alimentadas, porque son las que más lo necesitan.

Escribí gran parte de este último capítulo en un viaje por África, que terminó en Mozambique. Mientras estuve allí, conocí a una joven empresaria mozambiqueña de ascendencia portuguesa que ha desarrollado una línea de servilletas femeninas reutilizables y económicas, que tienen un valor significativo en un país donde la mayoría de las mujeres todavía dependen de hojas, palos o jirones de *capulanas* (trapos, esencialmente) para absorber sangre durante sus períodos. La idea inicial era emplear a mujeres mozambiqueñas para promocionar y vender este producto en los mercados locales, aunque pronto quedó claro que no era una buena idea. Las mujeres en Mozambique tienen tan poco poder adquisitivo, que a pesar de ser las usuarias finales del producto, no son ellas quienes toman la decisión de comprarlo o no. Los esposos (o padres) son los que primero necesitaban estar convencidos de los beneficios de las toallas sanitarias reutilizables; un argumento de venta que la mayoría de las mujeres en Mozambique, donde la menstruación sigue estando muy estigmatizada, se resistía a proponer. La fundadora de la empresa decidió que necesitaba volver a centrar sus esfuerzos de marketing en las universidades, donde las estudiantes femeninas podrían tener un poco de ingresos disponibles; y en las mezquitas, donde, si se convence de los beneficios de ahorro de costos de estas toallas sanitarias, un imán podría comprar un bulto para sus mujeres.

En muchos niveles, Mozambique me proporcionó una perspectiva nueva a través de la cual ver a China, que ha invertido mucho en África, pero en Mozambique en particular. El aeropuerto principal del país fue construido por los chinos, al igual que el hotel más grande de la ciudad. El esqueleto del puente colgante más largo de África, que conectará Maputo, la capital, con la ciudad de Catembe, ya es visible desde la costa. Financiado por el Banco de Exportación e Importación de China, construido con Angang Steel de China y desarrollado por China Roads and Bridges Corporation, se espera que reemplace la deficiente red de carreteras que actualmente se utiliza para transportar mercancías y turistas entre Mozambique, Sudáfrica y Suazilandia.

Sin embargo, más allá de las inversiones, fue fascinante saber que Mozambique tiene la duodécima tasa de fertilidad más alta del mundo: 5,26 por mujer. Se encuentra en una parte del mundo donde, en marcado contraste con la mayor parte de Asia, se espera que la población se duplique para 2050. Las tasas de mortalidad infantil y materna son altas y las tasas de educación femenina son bajas. La expectativa de vida promedio es de cuarenta y nueve años, lo que a menudo significa que cuando los padres mueren, sus hijos mayores tienen que abandonar la escuela y encontrar un trabajo para mantener a sus hermanos, lo que limita sus oportunidades de educarse y forjarse una vida mejor. Aunque las mujeres en el África subsahariana ya contribuyen con el 39 por ciento del PIB, también son responsables de una parte abrumadoramente grande del trabajo doméstico, y el matrimonio infantil y la maternidad joven complican sus esfuerzos por encontrar trabajos más lucrativos. Se encuentran en la cola del espectro de desarrollo en el que China se encuentra actualmente, pero con el tiempo, a medida que obtengan un mayor acceso a la educación y una mayor autonomía sobre sus opciones maritales y reproductivas, eso debería cambiar.

Ya están surgiendo signos de ese cambio. En China, uno de los indicadores más elocuentes del progreso que han logrado las mujeres en los últimos treinta y tantos años es el hecho de que las vidas de las mujeres de veinte y treinta años son muy diferentes de las de sus madres y abuelas. Si bien eso aún no es cierto en Mozambique, está comenzando a serlo. Mientras estaba allí, visité a mi amiga Sigrid, que anteriormente trabajaba en China y acababa de asumir un nuevo puesto como diplomática en Maputo. Hija de diplomáticos, se había criado en Mozambique, con un ama de llaves que había trabajado para sus padres durante más de una década. Cuando falleció el ama de llaves, a quien Sigrid quería mucho, su hija mayor, Cresencia, tuvo que ayudar a mantener a su hermana menor. Ahora Sigrid la emplea como ama de llaves, atendiendo exactamente las mismas tareas que hacía su madre cuando trabajaba para la familia de Sigrid, en el mismo edificio de apartamentos de gran altura con vista al océano en el que Sigrid creció y decidió volver a mudarse ya adulta.

Al igual que su madre, Cresencia es madre soltera, con la responsabilidad adicional de cuidar de un hermano. La historia podría repetirse fácilmente y ella podría trabajar como ama de llaves hasta sus últimos días, excepto que reanudó sus clases en la universidad local y está estudiando para ser contadora. Su hermana pequeña está estudiando relaciones internacionales. Pueden financiar sus estudios gracias a los padres de Sigrid, que están pagando algunas de las facturas, un lujo que no todas las personas tienen en Mozambique, por supuesto, pero ver a las hermanas tan entusiasmadas con ir a la escuela les da esperanzas de que lograrán una vida diferente para sí mismas, si eso es lo que desean.

Aunque el acceso que obtienen las mujeres en Mozambique a la educación superior no será tan completo o de la calidad que ha sido para las mujeres chinas, es importante que haya comenzado una transición.

Si bien China es un ejemplo extremo de cuán rápido pueden cambiar las cosas, la velocidad de su transición no se ha producido sin un costo. La contaminación opresiva del país no debe tomarse a la ligera y ya está comenzando a causar graves problemas de salud. Sigue teniendo un dudoso historial en materia de derechos humanos; la libertad de prensa (o de expresión) es una pendiente resbaladiza; la desigualdad socioeconómica está creciendo, a pesar de una reducción general de la pobreza; las disputas territoriales y las tensiones entre los chinos Han y las minorías étnicas a menudo conducen a conflictos violentos; y la corrupción gubernamental sigue siendo rampante, incluso después de las graves medidas enérgicas del presidente Xi Jinping. Además de las desigualdades mencionadas anteriormente, las mujeres ganan menos que sus contrapartes masculinas, dedican más tiempo al trabajo no remunerado, están terriblemente subrepresentadas en los roles de liderazgo político y apenas comienzan a obtener algunos recursos legales cuando se trata de violencia sexual y doméstica.

Aún así, estoy apoyando a China. Creo en sus mujeres, tengo fe en sus hombres, y la mayoría de las veces, cuando siento que puedo obtener una lectura razonablemente precisa de las hojas de té, no desconfío de los objetivos declarados del gobierno. Pero más que nada, creo que China desea desesperadamente alcanzar el siguiente nivel de desarrollo. Quiere construir mejores ciudades, generar aire más limpio, potenciar la sociedad civil y mejorar su servicio público. Sabe que tiene que garantizar un crecimiento más inclusivo, especialmente en lo que respecta a sus "hombres sobrantes", que tradicionalmente han encontrado empleo en la industria pesada y la manufactura, al igual que sus contrapartes estadounidenses desilusionadas que ayudaron abrumadoramente a elegir a un presidente populista. Anhela ser reconocida internacionalmente por la calidad de su educación, el poder de su tecnología y el valor de sus avances en el cuidado de la salud. Quiere jugar en un campo más sofisticado y mostrarle al mundo que es un creador, no un imitador. Y puede hacerlo.

Sin embargo, como es cierto para casi todos los países, si China continúa aferrándose a sus roles de género establecidos y permite que la tradición triunfe sobre el potencial profesional y económico de sus mujeres jóvenes, se estancará. Las mujeres chinas de alto rendimiento buscarán maridos extranjeros de mente más abierta. En lugar de regresar a China después de estudiar en el extranjero (lo que hacen muchas estudiantes chinas para estar más cerca de sus padres), buscarán con más tenacidad oportunidades de trabajo fuera de casa y se convertirán en parte de la diáspora china. Contribuirán a una importante fuga de talento nacional y harán que China pierda el valioso terreno que ha ganado en el camino para convertirse en una sociedad más civilizada y verdaderamente desarrollada.

En última instancia, las historias de las sobras de China son un mosaico que representa la vida de mujeres de todo el mundo, un flagrante recordatorio de que, incluso en las naciones más desarrolladas del mundo, todavía existe un escrutinio patológico de las mujeres que no se casan a cierta edad. A nivel nacional, estas mujeres son la fuerza más poderosa que lleva a China a un nuevo futuro, pero en términos más amplios, son las protagonistas de una narrativa global protagonizada por mujeres jóvenes ambiciosas con calendarios y expectativas revisados para sus primeros años y relaciones adultas. Poseen las claves para equilibrar las economías y reducir la pobreza, la mortalidad infantil, la violencia doméstica y el hambre, todo lo cual ha demostrado disminuir cuando las mujeres tienen un mayor control sobre sus carreras, finanzas y fertilidad. Descuidar los retornos muy generosos de estas tres libertades fundamentales y no reconocer la promesa y el valor transformador de las mujeres que buscan vidas, carreras y asociaciones más satisfactorias pone a cualquier país en riesgo de quedarse no solo sobrante, sino también rezagado.

EPÍLOGO

DE NUEVOS COMIENZOS A FINALES FELICES

Algo estaba en el aire. Me encontré con Yanyan una tarde en el 798, el moderno distrito artístico de Beijing. Se había puesto nuevas extensiones de cabello y se había subido los tacones de gatito a tres pulgadas completas. "Me encontraré con un antiguo compañero de clase esta noche", me dijo. "¡No lo he visto en dieciséis años!"

Tres meses después, estoy sentada en la sala de estar de su apartamento. Mientras me dan la bienvenida, el futuro esposo de Yanyan, Li Ming, a quien acabo de conocer por primera vez, me ofrece un vaso de jugo de naranja y algunos dulces. Todavía no son las cuatro de la tarde en una fresca tarde de noviembre, y poco después de que llegué, se cambia y se pone un pijama de lana azul marino con lunas amarillas brillantes y estrellas por todas partes. Empiezo a preguntarme si a todos en la familia de Yanyan les gusta el microforro polar, ya que se parecen sospechosamente al pijama con el que Baby Swiffer siempre estaría vestido. Li Ming mira con curiosidad a Yanyan y le pregunta: "¿No te vas a cambiar?" Ella se ríe y le dice que se cambiará más tarde.

Durante una comida preparada por Yanyan que incluye mi plato favorito absoluto, gan bian dou jiao (judías verdes fritas picantes), la pareja me cuenta todo sobre cómo se reconectaron. En la escuela secundaria, Li Ming estaba enamorado de la mejor amiga de Yanyan. Le pidió a Yanyan que le diera a su amiga una nota que había escrito para ella, una pequeña declaración de sus sentimientos, y Yanyan cumplió obedientemente. La amiga no estaba muy impresionada, pero Yanyan siempre tuvo debilidad por Li Ming, especialmente después de haber presenciado este amable gesto.

Tres semanas después de su primera cita, él le propuso matrimonio en un pequeño trozo de papel. "¡Finalmente, le escribí a la chica correcta!" dice, riendo.

Después de la cena, me llevan a hacer un recorrido por su apartamento, que le compraron a un pariente y desde entonces han estado trabajando duro para renovarlo. Está lleno de fotografías de bodas listas para colgar que muestran el repertorio clásico y extravagante de los fondos de bodas chinos, y todo tipo de calcomanías y artilugios decorativos, que Yanyan confirma con orgullo que compró en Taobao. Antes de que termine el recorrido, Yanyan me lleva aparte a un dormitorio de invitados. Debajo de una gran ventana soleada, veo una jaula de alambre, dentro de la cual se pueden ver dos criaturas hilarantemente regordetas comiendo col china. ¡Nuestras hamburguesas!, dijo. "Tan pronto como Li Ming reciba un aumento de sueldo, comenzaremos nuestra propia camada".

Ahora es septiembre y June acaba de terminar una serie de cursos de verano en la prestigiosa Universidad de Yonsei en Seúl. Su encaprichamiento con el chef surcoreano en Beijing no funcionó, pero las semanas que pasó preguntándose el por qué, la llevaron a un nuevo interés académico, la filosofía, y al deseo de obtener algún día una maestría en esa área. Contrariamente a las advertencias de sus antiguos colegas (que siguen haciendo horas extras sin que les paguen por ellas), su carrera legal no ha sido destruida y ha conseguido un excelente puesto en un bufete de abogados de primer nivel en Hong Kong. Recientemente instalada en un apartamento espectacular con vistas a Kow-Loon, está saliendo vigorosamente y haciendo un buen uso de todas las tácticas que aprendió de Ivy.

Christy consiguió una cuenta haciendo relaciones públicas para una de las celebridades femeninas más importantes de China. Al darse cuenta rápidamente de su estilo exigente, su cliente comenzó a pedirle que también comprara para ella, sirviendo como una especie de compradora personal, lo que implica varios viajes al año a Nueva York, donde prácticamente todas las marcas de diseñadores son más baratas que en Estados Unidos. Al reunirme con ella una noche para cenar en el Midtown, llega con $ 75,000 en ropa para su cliente en una bolsa de Bergdorf Goodman. Ha hecho caso omiso del mandato de su madre contra la educación superior y está cursando un MBA en la Escuela de Graduados en Negocios de Cheung Kong, considerada la Wharton de China.

También suspendió su cuenta de OkCupid y está "establecida" con un piloto estadounidense que es unos años mayor que ella y quiere echar raíces. "En nuestra primera cita me dijo que estaba buscando esposa y que era dueño de tres casas en Colorado", dijo Christy. "Y todo lo que pude pensar fue: ¡¿Por qué está siendo tan chino?!" Pero luego se dieron un festín con hamburguesas, fueron a bailar y bebieron hasta altas horas de la madrugada mientras él le contaba todas sus aventuras pilotando aviones privados para la familia real saudita.

Zhang Mei se enorgullece de tener el primer sello en su pasaporte, aunque ya regresó a Harbin después de su tan esperado viaje a Tokio. "Los sentimientos simplemente no eran los mismos cuando llegué allí", explicó a su regreso. "Sabía en el fondo de mi corazón que una vida en Japón con ese hombre no era para mí, así que decidí apreciarlo por lo que era. Teníamos yuan [afinidad] pero no fen [destino]". Mientras hablaba, sonaba serena y, por lo que pude ver, en paz con su decisión. Creo que también ayuda el hecho de que en su vuelo de regreso a China conoció a un amable estudiante de posgrado, paisano suyo, que regresaba a casa después de completar una carrera en Japón. Su ciudad natal no está muy lejos de la de ella, y han estado haciendo un buen trabajo para mantenerse en contacto. "¡Realmente necesito tomar aviones con más frecuencia!" dijo, insinuando que un viaje a Tailandia era lo siguiente en su lista de deseos. Harbin, después de todo, siempre estaría allí.

La última vez que vi a Ivy, su actualización de estado llegó en forma de una señal visual: un nuevo diamante brillante en su mano izquierda descansando sobre un bulto de bebé casi imperceptible. Después de un viaje decepcionante a las Maldivas con el hombre obscenamente rico que había estado tratando de casarse con ella, conoció a un cirujano recién divorciado que estaba ansioso por convertirla en su nueva dama. Él era, con mucho, la menos rica de sus conquistas, pero era amable y tenía una forma muy especial de encender un brillo en sus ojos almendrados. "Estoy en un buen lugar", dijo, palmeándose suavemente el estómago antes de agregar, "es hora de que alguien más sea la tercera rueda".

AGRADECIMIENTOS

Agradezco a mis amigos de Beijing, quienes hicieron de la vida en China una aventura: Beibei Wong, Sigrid Ekman, Gianvito D'Onghia, Marina Martin, Manya Koetse, Alessandra Marino, Jeanie Wang, Iris Wang, Daisy Sun, Elkin Bello, Angela Köckritz , Alexia Pestre, Katia Loridon, Ana Fernanda Hierro Barba, Fergus Ryan, Guillermo Bravo, Valentina Salmoiraghi, Anne Li, Daphné Richet- Cooper, Paloma Sánchez, Mu Gao, Ma Shanshan, Cong Niu, Xin En Li, Annie Wang, Jordi Fakiani Axelsen, Weiwei Zuo, Liu Fang, James Flanagan, la inimitable Yolanda Wang y todo el elenco de The Leftover Monologues. A Maya Reid por capturarme en mi mejor momento. A Aziz Hoque por invitarme a bailar. A Leo Lee por convertirlo todo en Technicolor. A Ryan Myers por ser el "kittástrofe" de mi "apocolipsis", y mi más sincero agradecimiento a Celine Lange.

Estoy igualmente agradecida a quienes ofrecieron desinteresadamente su experiencia, asesoramiento e investigación, y que me ayudaron a seguir conectada con China después de mudarme: Mingjie Wang, Jessie Shi, Queenie Lin, Nina Huang, Janice Leng y, especialmente, Wanda Wang, Carol Liu, Li Maizi, Yue Qian, Albert Esteve, Xiaobo Zhang y Yong Cai. A Xinran por ser una inspiración, y de todo corazón a Trena Keating y Amy Cherry por creer en este libro.

BIBLIOGRAPHY

Bailey, Beth L. *From Front Porch to Back Seat: Courtship in Twentieth- Century America.* Baltimore: Johns Hopkins University Press, 1989.

Beibei, Ji. "Female Astronauts: Single Women Need Not Apply." *Global Times,* March 17, 2011.

Birger, Jon. *Date- onomics: How Dating Became a Lopsided Numbers Game.* New York: Workman, 2015.

Coontz, Stephanie. *Marriage, a History: How Love Conquered Marriage.* New York: Penguin, 2005.

Croll, Elisabeth. *The Politics of Marriage in Contemporary China.* Cambridge, MA: Cambridge University Press, 2010.

Economist, The. "Japanese Women and Work: Holding Back the Nation." March 28, 2014, http://www.economist.com/news/briefing/ 21599763- womens- lowly- status- japanese- workplace- has- barely- improved- decades- and- country.

Esteve, Albert, Joan Garcia- Roman, and Iñaki Permanyer. "The Gender- Gap Reversal in Education and Its Effect on Union Formation: The End of Hypergamy?" *Population and Development Review* 38 (2012): 535– 46. doi:10.1111/j.1728- 4457.

Feng, Wang, Yong Cai, and Baochang Gu. "Population, Policy, and Politics: How Will History Judge China's One- Child Policy?" *Population and Development Review* 38 (2012): 115–29.

Fong, Mei. *One Child: The Story of China's Most Radical Experiment*. Boston: Houghton Mifflin Harcourt, 2015. Kindle Edition.

Fry, Richard. "The Reversal of the College Marriage Gap." *Pew Research Center Social and Demographics Change*, October 7, 2010, http://www.pewsocialtrends.org/2010/10/07/the-reversal-of-the-college-marriage-gap/.

Greenhalgh, Susan. *Just One Child: Science and Policy in Deng's China*. Berkeley: California University Press, 2008.

Huang, Ginger. "30 Years of Kissing." *The World of Chinese*, June 6, 2012, http://www.theworldofchinese.com/2012/06/30- years- of- kissing/

Hvistendahl, Mara. *Unnatural Selection: Choosing Boys over Girls, and the Consequences of a World Full of Men*. New York: Public Affairs, 2011.

Kristof, Nicholas D. *Half the Sky: Turning Oppression into Opportunity for Women Worldwide*. New York: Vintage Books, 2010.

Lai, Ming- yan. "Telling Love: The Feminist Import of a Woman's Negotiation of the Personal and the Public in Socialist China." *NWSA Journal* 12, no. 2 (2000): 24– 25, https://muse.jhu.edu/article/25220.

Lee, Haiyan. *Revolution of the Heart: A Genealogy of Love in China, 1900– 1950*. Palo Alto: Stanford University Press, 2010.

Osburg, John L. *Engendering Wealth: China's New Rich and the Rise of an Elite Masculinity*. Ann Arbor: ProQuest, Umi Dissertation Publishing, 2011.

Parry, Simon. "The Queen of Mistresses: Meet the Unlikely Heroine Whose Lovers Made Her a Billionaire— and Who She Repaid by Landing Them in Jail." *Daily Mail*, March 20, 2011, http://www.dailymail.co.uk/femail/ article- 1367968/ Li- Wei- Meet- Chinas- unlikely-heroine-lovers-billionaire .html#ixzz4jBRWQ-Vhq.

Qian, Yue, and Zhenchao Qian. "Gender Divide in Urban China: Singlehood and Assortative Mating by Age and Education." *Demographic Research* 31 (2014): 1337– 364, http://www.demographic- research.org/Volumes/ Vol31/45/ DOI: 10.4054/DemRes.2014.31.45.

Scharping, Thomas. *Birth Control in China 1949–2000: Population Policy and Demographic Development*. London: Routledge, 2002.

Stockard, Janice E. *Daughters of the Canton Delta: Marriage Patterns and Economic Strategies in South China, 1860–1930*. Palo Alto: Stanford University Press, 1989.

Wee, Sui-Lee. "After One-Child Policy, Outrage at China's Offer to Remove IUDs." *New York Times*, January 7, 2017.

Wei, Shang-Jin, Xiaobo Zhang, and Yin Liu. "Home Ownership as Status Competition: Some Theory and Evidence." *Journal of Development Economics* 127 (2017): 169–86, https://doi.org/10.1016/j.jdeveco.2016.12.001.

Whitehead, Barbara Dafoe. *Why There Are No Good Men Left*. New York: Penguin, 2003.

Woetzel, Jonathan, Anu Madgavkar, Kweilin Ellingrud, Eric Labaye, Sandrine Devillard, Eric Kutcher, James Manyika, Richard Dobbs, and Mekala Krishnan. "How Advancing Women's Equality Can Add $12 Trillion to Global Growth." McKinsey Global Institute, September 2015.

Yoshida, Akiko. "No Chance for Romance: Corporate Culture, Gendered Work, and Increased Singlehood in Japan." *Contemporary Japan* 23, no. 2 (2016): 213–34, http://dx.doi.org/10.1515/cj.2011.011.

Unmarried Women in Japan: The Drift into Singlehood. United Kingdom: Taylor & Francis, 2016.

Zheng, Tiantian. *Red Lights: The Lives of Sex Workers in Postsocialist China*. Minneapolis: Minnesota University Press, 2009.

www.ingramcontent.com/pod-product-compliance
Lightning Source LLC
Chambersburg PA
CBHW011407070526
44586CB00022B/2586